I0051496

Populäre Irrtümer über Reisen und Tourismus

von
Professor
Dr. Albrecht Steinecke
Universität Paderborn

Oldenbourg Verlag München

Bibliografische Information der Deutschen Nationalbibliothek

Die Deutsche Nationalbibliothek verzeichnet diese Publikation in der Deutschen
Nationalbibliografie; detaillierte bibliografische Daten sind im Internet über
<http://dnb.d-nb.de> abrufbar.

© 2010 Oldenbourg Wissenschaftsverlag GmbH
Rosenheimer Straße 145, D-81671 München
Telefon: (089) 45051-0
oldenbourg.de

Das Werk einschließlich aller Abbildungen ist urheberrechtlich geschützt. Jede Verwertung
außerhalb der Grenzen des Urheberrechtsgesetzes ist ohne Zustimmung des Verlages unzulässig
und strafbar. Das gilt insbesondere für Vervielfältigungen, Übersetzungen, Mikroverfilmungen
und die Einspeicherung und Bearbeitung in elektronischen Systemen.

Lektorat: Wirtschafts- und Sozialwissenschaften, wiso@oldenbourg.de
Herstellung: Anna Grosser
Umschlagbild: Tourist II (Chelsea location) von Duane Hanson, 1988, © VG Bild-Kunst,
Bonn 2010; Fotograf: Jochen Littkemann, Berlin
Coverentwurf: Kochan & Partner, München
Gedruckt auf säure- und chlorfreiem Papier
Gesamtherstellung: Grafik + Druck GmbH, München

ISBN 978-3-486-59209-2

Vorwort

Der Tourismus scheint ein Allerweltthema zu sein, bei dem jeder mitreden kann – denn für die meisten Bundesbürger ist die jährliche Urlaubsreise längst zu einer lieb gewonnenen Gewohnheit geworden. Und wer einmal unterwegs war, der hat nicht nur glückliche Erinnerungen an die angeblich „schönsten Tage des Jahres", sondern hält sich natürlich in Sachen „Reisen" auch für einen Experten.

So wird im Freundes- und Kollegenkreis gerne und ausführlich über Urlaubserlebnisse berichtet: ungewöhnliche Begebenheiten bei Bahnfahrten, anstregende Besichtigungen eindrucksvoller Bauwerke oder durchtanzte Partynächte unter südlichem Sternenhimmel.

Diese private Sichtweise des Tourismus wird durch unzählige Zeitungsartikel und TV-Berichte ergänzt, in denen ebenfalls ein besonders spektakuläres Bild der Urlaubswelt gezeichnet wird – mit ausgelassenen Ballermann-Touristen, hyperaktiven Jungsenioren und wagemutigen Bungee-Springern als beliebten Protagonisten.

Man mag sich zwar mit der Einsicht begnügen, dass das Reisen einfach nur angenehm, schön und unterhaltsam ist; doch es lohnt sich durchaus, einmal einen Blick hinter diese bunte Fassade zu werfen. Dabei erweisen sich manche Vorstellungen, die wir über den Tourismus haben (und die auch in den Medien immer wieder kolportiert werden), als unzutreffend.

„Doch das Paradies ist verriegelt und der Cherub ist hinter uns; wir müssen die Reise um die Welt machen und sehen, ob es vielleicht von hinten irgendwo wieder offen ist."
Heinricht von Kleist
(1777-1811)

Ich habe mehr als dreißig Jahre lang an tourismuswissenschaftlichen Studiengängen in Deutschland und Italien unterrichtet (an der TU und FU Berlin sowie an den Universitäten Bielefeld, Trier, Paderborn und Bozen). In den Einführungsseminaren der tourismuswissenschaftlichen Studiengänge waren viele Erstsemester der festen Überzeugung, dass

• die Deutschen „Reiseweltmeister" sind,
• Spanien das beliebteste Reiseland der Bundesbürger ist,
• alle Touristen nur das Eine wollen: Spaß und Unterhaltung,
• die Mehrzahl der Urlauber Pauschalreisen unternimmt,
• künstliche Erlebniswelten eine amerikanische Erfindung sind,
• die Welt anscheinend aus lauter Urlaubsparadiesen besteht,
• der Tourismus zwangsläufig Umwelt und Kultur des Gastlandes zerstört,
• Touristiker immer auf Reisen sind.

Mit diesen und anderen Irrtümern über Reisen und Tourismus stehen die Studierenden nicht alleine da; auch im privaten Umfeld und selbst bei (Reise-)Journalisten sowie Tourismuspraktikern bin ich immer wieder auf ähnliche Fehleinschätzungen gestoßen.

„Einer der Hauptnachteile
mancher Bücher ist die zu
große Entfernung zwischen
Titel- und Rückseite."
                Robert Lembke

Vor diesem Hintergrund fand ich es sinnvoll, einmal auf verständliche, anschauliche und (hoffentlich) unterhaltsame Weise für eine Richtigstellung zu sorgen. Dabei ist das Buch bei weitem nicht so unsystematisch, wie es zunächst erscheinen mag. Die einzelnen Kapitel fügen sich letztlich zu einem vollständigen Puzzle zusammen – und bieten damit einen umfassenden Überblick über aktuelle Fragestellungen und Ergebnisse der Tourismusforschung.

Besonders interessierte Leser/-innen finden am Ende der Kapitel eine Auswahl an wichtigen Literaturtipps sowie Angaben zu Informationsmaterialien, Homepages und Adressen von Tourismusorganisationen. Auf diese Weise soll das Buch auch nach der Lektüre noch als nützliches Nachschlagewerk dienen.

Bei meinen Arbeiten an dem Band bin ich auf vielfältige Weise unterstützt worden; dafür möchte ich mich herzlich bedanken:

- Mehrere Archive, Verlage, Organisationen, Fotografen/-innen und Karikaturisten haben mir freundlicherweise einen Abdruck ihrer Abbildungen gestattet.
- Durch Rainer Berger und sein Lektoratsteam beim Oldenbourg-Wissenschaftsverlag (München) bin ich verständnisvoll und effizient betreut worden.
- Peter Blank (Universität Paderborn) hat sich mit großer Kreativität, Mühe und Geduld um das endgültige Layout gekümmert.
- Charlotte Freitag, M. A. (Universität Paderborn) war für die sorgfältige Durchsicht der Druckvorlage verantwortlich.
- Dr. Jörg Beineke, mein ehemaliger wissenschaftlicher Mitarbeiter an der Universität Paderborn (inzwischen Nationale Akademie der Wissenschaften, Halle/Saale) hat nicht nur umfangreiche Recherchen durchgeführt und eine gründliche Korrektur des Textes vorgenommen; ihm verdanke ich auch wertvolle inhaltliche Anregungen.

Ein besonderer Dank gilt aber meiner Frau Renate; erneut hat sie sich als geduldige Zuhörerin, fachkundige Beraterin, kritische Testleserin und vor allem als verständnisvolle Partnerin erwiesen (die es meistens klaglos hinnahm, wenn ich wieder einmal in meinem Arbeitszimmer verschwand, um ein weiteres Kapitel zu schreiben).

Paderborn, Frühjahr 2010   Albrecht Steinecke

P. S.: Die „Populären Irrtümer über Reisen und Tourismus" beginnen übrigens bereits auf der Umschlagseite dieses Buches: Bei der Illustration handelt es sich nicht um ein Foto real existierender Urlauber, sondern um die hyperrealistische Darstellung des Touristen-Klischees (sie stammt von dem US-amerikanischen Künstler Duane Hanson).

Inhaltsverzeichnis

*„Wer durch Reisen klüger
werden will, darf sich nicht
selbst mitnehmen."*

Sokrates
(470-399 v. Chr.)

*„Meine Frau und ich
haben heuer eine Weltreise
gemacht. Ich sag's Ihnen
ehrlich: Da fahr'n wir aber
nicht mehr hin."*

Gerhard Polt,
Kabarettist

*„Reisen soll ich, Freunde,
reisen?
lüften soll ich mir die Brust?
Aus des Tagwerks engen
Gleisen
lockt Ihr mich zu Wander-
lust?
Und doch hab' ich tiefer
eben
in die Heimat mich versenkt,
fühle mich, ihr hingegeben,
freier, reicher, als Ihr denkt.*

Ludwig Uhland
(1834)

„Fröhliche galante Leere
feindlich trübem
Tatenmeere –
weise Schlaffheit –
nur im Bade
wahre Gnade."

Stephan George
(1868-1933)

„Nur Reisen ist Leben,
wie umgekehrt das Leben
Reisen ist."

Jean Paul
(1763-1825)

„Du hast den Farbfilm
vergessen, mein Michael,
nun glaubt uns kein Mensch,
wie schön's hier war.
Du hast den Farbfilm
vergessen, bei meiner Seel,
alles blau und weiß und
grün und später nicht mehr
wahr!"

Nina Hagen
(1974)

„In Sommerbäder
reist jetzt ein jeder
und lebt famos.
Der arme Dokter,
zu Hause hockt er
patientenlos.
Von Winterszenen,
von schrecklich schönen,
träumt sein Gemüt.
Wenn, dank der Götter,
bei Hundewetter
sein Weizen blüht."

Wilhelm Busch:
Schein und Sein
(1874)

„Viele Steine,
müde Beine,
Aussicht keine,
Heinrich Heine."
angeblicher Eintrag von
Heinrich Heine im
Gipfelbuch des Brockens
(1824)

„Es treibt in die Ferne
mich mächtig hinaus!"
Justinus Kerner
(1809)

„Vergessen wir nicht:
Reisen bildet.
Vor allem Kondensstreifen."
Oliver Maria Schmitt

„Ferien! Das klingt wie zwei
Portionen gemischtes Eis
mit Schlagsahne. Noch dazu
Große Ferien!"
Erich Kästner:
Emil und die drei Zwillinge
(1929)

„Ich begebe mich auf
Reisen, um meinen Koffer
zu benutzen. Wenn ich den
nicht regelmäßig ausführen
müsste, würde ich zuhause
bleiben."
Peter Ustinov
(1921-2004)

*„Astronauten: Männer,
die ihren Frauen von ihren
Reisen nichts mitbringen
müsssen."*

Robert Lembke
(1913-1989)

Touristen sind immer die Anderen

„Ich bin kein Tourist" – dieser Slogan ziert T-Shirts, Taschen und Kappen, die im Internet von einem Onlineshop angeboten werden. Die Artikel sind wohl vor allem für die Bewohner von Ferienregionen gedacht, die sich auf diese Weise als echte Einheimische outen können. Doch eigentlich könnten sich auch die auswärtigen Besucher entsprechend ausstatten, denn im Urlaub wollen wir alle zwar interessierte Reisende, Entdecker, Abenteurer oder Flaneure sein – aber auf keinen Fall etwas mit den anderen (angeblich) hässlichen, unsensiblen und aufdringlichen Touristen zu tun haben.

Sich von übrigen Urlaubern zu distanzieren und als etwas Besseres zu fühlen – diese Grundeinstellung ist untrennbar mit der Geschichte des modernen Tourismus verbunden. Bereits im Jahr 1806 mokierten sich englische Adelige darüber, dass das florierende Seebad Scarborough nun zunehmend von Textilfabrikanten, Tuchhändlern und „sonstigen Personen geringerer Qualität" bevölkert wurde.[1]

Da schwingt deutlich die Klage über den Verlust einstiger Privilegien mit, denn bis dahin waren die schicken *seaside resorts* mit ihren Strandpromenaden, Piers, Konversationshäusern und Lesesälen ausschließlich dem blaublütigen Publikum vorbehalten gewesen.

Touristen wurden von den Mitreisenden also schon kritisiert, als es den Begriff noch gar nicht gab – denn dieser tauchte erst im Jahr 1811 in englischen Wörterbüchern auf. Die „Tour" im Sinne von „Umgang oder Rundgang" war zunächst ein abendlicher Spaziergang um den eigenen Besitz („tour de propriétaire"). Zusätzlich zu dieser kleinen Tour entwickelte sich später die mehrjährige „Grand Tour" durch Europa zu einem festen Bestandteil des adeligen Erziehungs- und Ausbildungsprogramms. Sie führte von England über Frankreich zu den klassischen Stätten in Italien, wo die jungen Edelleute nicht nur Kunstwerke und Denkmäler besichtigten, sondern vor allem den letzten gesellschaftlichen Schliff erhielten.

Doch selbst diese frühen Bildungs- und Kulturtouristen, die sicherlich gute Manieren besaßen und nicht Hawaiihemden, Bermudashorts, weiße Socken und Sandalen trugen, wurden zum Gegenstand harscher Kritik. So empörte sich der Dichter Lord Byron

Touristen haben es wirklich schwer, denn keiner hat gerne etwas mit ihnen zu tun – weder die Einheimischen, von denen sie allenfalls als Kunden akzeptiert werden, noch die Mitreisenden, die sich gerne von ihnen distanzieren. Am besten ist es also, man zieht gleich ein T-Shirt an, um zu zeigen, dass man kein Tourist ist![2]

In der Touristenhorde

„Früher hat sich die Frogg ja immer vorgemacht, ihre Reisen seien wenigstens ein bisschen anders als die Reisen ihrer biederen Mitmenschen. Ich meine, eine Gotthardwanderung, wer macht das schon?! (...) Doch schon in der Türkei bröckelte die Illusion. Wer sich einmal unter 1.000 anderen Reisenden mit hitzegeröteten Gesichtern durch Ephesos gewälzt hat, weiss warum. Es mag versnobt klingen, aber die Gegenwart von so vielen Mittouristen entwertet die eigene Erfahrung."

Blog vom 14. Juli 2009
aus dem „Journal einer
Kussbereiten"[6]

Der privilegierte Künstler

„Fühlen Sie sich in Palma als Tourist?"

„Nein, ich reise zwar viel, bin aber doch nie Tourist, weil ich immer nur da hinreise, wo ich auch arbeiten kann."

Guillermo Mordillo,
humoristischer Zeichner

Anfang des 19. Jahrhunderts darüber, dass Rom von „Engländern verseucht" sei, und verglich seine Landsleute mit einer „Menge glotzender Tölpel".[3]

Seitdem scheint es Literaten, Intellektuellen und sogar Politikern ein besonderes Vergnügen zu bereiten, Touristen zu diskriminieren, zu beschimpfen und lächerlich zu machen:

• Der Essayist und Altphilologe Gerhard Nebel verglich den Tourismus in den 1950er-Jahren mit einer „der großen westlichen Seuchen, die an bösartiger Wirksamkeit kaum hinter den Epidemien der Mitte und des Ostens zurückbleiben, sie aber an lautloser Heimtücke übertreffen. Die Schwärme dieser Riesenbakterien, Reisende genannt, überziehen die verschiedensten Substanzen mit dem gleichförmig schillernden Thomas-Cook-Schleim, so dass man schließlich zwischen Taormina und Colombo nicht mehr recht unterscheiden kann."[4]

• Der Tourist ist „der Kleinbürger in Slip und Unterhemd, ist die schweigende Mehrheit, die in die Sommerunterkünfte einfällt, er ist Herr Stereotyp auf Urlaub, der Herdenmensch, der den Alltagstrott gegen eine azurne Banalität eintauscht, und der – welch ein Gipfel der Entfremdung – damit so zufrieden zu sein scheint, dass er jedes Jahr aufs Neue danach verlangt" – so haben sich die französischen Philosophen Pascal Bruckner und Alain Finkielkraut im Jahr 1981 auf ironische Weise mit der gängigen Kritik an Urlaubern auseinander gesetzt.[5]

• Der österreichische Künstler André Heller vertrat im Jahr 1990 die Meinung, durch den Tourismus seien Meere und Kontinente zu einer „Bedürfnisanstalt für die grölende Ausflugsnotdurft" der Menschheit verkommen. Nur halb-ironisch schlug er deshalb vor, für das Gros des Reisepublikums ein Replika-Territorium zu schaffen – eine Mischung aus „Disneyland, Zisterzienserkloster und Club Méditerranée, Vatikan und Kreml, McDonalds und Gault Millau".[7]

• Stefano Stefani, der italienische Staatssekretär für Tourismus (!), erregte im Sommer 2003 einiges Aufsehen, als er die deutschen Urlauber als „einförmige, supernationalistische Blonde" bezeichnete, die „besoffen von aufgeblasener Selbstgewissheit" seien und jedes Jahr „lärmend über unsere Strände herfallen" würden. Der damalige Bundeskanzler Gerhard Schröder fand diese Bemerkungen nicht besonders amüsant; er nahm sie zum Anlass, seinen lange geplanten Italien-Urlaub abzusagen (der Staatssekretär musste daraufhin von seinem Amt zurücktreten).[8]

Bei so viel Häme ist es verständlich, dass kein Urlauber ernsthaft daran interessiert ist, ein Tourist zu sein oder sich als Tourist bezeichnen zu lassen. „Touristen sind immer die Anderen" – diese Denkweise schimmert in vielen persönlichen Urlaubserzählungen,

Reiseberichten in den Medien und neuerdings auch in unzähligen Blogs im Internet durch. Mit dem Klischee des hässlichen Touristen, der anscheinend nur in Horden auftritt und sich verschwitzt auf Flug- und Bussessel zwängt, will niemand etwas zu tun haben. Bei Urlaubsfotos wird die Perspektive auch immer so gewählt, dass außer der lieben Familie, den imposanten Bauwerken und/oder der schönen Landschaft möglichst keine Mitreisenden zu sehen sind (übrigens finden sich auch in Reiseführern nahezu keine Fotos von Touristen).[9]

„Ihr seid Beförderungsgut, ich bin Reisender"[10] – auf dieser elitären Selbstsicht vieler Urlauber basiert der Mythos, dass es auf Reisen tatsächlich feine Unterschiede gibt (doch Achtung: Aus Sicht der Einheimischen sind alle Touristen – unabhängig von Kleidung, Sprachkenntnissen und Benehmen).

An den Brennpunkten des internationalen Tourismus (wie im Schloss von Versailles) wird der massenhafte Charakter des Reisens im 21. Jahrhundert besonders deutlich. Selbst wenn uns die vielen Mitreisenden an der Ticketkasse nicht passen, müssen wir akzeptieren: Auch wir sind Touristen – nicht nur die Anderen.

Böse Pauschaltouristen – gute Individualtouristen oder Der Traum vom besseren Reisen

Hinter der Distanzierung von anderen Touristen steckt jedoch nicht nur die snobistische Trauer über den Verlust eigener Privilegien, sondern ebenso eine Kritik an Fehlentwicklungen und Auswüchsen des Tourismus. Nach bescheidenen Anfängen in den 1950er- und 1960er-Jahren hat in Deutschland (wie auch in anderen westlichen Industriestaaten) eine explosionsartige Entwicklung der touristischen Nachfrage stattgefunden. Innerhalb dieser „Demokratisierung des Reisens" stieg die Zahl der bundesdeutschen Touristen im Zeitraum 1954-1966 rasch von 9,3 auf 18,7 Millionen.[11]

Um breite Kreise der Bevölkerung als Kunden gewinnen zu können, musste die Tourismusbranche preisgünstige und standardisierte Produkte entwickeln. Dabei orientierte sie sich am Erfolgsprinzip des US-amerikanischen Autoherstellers Henry Ford, der sein berühmtes „Modell T" (*Tin Lizzy*) als erstes Auto der Welt am Fließband fertigen ließ. Genau so wurden die Pauschalreisen von den Reiseveranstaltern nun aus genormten Elementen montiert: Charterflug + Unterkunft + Verpflegung + Reiseleitung.

Für dieses massenhafte Reisepublikum mussten in den Zielgebieten innerhalb kürzester Zeit Flughäfen, Schnellstraßen, Hotels und Vergnügungseinrichtungen gebaut werden. Die negativen Folgen des unkontrollierten Booms wurden spätestens in den 1970er-Jahren offenkundig: Landschaftsverbrauch, Landschaftszerstörung, Luft- und Wasserverschmutzung sowie Tier- und Pflanzengefährdung zählen seitdem zu den touristischen Todsünden (→ *Irrtum 12*).

Billiger Urlaub in Bettenburgen – für Menschen mit geringem Einkommen war das die populäre Form des Glücks (und ist es bis heute geblieben). Was blieb ihnen auch anderes übrig, als diese touristische Wirklichkeit zu akzeptieren – selbst wenn sie ihren Vorstellungen von einem Traumurlaub nicht vollkommen entsprach? Doch parallel zu diesem Pauschalreise-Universum entwickelte sich damals eine touristische Subkultur: Nun hatten die Alternativtouristen ihren Auftritt auf der internationalen Reisebühne.

„On the road again" – der populäre Titel der Bluesrockband „Canned Heat" brachte das Lebensgefühl dieser Generation von *driftern* auf den Punkt. Sie wollten ausgetretene Touristenpfade verlassen, einfach nur unterwegs sein, sich treiben lassen, neue Freunde finden, Musik machen, in andere Kulturen eintauchen – und häufig auch einen Joint rauchen oder *magic mushrooms* essen. Die Reise war einfach ein langer Trip auf der Suche nach sich selbst – unabhängig davon, ob sie mit einem VW-Bulli oder per Anhalter gemacht wurde, oder ob sie nach Griechenland, Indien, Indonesien, Nepal oder Südamerika führte.

Globetrotter, Tramps und *traveller* wollten sie sein und die Welt auf den Spuren von Marco Polo, Sven Hedin und David Livingstone neu entdecken und erfahren. Mehrere Monate, wenn nicht sogar Jahre musste die Reise dauern, es gab keine klar definierten Reiseziele und für den Transport mussten möglichst öffentliche Transportmittel benutzt werden. Für die „Neckermänner", die sich in ihrem 14-tägigen Pauschalurlaub überwiegend an Hotelpools sonnten und höchstens einmal eine Jeep-Safari oder Piraten-Bootstour buchten, hatten die Alternativtouristen nur verächtliche Blicke übrig (wie einst die englischen Adeligen für das bürgerliche Reisepublikum). Selbst Lehrer, die ihre sechswöchigen Sommerferien auf alternative Weise verbrachten, rangierten in dieser touristischen Hackordnung ganz weit unten. Koffer böse, Rucksack gut – auf diese einfache Formel ließ sich das simple Weltbild der Alternativtouristen bringen.

Allerdings erwies sich der schöne Traum vom besseren Reisen bald als Schimäre, denn immer mehr Traveller berichteten in Globetrotter-Handbüchern über ihre tollen Reiseerfahrungen („Wo die Welt noch wild ist", „Der billigste Trip nach Indien, Afghanistan und Nepal" etc.).[13] Diese ersten alternativen Reiseführer, die zunächst im Selbstverlag erschienen, beeindrucken bis heute durch ihr völlig unprofessionelles Layout – mit Schreibmaschinensatz, selbst gezeichneten Karten und schlechten Fotos. Dennoch hatten diese Publikationen eine enorme Resonanz: Die neuen Entdecker von

Die hässliche Fratze des Tourismus

„Trotzdem könnte man angesichts mancher fetten, kurzatmigen US-Amerikanerin oder dieser bierbäuchigen Typen mit Deppenhütchen und Khakihosen schon zum Misanthropen werden. Vielleicht wäre es gar nicht so schlecht, erst am späten Nachmittag dort aufzutauchen, wenn die meisten Touris schon wieder verschwunden sind."

Aus dem Bericht einer Reise nach Machu Picchu[12]

schönen (bis dahin unberührten) Stränden, pittoresken Dörfern und freundlichen Einheimischen lösten rasch einen massenhaften Strom von Nachahmern aus, die sich strikt an den Routenvorschlägen und Übernachtungstipps orientierten.

Dadurch entwickelten sich z. B. in Südostasien wahre Highways für Alternativtouristen. An beliebten Knotenpunkten wie Kuta (auf Bali) stieß man mit ziemlicher Sicherheit wieder auf andere Globetrotter aus Deutschland, Australien oder den USA, mit denen man schon einige gemeinsame Urlaubstage in Jakarta (auf Java), am Tobasee (auf Sumatra) oder auf der Insel Penang (in Malaysia) verbracht hatte.

Die Alternativtouristen waren zwar auf der Suche nach neuen Erfahrungen in der Fremde, doch so ganz wollten sie auch nicht auf das Vertraute verzichten. Wie alle anderen Urlauber exportierten sie deshalb ihre Konsum- und speziell ihre Essgewohnheiten in die Zielgebiete. Selbst in abgelegenen indonesischen Bergdörfern standen nun Bircher Müsli und Spaghetti Bolognese auf der Speisekarte der kleinen Lokale. Da sich die Rucksackreisenden in ihrem Outfit von den ungeliebten Pauschaltouristen unterscheiden wollten, fertigten findige Schneider bald bohemienhafte Hemden und Hosen für die Globetrotter.

Weil die *drifter* mit wenig Geld möglichst lange unterwegs sein wollten, hatte auch diese Form des Reisens ihre negativen Seiten: Häufig wurde die naive Gastfreundschaft der Einheimischen ausgenutzt; Schnorren und selbst Diebstähle von Opfergaben in Tempeln waren keine Seltenheit. Schon bald formulierte die Autorin mehrerer Reiseführer – durchaus selbstkritisch – eine Tabuliste von Tipps, die ihrer Meinung nach nicht in ein alternatives Reisehandbuch gehörten: Hinweise auf Schwarzmärkte, diskriminierende und rassistische Äußerungen, Tourenvorschläge zu schutzbedürftigen Minderheiten etc.[15]

Zum legendären Treffpunkt der internationalen Backpacker-Szene wurde in den 1970er-Jahren die Khao San Road in der thailändischen Hauptstadt Bangkok; hier reihten sich billige Unterkünfte, einfache Restaurants, kleine Reisebüros sowie Outdoor-Ausstatter aneinander – und der Drogenhandel blühte. Literarisch wurde dieser Schauplatz durch den Bestsellerroman von Alex Garland „The Beach" verewigt; die Verfilmung mit Leonardo di Caprio in der Hauptrolle sorgte schließlich dafür, dass die Straße für ein breites Publikum zu einem festen Begriff wurde.

Damit geriet die Khao San Road aber zu einem Waterloo des Alternativtourismus. Die wachsende Popularität löste einen Anstieg der Boden- und Mietpreise aus. Von einer alternativen Gegenwelt ist inzwischen kaum noch etwas zu spüren. Neben den Billighotels haben sich Boutiquen, Szenelokale und CD-Shops angesiedelt, die

Der gute Tourist
„Ich bin zum Beispiel so ein aufgeklärter, die Massen verweigernder und die Kultur und Natur des Gastlandes achtender Tourist. Ein gemäßigt intellektueller Tourist, der immer dann leichtes Entsetzen äußert, wenn er auf seinen – natürlich niemals pauschal zu nennenden – Reisen einen Menschen der gleichen Art treffen muß und sich vor dem dritten Andenkenstand die Frage stellt, wann „Masse" beginnt und Sanftheit endet."[14]

Die Kunst, richtig zu reisen

„Entwirf deinen Reiseplan im großen – und laß dich im einzelnen von der bunten Stunde treiben.

Die größte Sehenswürdig-keit, die es gibt, ist die Welt – sieh sie dir an.

Niemand hat heute ein so vollkommenes Weltbild, dass er alles verstehen und wür-digen kann: hab den Mut, zu sagen, dass du von einer Sache nichts verstehst.

Nimm die kleinen Schwie-rigkeiten der Reise nicht so wichtig; bleibst du einmal auf einer Zwischenstation sitzen, dann freu dich, dass du am Leben bist, sieh dir die Hühner an und die ernst-haften Ziegen, und mach einen kleinen Schwatz mit dem Mann im Zigarren-laden. Entspanne dich. Laß das Steuer los. Trudele durch die Welt. Sie ist so schön: gib dich ihr hin, und sie wird sich dir geben."

Kurt Tucholsky
(1929)

zum großen Teil im Besitz von drei chinesisch-thailändischen Inve-storengruppen sind. Auch das Reisepublikum hat sich grundlegend geändert: Anstelle der jungen, anspruchslosen *drifter* kommen nun überwiegend *traveller*, die zwar immer noch mit dem Rucksack reisen, doch größeren Wert auf Komfort, Spaß und Unterhaltung legen. Für sie ist die Reise durch Südostasien nicht mehr die lange Suche nach sich selbst, sondern einfach nur ein toller, längerer Ur-laub.[16] Da erweist es sich nur als konsequent, dass die Straße auf ih-rer deutschsprachigen (!) Homepage mit dem Slogan wirbt: „... für einige Backpacker das, was Arenal für Neckermänner und -frauen ist: ein Ort, um bierselig für wenig Geld zu versacken."[17]

Die Rucksack- oder Alternativreisenden als „gute" Touristen, die sich ernsthaft für die Kultur eines fremden Landes interessieren und sensibel mit den Einheimischen umgehen – diesen idealistischen Traum hat der Kommerz also längst unter seine stählernen Fittiche genommen. Doch der Wunsch, sich von anderen Touristen zu unter-scheiden (und kein normaler Tourist zu sein), scheint ungebrochen. In den 1980er-Jahren keimte er als zartes Pflänzchen wieder auf – dieses Mal nicht auf dem kleinen Beet alternativer Lebens- und Reiseformen, sondern auf dem weiten Feld des Umweltschutzes.

Sanftes Reisen – hartes Reisen: Visionen, Portionspackungen und mehr

„Es begann so fürstlich und endete blut- und leberwürstlich" – die-se Sentenz beschreibt recht präzise einen weiteren Versuch, die bit-tere Selbsterkenntnis zu vermeiden und nur die Anderen als Tou-risten zu betrachten. Den fürstlichen Beginn markiert ein Aufsatz des renommierten Zukunftsforschers Robert Jungk, der im Jahr 1980 in der Zeitschrift „Geo" erschien. Zu diesem Zeitpunkt tobte die Auseinandersetzung um den Bau von Atomkraftwerken. Die Gegner dieser „harten" Energie plädierten für die Nutzung neuer, „sanfter" Energiequellen wie Sonne, Wasser und Wind (ihre Forde-rung kommunizierten sie gerne mit dem fröhlichen Pkw-Aufkleber „Atomkraft – nein danke", dessen lachende Sonne damals überall das Straßenbild belebte).

Robert Jungk übertrug diesen Hart-Sanft-Gegensatz nun einfach auf den Tourismus. „Hartes" Reisen bestand für ihn aus dem Mas-sentourismus, der Nutzung schneller Transportmittel, einem festen Programm, fehlenden Sprachkenntnissen, einer geringen Reisevor-bereitung etc. Stattdessen sollten die „sanften" Touristen künftig Individualreisen unternehmen, langsam unterwegs sein, sich der landesüblichen Lebensweise anpassen, Geschenke mitbringen etc. (seine touristischen Idealvorstellungen entsprachen also weitgehend den hehren, ehrenwerten Zielen, die auch die Alternativtouristen in den 1970er-Jahren einmal gehabt hatten).

Diese Forderungen für einen Massenmarkt mit jährlich mehr als 32 Millionen deutschen Urlaubern (1980) aufzustellen, war natürlich völlig illusionär. Das tatsächliche Reiseverhalten der Bundesbürger sah (und sieht bis heute) ganz anders aus: Reiseentscheidungen werden immer kurzfristiger getroffen, es ist ein ausgeprägter Erlebnishunger zu beobachten, die Reisen werden immer kürzer und die exotische Ferne hat nichts von ihrem Reiz verloren. Dennoch hatte diese simple Kontrastliste weitreichende Konse-

Hartes Reisen	Sanftes Reisen
Massentourismus	Einzel-, Familien- und Freundesreisen
wenig Zeit	viel Zeit
schnelle Verkehrsmittel	angemessene (auch langsame) Verkehrsmittel
festes Programm	spontane Entscheidungen
außengelenkt	innengelenkt
importierter Lebensstil	landesüblicher Lebensstil
"Sehenswürdigkeiten"	Erlebnisse
bequem und passiv	anstrengend und aktiv
wenig oder keine geistige Vorbereitung	vorausgehende Beschäftigung mit dem Besuchsland
keine Fremdsprache	Sprachen lernen
Überlegenheitsgefühl	Lernfreude
Einkaufen ("Shopping")	Geschenke bringen
Souvenirs	Erinnerungen, Aufzeichnungen, neue Erkenntnisse
Knipsen und Ansichtskarten	Fotografieren, Zeichnen, Malen
Neugier	Takt
laut	leise

quenzen. Zunächst griffen Wissenschaftler und tourismuskritische Initiativen den Gedanken des sanften Reisens auf – und inzwischen gehört er zum Standardvokabular jedes Bürgermeisters und Landrats, wenn es um die touristische Zukunft von Orten und Regionen geht (gegenwärtig verzeichnet „Google" mehr als 750.000 Einträge zu diesem Stichwort).

Sanfter Tourismus – dieser Begriff brachte den Zeitgeist scheinbar präzise auf den Punkt, doch bei genauerer Betrachtung ließ er viel Platz für Interpretationen. Da sich Robert Jungk nach der Veröffentlichung seines kurzen Artikels nie mehr grundlegend zum Tourismus äußerte, musste nun eine intensive Exegese vorgenommen werden.

Dabei bildeten sich rasch zwei Fraktionen (wie in der Partei „Die Grünen"): Die „Realos" gingen davon aus, dass man den Tourismus als Massenphänomen nicht prinzipiell ändern konnte; deshalb setzten sie sich für umwelt- und sozialverträgliche Veränderungen *im* Tourismus ein. Alles sollte einfach ein bisschen sanfter werden. Dazu wurden nun die einzelnen Teile der touristischen Leistungskette hinsichtlich ihrer Umweltbelastungen analysiert – von den Reisebüros über die Reiseveranstalter und Fluggesellschaften bis hin zu den Hotels und Restaurants. Allerorts fanden sich kleine Umweltsünden: weißes (nicht recyceltes) Papier in den Büros, verpackte Butter und Marmelade auf den Frühstückbuffets, strom-

Hartes Reisen vs. sanftes Reisen – diese simple Kontrastliste wurde im Jahr 1980 von dem Zukunftsforscher Robert Jungk entwickelt.[18] Der Grundgedanke stammte aus der Anti-Atomkraft-Bewegung. Nuklearkraftwerke galten als harte Form der Energiegewinnung (im Gegensatz zu weichen Energieträgern wie Sonne, Wind und Wasser). Nun konnten sich die sanften Individualtouristen als „gute" Urlauber fühlen, während die Anderen als „böse" Pauschaltouristen stigmatisiert wurden.

Gesamtranking der beliebtesten Touristen (2009)	
Rang	*Nation*
1	Japaner
2	Briten
3	Kanadier
4	Deutsche
5	Schweizer
6	Niederländer Australier
7	Schweden US-Amerikaner
8	Dänen Norweger Finnen Belgier
9	Österreicher Neuseeländer
10	Thailänder
11	Portugiesen Tschechen
12	Italiener Iren Brasilianer
13	Polen Südafrikaner
14	Türken Griechen
15	Spanier
16	Franzosen

Alle Urlaubsreisenden sind Touristen – doch aus Sicht von internationalen Hotelmanagern gibt es zwischen den Nationen deutliche Unterschiede, wenn es um Höflichkeit, Kleidungsstil, Ordnung etc. geht. Die Deutschen rangieren dabei auf dem akzeptablen vierten Platz.[21]

fressende Glühbirnen in den Zimmern, Toiletten mit unnötig hohem Wasserverbrauch und aggressive Putzmittel bei der Reinigung der Unterkünfte (→ *Irrtum 12*).

Mit großem Elan wurden anschließend diverse Leitfäden und Checklisten konzipiert, um die Tourismusbranche auf einen sanften Kurs zu bringen.[19] Doch bei den Managern, die vor allem Auslastungsraten und Renditen im Kopf hatten, stießen diese gut gemeinten Vorschläge lange Zeit auf hartnäckigen Widerstand. Eine schnelle Karriere machte nur das kleine Schild im Badezimmer, mit dem die Hotelgäste zur mehrmaligen Benutzung der Handtücher aufgefordert wurden, um den Energie-, Wasser- und Waschmittelverbrauch zu reduzieren (denn diese Aktion erwies sich für die Betriebe als besonders kostengünstig).

Was also zunächst als utopischer, „fürstlicher" Gegenentwurf zum dominierenden Massentourismus begann, endete nun sehr pragmatisch und „blut- und leberwürstlich" (aber bitte nicht als Portionspackung). Diese Strategie der kleinen Schritte hat sicherlich viele positive Veränderungen zur Folge gehabt, aber keinen gravierenden Beitrag zur Lösung der Probleme leisten können, die der Tourismus mit sich bringt.

Die „Fundis" setzten sich hingegen vehement für einen grundlegenden Wandel des Tourismus ein. Ihrer Meinung nach sollten alle Urlauber künftig sanft unterwegs sein – möglichst nur in Deutschland und auch ausschließlich per Bahn, Rad, Kanu oder zu Fuß. Als politisch korrekte Unterkünfte galten kleine Pensionen, Bauernhöfe und Privatquartiere, während Hotels und Ferienanlagen verpönt waren. Eine Politikerin der „Grünen" plädierte im Jahr 1998 sogar dafür, dass die Bundesbürger nur alle fünf Jahre eine Urlaubsreise mit dem Flugzeug unternehmen durften (was die „Bild"-Zeitung prompt zu der Schlagzeile veranlasste: „Die Grünen wollen uns unseren verdienten Urlaub in den Süden verbieten!").[20]

Weniger Qualität im Urlaub und sogar Verzicht auf Reisen – angesichts eines zunehmenden Hedonismus und steigender Ansprüche waren derartige Forderungen von Politikern, Wissenschaftlern oder Aktionsgruppen bei der bundesdeutschen Bevölkerung nicht besonders populär. Außerdem schimmerte in diesem radikalen Ansatz eines sanften Tourismus wieder die alte Unterscheidung durch – zwischen den „guten" Individualtouristen, die nun einen umweltfreundlichen Radurlaub in der Heimat machten, und den „bösen" Pauschaltouristen, die mit einer Billigfluggesellschaft über's Wochenende in eine europäische Metropole flogen. Damit wurde also einigen Urlaubern die Absolution erteilt: Ihr seid Sanftreisende – Touristen sind immer die Anderen!

Wer einmal an Wochenenden oder in den Sommerferien auf populären Fernradwegen (wie dem Donauradweg) unterwegs war, weiß, dass diese Unterscheidung durch die schiere Zahl von Urlaubern ad absurdum geführt wird. Viele Individualtouristen bilden eben auch eine Masse von Touristen – unabhängig davon, ob sie sich selbst für *traveller* oder Entdecker halten, ob sie ihre Handtücher nur einmal pro Woche wechseln oder ob sie vor ihrer Städtereise nach Barcelona einen Volkshochschulkurs „Spanisch für Anfänger" besucht haben.

Alle Dünkel, alle Abgrenzungen und alle Anstrengungen sind vergeblich: Im 20. Jahrhundert hat sich der Tourismus zu einem Massenphänomen entwickelt und wer eine Reise unternimmt, ist ein Tourist. Die bittere Einsicht in diese unveränderliche Tatsache fällt sicherlich leichter, wenn man einmal einen Blick in die Tourismusstatistik wirft, denn dort zählen nur die harten Fakten.

Winston Churchill was here (im berühmten Hotel „Formentor" auf Mallorca). Es gibt keine weißen Flecken mehr auf der touristischen Landkarte. Wo wir uns auch auf der Welt bewegen, immer treten wir in die Fußstapfen anderer Urlauber.

Vor der Statistik sind alle Touristen gleich – zur Definition und Erfassung des Reiseverhaltens

„Um eine Urlaubsreise zu machen, muss man seinen Koffer oder Rucksack packen" – auf diesen einfachen Nenner lassen sich alle Versuche bringen, den Tourismus zu definieren und von anderen Formen der räumlichen Mobilität abzugrenzen (z. B. Tagesausflügen, Pendlerfahrten zum Arbeitsplatz oder saisonalen Wanderungen von Nomaden). Die Übernachtung außerhalb des eigenen Wohnortes ist also ein zentrales Merkmal des Tourismus.

Ansonsten haben sich Wissenschaftler, aber auch die zuständigen Statistischen Ämter bisher recht schwer getan, den Begriff „Tourismus" präzise und umfassend abzugrenzen. Zum akademischen Forschungsobjekt wurde das Reisen bereits Anfang des 20. Jahrhunderts, als vor allem Volkswirte die ökonomischen Wirkungen dieses Phänomens analysierten, das damals noch unter der Bezeichnung „Fremdenverkehr" firmierte. Doch der Tourismus ist mehr als nur ein Wirtschaftszweig; aus wissenschaftlicher Sicht wirft der Drang in die Ferne zahlreiche Fragen auf:
• Warum unternehmen Menschen überhaupt Urlaubsreisen? (Motive)
• Wie und mit wem verreisen sie? (Reiseverhalten und -organisation)

?

Methoden der statistischen Erfassung des Tourismus

Grenzmethode
Die Touristen werden bei der Einreise in das Zielland statistisch erfasst. Diese Methode kann ausschließlich im internationalen Tourismus verwendet werden – und auch nur, wenn Grenzübertritte registriert werden (was z. B. bei den 28 europäischen Staaten nicht der Fall ist, die das „Schengener Abkommen" unterzeichnet haben, in dem ein freier Personenverkehr vereinbart wurde).

Standortmethode
Die Erfassung der Touristen findet in den Unterkünften statt (z. B. durch Meldezettel). Allerdings können auf diese Weise keine Daten zum „grauen Markt" der Übernachtungen bei Verwandten und Bekannten erhoben werden. Außerdem besteht das Problem der Berichtspflicht: In Deutschland sind nur Unterkunftsbetriebe mit mehr als acht Betten verpflichtet, statistische Angaben zu machen.

📖 Literaturtipps

Lehrbücher und Lexika zum Tourismus:
MUNDT, J. W. (2006): Tourismus, 3., völlig überarbeitete und ergänzte Auflage München/Wien
STEINECKE, A. (2006): Tourismus. Eine geographische Einführung, Braunschweig (Das Geographische Seminar; o. Bd.)
SCHROEDER, G. (2007): Das Tourismus-Lexikon, 5., aktualisierte Auflage Hamburg
FUCHS, W./MUNDT, J. W./ZOLLONDZ, H.-D. (2008): Lexikon Tourismus, München
FREYER, W. (2009): Tourismus. Einführung in die Fremdenverkehrsökonomie, 9., überarbeitete und aktualisierte Auflage München

Zur Kritik am Massentourismus:
ENZENSBERGER, H. M. (1958/1976): Eine Theorie des Tourismus. – In: ENZENSBERGER, H. M.: Einzelheiten I. BewusstseinsIndustrie, 9. Auflage Frankfurt a. M., S. 179-205 (edition suhrkamp; 63) (Nachdruck aus Merkur, 1958)
KRIPPENDORF, J. (1975): Die Landschaftsfresser. Tourismus und Erholungslandschaft – Verderben oder Segen? Bern/Stuttgart
ARMANSKI, G. (1978): Die kostbarsten Tage des Jahres. Massentourismus – Ursachen, Formen, Folgen, Berlin (Rotbuch; 181)
PRAHL, H.-W./STEINECKE, A. (1979): Der Millionen-Urlaub – von der Bildungsreise zur totalen Freizeit, Darmstadt/Neuwied (IFKA-Faksimile-Ausgabe Bielefeld 1989)

Zum Konzept des sanften Reisens:
KRAMER, D. (1983): Der sanfte Tourismus. Sozial- und umweltverträglicher Tourismus in den Alpen, Wien
KRIPPENDORF, J./ZIMMER, P./GLAUBER, H. (Hrsg.; 1988): Für einen anderen Tourismus: Probleme – Perspektiven – Ratschläge, Frankfurt a. M. (fischer alternativ; 4114)
LUDWIG, K./HAS, M./NEUER, M. (Hrsg.; 1990): Der neue Tourismus. Rücksicht auf Land und Leute, München (Beck'sche Reihe; 408)
BURGHOFF, Chr./KRESTA, E. (1995): Schöne Ferien. Tourismus zwischen Biotop und künstlichen Paradiesen, München (Beck'sche Reihe; 1096)

☑ Kurz und bündig

Touristen sind immer die Anderen – diese eigene Distanzierung von den übrigen Mitreisenden oder von den negativen Auswirkungen des Tourismus auf Umwelt, Bevölkerung und Kultur beruht schlichtweg auf einer Selbsttäuschung. Wer als Urlauber (oder Geschäftsreisender) seinen Heimatort verlässt und in eine andere Region reist, ist ein Tourist – unabhängig davon, wie gebildet er ist, wie gut er sich auf die Reise vorbereitet hat, welches Verkehrsmittel er nutzt oder wie er sich gegenüber dem Hotelpersonal und der einheimischen Bevölkerung verhält.

Homepages zu offiziellen statistischen Angaben über den Tourismus

Daten zum internationalen Tourismus
• World Tourism Organization, Madrid (www.unwto.org)

Daten zum Tourismus in den OECD-Ländern
• Organisation for Economic Co-operation and Development, Paris (www.oecd.org)

Daten zum Tourismus in den EU-Ländern
• Eurostat, Luxemburg (www.epp.eurostat. ec.europa.eu)

Daten zum Tourismus in Deutschland
• Statistisches Bundesamt Deutschland, Wiesbaden (www.destatis.de)

Die Deutschen sind Reiseweltmeister

„Weltmeister der Herzen" – das war die deutsche Nationalmannschaft sicherlich während der legendären Fußballweltmeisterschaft 2006. Damals hat es mit dem Titel leider nicht geklappt, doch in einer anderen Disziplin scheinen die Bundesbürger (auch ohne Trikot) jedes Jahr wirklich Weltmeister zu sein – bei den Urlaubsreisen. Aber was muss eine Nation eigentlich tun, um „Reiseweltmeister" zu werden?

Die Antwort auf diese Frage erweist sich als ziemlich kompliziert, denn für die nicht-olympische Disziplin „Urlaubsreisen" gibt es kein Metermaß und keine Ziellinie. Welches Land soll also den Lorbeerkranz des „Reiseweltmeisters" überreicht bekommen: Die Nation,

- in der eine besonders große Zahl der Einheimischen eine Urlaubsreise unternimmt oder
- in der jeder Einheimische besonders viele Reisen macht oder
- in der ein besonders großer Teil der Bevölkerung auf Reisen geht oder
- die im internationalen Tourismus eine besonders große Rolle spielt (weil die Bevölkerung überwiegend ins Ausland fährt) oder
- die besonders viel Geld für Urlaubsreisen ausgibt (sei es im Inland oder im Ausland)?

Um diese Fragen präzise beantworten zu können, muss man über solide Daten verfügen, die entweder im Rahmen der nationalen amtlichen Statistik oder von Repräsentativuntersuchungen erhoben werden. Damit stellt sich aber das Problem der Vergleichbarkeit, denn die Touristen werden in den einzelnen Ländern auf unterschiedliche Weise gezählt – manchmal an der Grenze, manchmal in den Unterkünften (dann aber häufig nur in Hotels, aber nicht in kleineren Betrieben oder in Privatquartieren). Außerdem finden nicht in jedem Land regelmäßig Untersuchungen zum Reiseverhalten der Einheimischen statt.

Trotz dieser vielen methodischen Probleme soll einmal der Versuch unternommen werden, die Frage zu klären, wer denn nun wirklich „Reiseweltmeister" ist.

Posieren auf der Piazza San Marco oder „So stell' ich mir Venedig vor". Nicht nur für deutsche Touristen als „Reiseweltmeister" ist das Urlaubsfoto ein unverzichtbares „Instrument der feierlichen Erhöhung" (Pierre Bourdieu).[1]

?

Wichtige Begriffe zur Erfassung des Reiseverhaltens

Urlaubsreisen
Private Reisen mit mindestens vier Übernachtungen, die zu Erholungszwecken unternommen werden

Kurzreisen
Private Reisen mit ein bis drei Übernachtungen

Reiseintensität
Anteil der Bevölkerung über 14 Jahren, der pro Jahr mindestens eine Urlaubsreise von fünf Tagen Dauer (oder länger) unternimmt

Reisehäufigkeit
Anzahl der Reisen, die ein Reisender pro Jahr unternimmt

Die Deutschen sind reisefreudig, aber liegen sie weltweit an der Spitze?

Der einfachste Nachweis für eine reisefreudige Nation ist sicherlich die absolute Zahl der Touristen: Weltmeister im Reisen wäre demzufolge das Land mit den meisten Urlaubern. Im Jahr 2008 haben die Bundesbürger insgesamt 64 Millionen Urlaubsreisen unternommen (genauer gesagt handelt es sich dabei um Personen, die mindestens 14 Jahre alt waren, und um Reisen, die mindestens fünf Tage gedauert haben).

Das ist sicherlich ein stolzer Wert, doch für einen Rekord reicht er noch lange nicht aus. Er wird natürlich bei weitem von Ländern übertroffen, die eine deutlich größere Bevölkerungszahl als Deutschland aufweisen – speziell von China (1,3 Milliarden Einwohner) und den USA (298,4 Millionen Einwohner). So wird die Gesamtzahl der chinesischen Touristen auf mindestens 800 Millionen geschätzt und auch in den USA packen jedes Jahr viele Millionen von Amerikanern ihre Koffer (allein 64 Millionen machen eine Auslandsreise).[2]

In der Disziplin „Absolute Zahl der Touristen" erreicht Deutschland im internationalen Vergleich sicherlich einen vorderen Platz, aber nicht den ersten Rang. Ein ähnliches Bild ergibt sich, wenn man die Reisehäufigkeit betrachtet – also die Anzahl von Urlaubsreisen, die jeder einzelne Reisende pro Jahr unternimmt.

Dieser Wert belief sich in Deutschland im Jahr 2004 auf 2,3 Reisen je Tourist. Damit lagen die Bundesbürger wiederum im Spitzenfeld, doch im Durchschnitt machte jeder Franzose (2,7) und Finne (2,6), aber auch Österreicher und Schweizer jährlich mehr Reisen.[3]

Anders sieht es aus, wenn man sich einmal anschaut, wie hoch der Anteil der Bevölkerung ist, der jährlich eine Urlaubsreise unternimmt (dieser Indikator wird als „Reiseintensität" bezeichnet).

Die Reiseintensität – ein Gradmesser für die Demokratisierung des Reisens

„Froh schlägt das Herz im Reisekittel – vorausgesetzt, Du hast die Mittel." Diese Sentenz von Wilhelm Busch bringt die Sache auf den Punkt. Reisen ist eine Frage des Geldes – und in den wohlhabenden Industriegesellschaften wie der Bundesrepublik Deutschland haben Urlaubsreisen seit dem Zweiten Welt ihren ehemals elitären Charakter verloren: Sie sind zu einem Standardprodukt geworden.

Aufgrund des wachsenden Wohlstands und einer Zunahme der Freizeit können sich inzwischen weite Kreise der Bevölkerung eine Urlaubsreise leisten. Dieser Prozess der „Demokratisierung des

Reisens" lässt sich anhand von zwei Daten eindrucksvoll belegen: Mitte der 1950er-Jahre hat nur jeder vierte Bundesbürger eine Urlaubsreise unternommen; in jünger Zeit lag der Wert der Urlaubsreiseintensität – recht stabil – bei ca. 75 %.[4]

Reiseintensität in Europa (2000; in %)

Land	%
Deutschland	76,9
Niederlande	67,9
Schweden	61,8
Luxemburg	61,1
Großbritannien	60,9
Dänemark	59,3
Griechenland	56,0

Dennoch darf man nicht vergessen, dass es beim Reisen weiterhin große soziale Unterschiede gibt: So partizipieren Menschen mit niedriger Schulbildung, die schlecht bezahlte Arbeitsplätze haben, in weitaus geringerem Maße an dieser sozialen Errungenschaft als gut situierte Beamte und Angestellte. Auch Familien mit kleinen Kindern sowie Senioren reisen deutlich weniger als die *DINKS* (*double income, no kids*) oder die *empty nesters* (die nach dem Auszug ihrer erwachsenen Kinder wieder über mehr Zeit und Geld verfügen).[6]

Ungeachtet solcher gesellschaftlichen Verwerfungen (die teilweise auch demographische Ursachen haben), belegt Deutschland hinsichtlich der Reiseintensität in Europa den Spitzenplatz. In der letzten Vergleichsuntersuchung aus dem Jahr 2000 lag die Bundesrepublik mit 76,9 % klar vor anderen reisefreudigen Nationen wie den Niederlanden (68 %), Schweden (62 %) und Luxemburg (61 %).

Innerhalb Europas ist dabei ein deutliches Nord-Süd-Gefälle zu beobachten. Die hoch entwickelten „Nordlichter" mit ihrer großstädtischen Bevölkerung, ihren (bislang) sicheren, gut dotierten Arbeitsplätzen und ihrer vielen Freizeit sind im Urlaub wesentlich mobiler als die südlichen Länder, die noch stärker landwirtschaftlich geprägt sind. So rangieren Portugal (31 %) und Spanien (37 %) am unteren Ende der Skala, was die Reiseintensität angeht (vielleicht tragen aber auch der viele Sonnenschein, die angenehmen Wassertemperaturen und die Strände vor der Haustür dazu bei, dass man dort im Urlaub nicht unbedingt auf Reisen geht).

Jedes Jahr sind also relativ viele Deutsche in den „schönsten Wochen des Jahres" unterwegs – doch haben sie deshalb schon den Anspruch auf den Weltmeistertitel oder sind sie nur Europameister? Zur Beantwortung dieser Frage ist es sinnvoll, einen Blick auf die bevorzugten Reiseziele zu werfen.

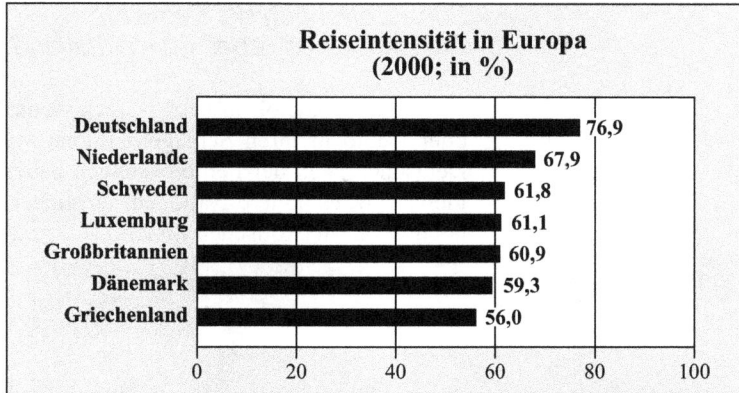

Drei von vier Bundesbürgern unternehmen jährlich mindestens eine Urlaubsreise. So reisefreudig ist keine andere Nation in Europa.[5]

Sehnsucht nach der Ferne?
Die Deutschen lieben ihr Heimatland – und Europa

„Ob in Bombay, ob in Rio" – auch wenn Margot Eskens, Freddy oder Heino in ihren Schlagern immer wieder die Sehnsucht der Deutschen nach der Ferne besungen haben: Im europäischen Vergleich gibt es andere Nationen, die lieber ins Ausland reisen und noch lieber zu exotischen Zielen.

Deutschland ist das beliebteste Reiseland der Deutschen: Jeder dritte Tourist verbringt seinen Urlaub in einer heimatlichen Ferienregion ($\rightarrow$ *Irrtum 6*).

Ganz anders unsere Luxemburger Nachbarn, die in der Disziplin „Anteil der Auslandsreisen" sicherlich Weltmeister sind, denn nur 0,7 % ihrer Urlaubsreisen werden im eigenen „Ländle" unternommen (das mit 2.586 km^2 der zweit-

Ein Paradies am Meeres-
strand – das bleibt für die
meisten bundesdeutschen
Urlauber ein Traum. In
anderen europäischen
Ländern machen mehr
Menschen Auslands- und
auch Fernreisen zu anderen
Kontinenten.

kleinste Staat der Europäischen Union ist). Doch auch für Belgier, Dänen, Iren und Slowenen sind ausländische Zielgebiete weitaus attraktiver als für die deutschen Urlauber.[7]

Fehlanzeige in Sachen „Reiseweltmeister" ist für die Bundesbürger auch hinsichtlich eines Rekords bei den außereuropäischen Zielen zu vermelden. Zwar überqueren sie bei jeder dritten Auslandsreise die Grenzen der Europäischen Union, doch Österreicher, Italiener, Spanier und Griechen zieht es in weitaus größerem Maße in die Ferne.

Bleibt als letzte Disziplin das Ausgabeverhalten: Auch wenn deutsche Touristen aufgrund ihres manchmal merkwürdigen Verhaltens in anderen Ländern als „Krauts", „Piefkes" oder „Neckermänner" verschrien sein mögen – als ausgabefreudige Konsumenten sind sie allemal willkommen.

Die deutschen Urlauber sind wirklich Weltmeister – im Konsumieren!

„Wie hoch waren die Gesamtausgaben für Ihre letzte Urlaubsreise (einschließlich Fahrt, Unterkunft, Verpflegung und Nebenkosten)?" – bei der Beantwortung dieser Frage kommen viele Menschen sicherlich ins Grübeln, denn wer erinnert sich Monate nach der Reise noch an alle Kosten, die er unterwegs gehabt hat. Nur die Wenigsten werden ein Urlaubstagebuch führen, in dem alle Ausgaben minutiös notiert werden.

Die statistischen Angaben zum Konsum auf Reisen sind also mit einiger Vorsicht zu genießen, doch das gilt natürlich nicht nur für die Daten aus Deutschland, sondern auch aus anderen Ländern.

Im Jahr 2008 hat jeder deutsche Tourist durchschnittlich 834 Euro für seine Urlaubsreise ausgegeben. Hinter diesem Wert verbergen sich enorme Unterschiede, denn um einen Urlaub im eigenen Land zu machen, waren durchschnittlich nur 525 Euro notwendig. Bei Reisen an

**Ausgaben für Auslandsreisen
(2008; in Mrd. US-Dollar)**

Land	Mrd. US-Dollar
Deutschland	84,7
USA	74,2
Großbritannien	70,6
Frankreich	34,1
China	28,0
Italien	27,3
Japan	26,6

das Mittelmeer oder zu einem Fernreiseziel lagen die Kosten mit 958 Euro bzw. 2.143 Euro erheblich höher.[8]

Selbst was die Pro-Kopf-Ausgaben für eine Urlaubsreise angeht, haben die Bundesdeutschen wiederum keine weltmeisterschaftlichen Qualitäten: So ist z. B. jeder Österreicher bei seinen Auslandsreisen spendabler als ein deutscher Tourist.[9] Allerdings gibt es zahlenmäßig weniger Österreicher als Deutsche und auch ein relativ kleiner Teil der österreichischen Bevölkerung unternimmt überhaupt eine Urlaubsreise.

Die Deutschen glänzen zwar nicht in allen touristischen Disziplinen, doch beim Konsum in anderen Ländern haben sie die Nase vorn. Streng genommen sind sie also die „Weltmeister der Reiseausgaben im Ausland".[10]

Nun wird langsam klar, warum wir Deutschen – stark vereinfacht – als „Reiseweltmeister" gelten. Wir siegen zwar nicht in jeder einzelnen Reisedisziplin, aber in der Kombination sind wir bislang nicht zu schlagen:

• Mit 64,8 Millionen Erwachsenen verfügt Deutschland über eine relativ große Bevölkerungszahl.
• Zwei von drei Urlaubsreisen finden im Ausland statt.
• Bei diesen Auslandsreisen geben die Bundesbürger ziemlich viel Geld aus.

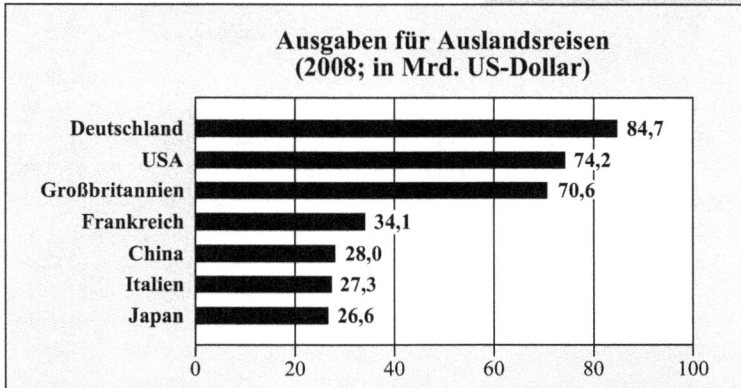

China gilt im internationalen Tourismus als wichtigster Wachstumsmarkt. Bislang werden vor allem die nahegelegenen asiatischen Ferienregionen bereist (wie die Sonderverwaltungszone Macao), doch die Zahl der chinesischen Touristen in Europa nimmt rasant zu.

Summiert man diese drei Eigenschaften, so sind die Deutschen eindeutig die Weltmeister in der Höhe der Reiseausgaben im Ausland. Mit 84,7 Milliarden US-Dollar rangieren sie klar vor den USA (74,2 Milliarden), Großbritannien (70,6 Milliarden) und anderen Nationen.

Aufgrund dieser hohen Konsumkraft ist Deutschland – als touristisches Quellgebiet – ein sehr interessanter und deshalb hart umkämpfter Markt für Zielregionen in der ganzen Welt. Ein deutlicher Beleg für diese enorme Bedeutung ist die Internationale Tourismus-Börse (ITB) in Berlin. Auf dieser größten touristischen Fachmesse der Welt sind alljährlich ca. 10.000 Unternehmen und Organisationen aus mehr als 180 Ländern vertreten. Über 100.000 Fachbesucher treffen sich dort, um Informationen über aktuelle Branchentrends zu erhalten und miteinander ins Geschäft zu kommen.[11]

Werden die Deutschen auch weiterhin die „Reiseweltmeister" bleiben? Die mittelfristigen Aussichten sind eher düster, denn im Fernen Osten erwacht langsam ein – bislang noch – schlafender touristischer Tiger (kein Wunder also, dass die ITB deshalb im Jahr 2008 eine Filiale gegründet hat: die ITB Asia in Singapur).

Die touristische Zukunft ist gelb oder Die Chinesen kommen!

Mit der glänzenden Eröffnungsfeier der Olympischen Sommerspiele 2008 in Peking hat China ein eindrucksvolles Zeichen seiner politischen, wirtschaftlichen und kulturellen Bedeutung gesetzt. Weltweit saßen mehr als zwei Milliarden Menschen vor den TV-Geräten, um die Akrobaten, Drachentänzer und Feuerwerksraketen zu bewundern.[12]

Die Botschaft war klar: China ist ein ökonomischer Gigant und ein attraktives Reiseland! Doch im internationalen Tourismus wird es künftig auch das wichtigste Quellgebiet für Auslandsreisende werden, denn die wachsende Mittelschicht möchte genauso die Welt kennen lernen wie ihre sozialen Artgenossen in Europa und Amerika.

Bereits heute ist das Reisen – neben der Wohnung und dem Auto – in China zu einem begehrten Konsumgut geworden. Bislang bewegen sich die Reiseströme noch überwiegend im eigenen Land (vor allem während der großen nationalen Feiertage). Die Mehrzahl der Auslandsreisen führt in nahegelegene asiatische Zielgebiete wie Singapur und Malaysia. Mit ihrem riesigen Angebot an Spielkasinos, Vergnügungseinrichtungen und Shopping Malls konnte sich die Sonderverwaltungszone Macau schon zu einem „Las Vegas des Ostens" entwickeln.[13]

Immer mehr westliche Nationen haben aber das riesige Nachfragepotenzial erkannt: Zunehmend lockern sie die restriktiven Einreisebestimmungen, richten Flugverbindungen ein und gründen sogar eigene Reiseveranstalter in China (seit der dortige Tourismusmarkt für ausländische Investoren geöffnet wurde).

So ist die Zahl der chinesischen Auslandstouristen in den letzten Jahren enorm gewachsen. Im Jahr 2006 haben ca. 35 Millionen Urlauber die Grenzen Chinas überschritten und die Prognosen für die kommenden Jahre sind gigantisch: 115 Millionen sollen es in zehn Jahren sein. Spätestens im Jahr 2035 werden die Chinesen die Bundesbürger auf die Plätze verweisen und als „Reiseweltmeister" ablösen.[14]

Innerhalb der kommenden Jahrzehnte werden wir in Deutschland also umdenken müssen. Es heißt, Abschied zu nehmen von unserem Selbstverständnis als Rekordhalter.

特里尔---卡尔·马克思的故乡，
衷心问候您！
卡尔·马克思故居博物馆

MUSEUM KARL-MARX-HAUS TRIER

Zurück zu den ideologischen Wurzeln! Bei vielen chinesischen Auslandstouristen steht ein Besuch des Karl-Marx-Hauses in Trier auf dem Programm einer Europa-Reise.[16]

Stattdessen sollten wir uns an den Gedanken gewöhnen, „Bereiste" zu sein, die aus Sicht der chinesischen Großstädter in einem gemütlichen und altmodischen Land leben. Gegenüber der 40-Millionen-Metropole Shanghai werden Berlin, Frankfurt am Main oder München wie nostalgische urbane Miniaturen wirken.[15]

Wir haben nur noch wenig Zeit, uns mit dieser neuen Rolle als Gastgeber für Urlauber aus chinesischen Megastädten wie Tianjin, Guangzhou oder Chongqing vertraut zu machen. Um den Erwartungen der Besucher gerecht zu werden, sollten wir auf alle Fälle „typisch deutsche" Kleidung tragen – vorzugsweise Lederhose, Dirndl und Sepplhut. Wir tun auch gut daran, unser (angeblich) traditionelles Brauchtum und Liedgut bewusst zu pflegen (die TV-Sendungen von Florian Silbereisen und Carmen Nebel leisten dabei unschätzbare Dienste).

Für Gastronomen empfiehlt es sich, in der Besteckschublade ein Fach für Stäbchen frei zu machen und eine Thermoskanne mit warmen Wasser ins Zimmer zu stellen, um das Urlaubsglück der fernöstlichen Gäste zu garantieren.

Erste Erfahrungen konnten bereits Hoteliers und Geschäftsleute in Trier machen. Dort hat sich das Karl-Marx-Haus zu einer Pilgerstätte für chinesische Urlauber entwickelt: Bereits jeder zweite Besucher stammt aus dem Land der Mitte.[17] Um stärker an diesem Boom teilzuhaben, gibt die örtliche Tourist Information eine spezielle Informationsbroschüre heraus und die Volkshochschule veranstaltet sogar einen Chinesisch-Crashkurs für Geschäftsleute.

Doch die Touristen aus dem Fernen Osten haben auf ihrer Europareise wenig Zeit für die beschauliche Moselmetropole: Meist bleiben sie nur knapp zwei Stunden und ihr Interesse beschränkt sich auf das Geburtshaus des Urkommunisten. Die vielen eindrucksvollen römischen Relikte in der ältesten Stadt Deutschlands stehen hingegen nicht auf dem Programm.[18]

📖 Literaturtipps

Zum Reiseverhalten der Europäer:
BOVAGNET, F.-C. (2006): How Europeans go on Holidays, Luxemburg (Statistics in Focus; 18)
EUROP ASSISTANCE (Hrsg.; 2008): Europeans' Holiday Barometer, 8. Auflage München

Zum Tourismus in Europa:
POMPL, W./LAVERY, P. (1999): Tourism in Europe. Structure and Developments, Wallingford
MOSE, I./JACOBS, A. K. (2004) Tourismus in Europa, Oldenburg
EUROSTAT (Hrsg.; 2008): Tourism Statistics, Luxemburg
EUROSTAT (Hrsg.; 2008): Panorama on Tourism, Luxemburg

Zum Reiseverhalten von Chinesen (speziell in Deutschland):
ARLT, W./FREYER, W. (Hrsg.; 2008): Deutschland als Reiseziel chinesischer Touristen. Chancen für den deutschen Reisemarkt, München/Wien
FUGMANN, R. (2009): Chinesische Touristen in Deutschland. Potentiale und Perspektiven des Quellmarktes China, München/Wien (Eichstätter Tourismuswissenschaftliche Beiträge; 12)

Zur Struktur und Zukunft des internationalen Tourismus:
PETERMANN, T. (1999): Folgen des Tourismus. Bd. 2: Tourismuspolitik im Zeitalter der Globalisierung, Berlin (Studien des Büros für Technikfolgen-Abschätzung beim Deutschen Bundestag; 7)
LANDGREBE, S. (Hrsg.; 2000): Internationaler Tourismus, München/Wien
WORLD TOURISM ORGANIZATION (Hrsg.; 2001): Tourism 2020 Vision, Madrid
PETERMANN, T./REVERMANN, Chr./SCHERZ, C. (2005): Zukunftstrends im Tourismus, Berlin (Studien des Büros für Technikfolgen-Abschätzung beim Deutschen Bundestag; 19)

📱 **Homepages zum europäischen und weltweiten Reisemarkt**

Daten zum Reiseverhalten und Tourismus in Europa
• Eurostat, Luxemburg (www.eds.destatis.de)
• „Urlaubsbarometer" der Europ Assistance, München (www.europ-assistance.de)

Daten zu Reiseausgaben deutscher Urlauber im Ausland
• „Reisestudie" der Dresdner Bank (www.dresdner-bank.de)

Aktuelle touristische Marktinformationen zu zahlreichen Ländern
• Deutsche Zentrale für Tourismus, Frankfurt a. M. (www.deutschland-tourismus.de/DEU/ueber_uns/marktforschung.htm)

Daten und Studien zum internationalen Tourismus
• World Tourism Organization, Madrid (www.unwto.org)

Prognose zum chinesischen Auslandsreisemarkt
• Credit Lyonnais Securities Asia, Hongkong (www.clsa.com)

☑ Kurz und bündig

Wer ist „Reiseweltmeister"? Bei der Antwort kommt es auf die jeweilige Disziplin an: In den bevölkerungsreichen Ländern (China, USA) gehen jährlich besonders viele Menschen auf Reisen. Im kleinen Land Luxemburg unternehmen nahezu alle Touristen eine Auslandsreise und in Österreich sind die Pro-Kopf-Ausgaben sehr hoch. In Frankreich und Finnland macht jeder Urlauber jährlich mehrere Reisen. Deutschland erweist sich als klarer Sieger im Kombinationswettkampf: recht große Einwohnerzahl + hohe Reiseintensität + viele Auslandreisen + relativ hohe Pro-Kopf-Ausgaben. Damit ist Deutschland Weltmeister in der Kategorie „Höhe der Reiseausgaben im Ausland".

Alle Touristen wollen nur das Eine: Spaß und Unterhaltung

Mit ihrem Image steht es wirklich nicht zum Besten: In den Medien werden Touristen gern als oberflächliche Dumpfbacken oder selbstsüchtige Hedonisten dargestellt. Allzu vertraut sind uns die TV-Bilder von gröhlenden Ballermann-Urlaubern, die ihre tägliche Sangria-Ration aus Eimern saufen, oder von tollkühnen Bungy-Springern, die sich aus beeindruckender Höhe in die Tiefe stürzen. Doch die Mehrzahl der Touristen ist in Wirklichkeit ganz anders – bieder und langweilig, aber auch wissbegierig und interessiert an neuen Erfahrungen.

64 Millionen Urlaubsreisen haben die Bundesbürger im Jahr 2008 unternommen – und mit jeder Reise waren andere persönliche Erwartungen verbunden.[1] Allein diese beeindruckend große Zahl zeigt, dass es unmöglich ist, alle Urlauber – zugunsten hoher Einschaltquoten – auf wenige schrille Typen zu reduzieren.

Doch warum zieht es uns jedes Jahr in die Ferne? Welche Hoffnungen und Sehnsüchte verknüpfen wir mit einer Reise? Was suchen wir überhaupt an anderen Orten? Diese Fragen offen und ehrlich zu beantworten, fällt uns selbst ziemlich schwer – und für die Tourismusforschung erweist es sich als noch schwieriger, präzise Ergebnisse zu erarbeiten: Sie ist nämlich auf die Aussagen angewiesen, die wir über unsere Reisemotive und Urlaubsbedürfnisse machen.

Derartige „Selbstauskünfte" haben einige methodische Schönheitsfehler. Zum einen setzen sie voraus, dass sich die Befragten ihrer innersten Gefühle bewusst sind. Zum anderen müssen sie auch noch willig und fähig sein, einem Interviewer Auskunft über ihre Motive zu geben. Schließlich gibt es noch geheime Wünsche, über die wir kaum mit anderen sprechen (weil sie sozial unerwünscht sind). Wer gibt schon gerne zu, dass er es genießt, Freunde und Bekannte mit seinen Erzählungen über teure Reisen zu exotischen Zielen zu beeindrucken? Auch über anstößige Wünsche – z. B. nach sexuellen Erlebnissen oder haltlosem Drogenkonsum – wird man wohl kaum bereitwillig Auskunft geben.

Bei empirischen Studien zu Urlaubsreisemotiven ist also immer eine gesunde Skepsis angebracht. Doch was ist bislang überhaupt dabei herausgekommen?

„Wohin reitet der Herr?" „Ich weiß es nicht", sagte ich, „nur weg von hier, nur weg von hier. Immerfort weg von hier, nur so kann ich mein Ziel erreichen."

Franz Kafka

Weg von oder hin zu?
Die wichtigsten Reisemotive der Bundesbürger

Entspannung, Abstand vom Alltag, Zeit haben und frische Kraft sammeln – solche harmlosen Bedürfnisse rangieren seit Jahrzehnten ganz weit oben, wenn die Deutschen gefragt werden, worauf es ihnen bei einer Urlaubsreise am meisten ankommt (kein Wort von Trinkgelagen oder extremen sportlichen Leistungen, aber auch nicht von einer neuen Suche nach Sinn und Selbsterfahrung).

Bloukrans Bungy
216m
Highest in the World !

" a major theme in the development of humanity is to face and overcome fear...to Face Adrenalin"

FACE

Die Mehrzahl der Urlauber ist geschafft von den Belastungen im anstrengenden Job (wohl zunehmend auch von der Sorge um den Arbeitsplatz) und will einfach eine Distanz zur alltäglichen Routine schaffen.

Offensichtlich hatte Theodor W. Adorno recht, als er in den 1970er-Jahren vom „langen Arm der Arbeit" sprach, der auch unsere Freizeit bestimmt – nicht nur in der alljährlichen Flucht vor Werkbank und Schreibtisch, sondern in der Leistungsorientierung, die wir selbst im Urlaub praktizieren (das zeigen die begeisterten Berichte über die lange Fahrt zum Reiseziel, die man in kürzester Zeit bzw. in einsamen Nachttouren zurückgelegt hat, oder über die endlosen Staus, in denen man sich in Geduld üben musste).[2]

Die Frage ist immer noch berechtigt, was das denn für eine Gesellschaft und Wirtschaft ist, in der 50 Wochen im Jahr scheinbar bedeutungslos sind – andernfalls wären doch

Bungy Jumping, River Rafting, Canyoning – glaubt man den Medien, so suchen die Deutschen im Urlaub vor allem Thrill und Abenteuer. Die touristische Realität ist viel banaler – aber auch weniger anstrengend.

die zwei Urlaubswochen nicht die „schönsten Tage des Jahres" (zu denen sie inzwischen im allgemeinen Sprachgebrauch geworden sind, so sehr hat sich der alte Werbeslogan des Reiseveranstalters „Neckermann" in unseren Köpfen eingenistet; → *Irrtum 4*).[3]

Doch mit diesem einfachen Weg-von-allem-Motiv lässt sich der Tourismus als gesellschaftliches Phänomen nicht vollkommen erklären. Er ist mehr als eine kopflose Flucht vor dem Alltag, auch wenn Urlauber gerne mit den Lemmingen verglichen werden, die sich angeblich – wie auf einen geheimen Befehl hin – gemeinsam von den Klippen ins Meer stürzen. Nur jeder dritte Bundesbürger gibt in Befragungen an, dass ihm das Reiseziel egal ist, da es ihm im Urlaub ausschließlich auf Spaß und Vergnügen ankommt (das scheinen die jungen Leute mit wenig Geld, abgebrochener Hauptschule und großem Durst zu sein, die wir aus den RTL II-Sendungen über den Ballermann zur Genüge kennen).[4]

Die Mehrzahl der Touristen erwartet vom Urlaub aber mehr als eine alberne Animation am Hotelpool, einen lustigen Ritt auf der Gummibanane oder das allabendliche Absacken im „Almrausch". Stattdessen wollen sie die Urlaubstage bewusst nutzen, mit den Kindern zusammen sein, die Sonne und Natur genießen usw. Diese positiven Hin-zu-Motive sind miteinander verflochten wie die Stützen der weltberühmten „Vogelnest"-Arena in Peking: Bewegung und Geselligkeit, Sport und Gesundheit, Natur und Familie. Tourismuspsychologen sprechen deshalb auch von einer „Architektur" der Motive, bei der Erholung

Urlaubsreisemotive der Deutschen (2009; in %)

	trifft völlig zu	trifft zu
Ausruhen/Erholung	39,6	39,6
Interesse an Kultur	29,4	29,4
Bewegung/Aktiv sein	24,0	24,0
Gesundheit/Aussehen/Körper	17,3	17,3
Spaß/Unterhaltung - Reiseziel egal	10,5	10,5

und Entspannung das Fundament bilden, auf dem viele andere Urlaubserwartungen basieren – nicht zuletzt das Interesse, mehr über das Reiseziel und seine Bewohner zu erfahren.[6]

Es muss nicht immer kultureller Kaviar wie das Diözesanmuseum in Trier, die Bayreuther Festspiele oder eine „Dr. Tigges"-Studienreise sein, aber zwei von drei Urlaubern interessieren sich für Land und Leute, wenn sie auf Reisen sind. Sie buchen organisierte Flamenco-Abende, zwängen sich auf die engen Sitze von Stadtrundfahrt-Bussen oder stehen stundenlang Schlange, um eine Eintrittskarte für eine Mega-Ausstellung zu bekommen: Als im Jahr 2004 ausgewählte Kunstwerke des New Yorker „Museum of Modern Art" (MoMA) in Berlin gezeigt wurden, kamen innerhalb von sechs Monaten mehr als 1,2 Millionen Besucher (davon waren 70 % Touristen). Zu Spitzenzeiten mussten die Gäste bis zu zwölf Stunden warten, um eingelassen zu werden.[7]

Weg vom alltäglichen Streß – das ist zwar das wichtigste Motiv für eine Urlaubsreise, aber nicht das einzige. Viele Bundesbürger interessieren sich auch für Land und Leute, wollen aktiv sein und etwas für ihren Körper und ihre Gesundheit tun.[5]

Mona Lisa, Nofretete und mehr: Kultur hat Konjunktur im Tourismus

Chaos, Streit und Zwietracht sind programmiert, wenn Geisteswissenschaftler versuchen, den Begriff „Kultur" zu definieren: Wo fängt sie an? Wo hört sie auf? Da machen es sich die Tourismusforscher einfacher: Ein Kulturtourist ist ein Reisender, für den das Interesse an Kultur ein wichtiges Reisemotiv darstellt – unabhängig davon, ob es sich um Hoch- oder Alltagskultur handelt.

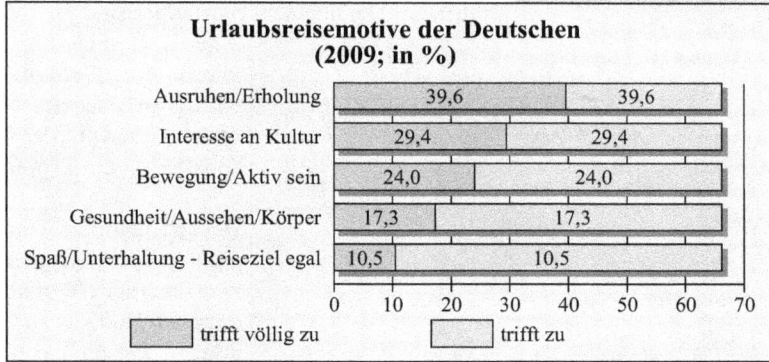

Immerhin 29,4 % der Bundesbürger geben in Umfragen an, dass sie sich „sehr" für die Kultur ihrer Ferienregion interessieren. Nach Spaziergängen und Wanderungen zählt die Besichtigung von Kirchen, Museen und Schlössern zu den beliebtesten Urlaubsaktivitäten deutscher Urlauber.[8] Das Land der Dichter und Denker erweist sich also auch als ein unerschöpflicher Quell von Kulturtouristen: Die deutschen Urlauber sind viel besser als ihr Ruf!

Kulturelle Einrichtungen als Besuchermagneten (2002; in Mio.)	
Kölner Dom	6,0
Reichstag, Berlin	2,7
Bonner Museumsmeile	2,5
Deutsches Museum, München	1,4
Schloss Heidelberg	1,3
Schloss Neuschwanstein	1,3
Dresdner Zwinger	1,2
Aachener Dom	1,0

Das freut den Papst: Kirchen sind populärer als Achterbahnen! Mit jährlich sechs Millionen Besuchern ist der Kölner Dom eine weitaus beliebtere Attraktion als der „Europa-Park" in Rust (der Marktführer dieser Branche verzeichnet vier Millionen Gäste pro Jahr).[9]

Allerdings nicht aus Sicht von Museumsleitern und Denkmalpflegern: Sie haben häufig eine skeptische Einstellung gegenüber Touristen, da diese nur an einigen spektakulären Exponaten interessiert sind und sich auch viel zu wenig Zeit für den Besuch nehmen. Dieser Vorwurf ist aber nicht gerechtfertigt, denn das (scheinbar) oberflächliche Verhalten ist eine Folge des knappen Budgets an Geld und Zeit, das wir alle auf Reisen haben: „Ich wär' ja so gern noch geblieben, aber der Wagen, der rollt".

Als Touristen müssen wir unsere Besichtigungspunkte sorgsam auswählen – und worauf konzentrieren wir uns? Auf das Besondere, das Außergewöhnliche und das Einmalige. Um unsere Aufmerksamkeit zu erlangen, kreieren die Tourismusmanager deshalb ständig neue Superlative wie die skurrilen Einträge im „Guinness Book of Records": Im Jahr 2010 werden Essen und das Ruhrgebiet „Kulturhauptstadt Europas" sein; im Rahmen dieser Kampagne ist u. a. geplant, die A 40 (eine der Hauptverkehrsadern der Region) auf einer Länge von 60 Kilometern zu sperren, um die längste Tafel der Welt aufzustellen. An 20.000 Tischen soll dort ein großes „Begegnungsfest der Alltagskulturen" stattfinden.[10]

Viele Touristen sind an Kultur interessiert, aber nicht mit dem umfassenden und systematischen Ansatz von Museumsexperten, sondern mit einem extrem selektiven Blick. Großen Einfluss auf die touristische Wahrnehmung der Welt hatte der Verleger Karl Baedeker, der im 19. Jahrhundert für seine Reiseführer das Sternchen-System entwickelte (das inzwischen in der Branche zum Standard gehört).[11]

Weil die Touristen diese Scheuklappen tragen, leiden weltberühmte „Zwei-Sterne-Kulturdenkmäler" wie das Goethehaus in Weimar oder Schloss Sanssouci unter einem Ansturm der Besucher, während in den „Ein-Sterne-Sehenswürdigkeiten" ganz in der Nähe gähnende Leere herrscht – z. B. in Schloss Tiefenfurth an der Ilm oder im Chinesischen Teehaus im Park von Potsdam.

Der selektive Blick ist das eine (kultur)touristische Laster, die Gier nach geistreichen und geheimnisvollen Geschichten das andere. Als Urlauber interessieren wir uns zwar für Land und Leute, aber wir sind Laien und keine hauptamtlichen Historiker, Geographen oder Volkskundler. Wir wollen etwas lernen, aber die Unterrichtsstunden sollen ganz anders sein als in der Schule: lebendig, anschaulich und unterhaltsam – und vor allem müssen sie uns emotional berühren (wir wollen uns später gern an diese Momente erinnern).

Großartige Leistungen, dramatische Geschichten und menschliche Schicksale – das sind nicht nur unverzichtbare Zutaten für die Trivialromane von Johannes Mario Simmel, Ken Follett und Rosamunde Pilcher. Auch der Tourismus ist Teil dieser kommerziellen Populärkultur, die sich unsere offene (oder klammheimliche) Freude am Staunen und am Spektakel, aber auch am Schaudern und Schrecken zunutze macht (→ *Irrtum 9*).

Die einfache Botschaft lautet: Trümmertourismus – nein, danke! Kulturinteressierte Touristen wollen keine langweiligen Schlossbesichtigungen in Filzpantoffeln mit Fakten, Fakten, Fakten. Stattdessen erwarten sie spannendes Storytelling: Sie wollen mit den historischen Protagonisten – Edelleuten, Mätressen und Narren – leben, lieben und leiden.

Kein Wunder also, dass Schloss Neuschwanstein so populär ist, denn die Burg bietet alles, was das touristische Herz begehrt: Ludwig II. als schillernde Hauptfigur mit seinem Hang zu schwülstiger Musik und ausschweifenden Sexabenteuern, eine märchenhafte Architektur, ein schrilles Interieur und als Schmankerl noch den wunderbaren Blick auf die Alpen.

Dabei macht es vielen Besuchern gar nichts aus, dass es sich bei Schloss Neuschwanstein um eine künstliche Erlebniswelt par excellence handelt – um den dreidimensionalen Nachbau eines Bühnenbildes (für sie ist das Gebäude aus dem 19. Jahrhundert einfach eine schöne mittelalterliche Burg).[12]

Die Frage der Authentizität eines Kunstwerkes spielt für die Mehrzahl der Urlauber keine allzu große Rolle (weil sie eben Laien sind): Im Jahr 2007 fand in Hamburg eine große Ausstellung mit den berühmten Terrakotta-Figuren der Armee des Kaisers Shi Huangdi statt, die im chinesischen Xian ausgegraben wurden. Als sich nach einiger Zeit herausstellte, dass es keine Originalfiguren, sondern nur Replika waren, plädierten viele Besucher dafür, die

Es ist wirklich spektakulär und vor allem einmalig – das Schloss in Versailles; deshalb wollen es jährlich mehr als drei Millionen Touristen aus aller Welt sehen. Ihre Neugierde gilt vor allem dem Spiegelsaal und den Schlafzimmern des französischen Königspaares. Damit endet aber meistens auch das Interesse an der barocken Kultur. Auf Reisen haben wir wenig Zeit (und Geld), deshalb konzentrieren wir uns auf das Besondere und Andersartige – den Superlativ.

?

**Storytelling oder
die Kunst, Touristen
und Konsumenten zu
begeistern**

*„Das Produkt und seine
Qualität genügen nicht. Hinter den Marken steht eine
Story. Sie erzählt ihre Geschichte und bestimmt ihre
Identität, mit der sich auch
der Konsument identifiziert.
Nicht durch Preissenkungen
gewinnt man Käufer, son-
dern durch die Sinnstiftung
zum Konsum. Werbung lockt
nicht zum Erwerb an – sie
bestätigt dem Käufer, dass
er sich richtig entschieden
hat.“[14]*

Exponate dennoch zu zeigen (weil sie einen so authentischen Eindruck machten).[13]

Unabhängig davon, ob sich die Besucher dieser Ausstellung mit
dem *fake* zufrieden gegeben haben oder lieber das Original sehen
wollten – aus Sicht der empirischen Tourismusforschung handelt es
sich bei den Besuchern um „Kulturtouristen" (wenn sie von aus-
wärts angereist sind und in Hamburg übernachtet haben). In den
großen bundesweiten Repräsentativuntersuchungen werden die
Reisemotive mit Hilfe von Statements erfasst, denen die Befragten
in unterschiedlicher Form zustimmen können (z. B. „neue Eindrücke sammeln", „den eigenen Horizont erweitern", „etwas für Kultur und Bildung tun").

Doch die jeweilige Antwort ähnelt einer Münze, die zwischen
dem Interviewer und den Probanden ausgetauscht wird: Man
scheint sich über den Inhalt der Antwort (= Wert) einig zu sein,
obwohl jeder etwas anderes mit den einzelnen Begriffen verbindet.
Angesichts der offenkundigen methodischen Schwäche, Reisemotive in Umfragen wirklich erforschen zu können, lässt sich über
dieses Thema im Elfenbeinturm der Wissenschaft um so trefflicher
theoretisieren.

Spiel – Ritual – Pilgerfahrt: Spekulatives über den tieferen Sinn des Reisens

Zurück zur zentralen Frage: Warum brechen wir jedes Jahr auf, um
in die Fremde zu reisen (wenn wir es uns leisten können)?[15]

Eine ganz einfache Antwort lautet: Die Wanderlust und der Ent-
deckungsdrang gehören zu den menschlichen Urtrieben; beim
Reisen handelt es sich demzufolge um eine anthropologische Kon-
stante. Als Belege für diese Theorie werden Ereignisse aus der Geschichte herangezogen, bei denen einzelne Gruppen oder enorme
Menschenmassen unterwegs waren – von der Völkerwanderung
über die Kreuzzüge bis hin zum mittelalterlichen Pilgerwesen. Als
frühe Reisende gelten auch Händler, Nomaden und Handwerksgesellen, die auf die Walz gehen mussten, um Erfahrungen zu sammeln und später einmal Meister zu werden.

Die Touristen des 21. Jahrhunderts reisen aber nicht aus beruflichen Gründen, sie suchen auch nicht das Seelenheil oder wollen
Jerusalem von den Ungläubigen befreien. Für ihre Urlaubsreise in
den Schwarzwald, nach Mallorca oder auf die Seychellen gibt es
keine übergeordneten religiösen, politischen und wirtschaftlichen
Gründe: Sie ist weitgehend zweckfrei (wenn man von der Erholung, dem Vergnügen und dem Interesse an der Kultur absieht).

Hier setzt eine zweite Theorie an, die das Reisen mit einem Spiel vergleicht. Auch wenn wir spielen, verfolgen wir keinen materiellen oder ideellen Nutzen. Stattdessen verlassen wir für einen begrenzten Zeitraum unsere alltägliche Routine und begeben uns in eine neue Situation, die durch eine Mischung aus Regeln und Freiräumen, Engagement und Unverbindlichkeit charakterisiert wird. Da uns am Urlaubsort niemand kennt, sind wir dort auch frei von den üblichen beruflichen oder verwandtschaftlichen Zwängen (also immer als Assistent/Buchhalter/Chef oder Enkel/Sohn/Vater auftreten zu müssen). Wir können einfach einmal wir selbst sein und auch eine andere Rolle spielen als zu Hause – den Faulen, den Nachdenklichen, den Lustigen oder den tollen Hecht.

Das Problem ist nur: Wir können uns nicht häuten – auch auf Reisen nehmen wir uns selbst immer mit. Nur wenigen Touristen wird es deshalb gelingen, sich in der Fremde völlig anders zu verhalten als daheim. Auch die soziale Kontrolle hört im Urlaub nicht vollständig auf, denn die mitreisenden Ehepartner, Familienmitglieder oder Bekannten sorgen schon dafür, dass der Rollenwechsel nicht allzu extrem ausfällt (nur 11 % der bundesdeutschen Touristen sind Alleinreisende).[16]

Wenn wir selbst als Touristen noch unter dem Pantoffel der Gesellschaft stehen, dann können wir den Spieß auch einfach umdrehen – also unser Urlaubsglück den anderen bewusst zeigen, um sie zu beeindrucken. Zu diesem Verhalten wurde bereits in den 1960er-Jahren die Theorie des demonstrativen Konsums entwickelt.[17]

Völlig falsch kann sie nicht sein, das zeigt ein Blick auf die vielen bunten Postkarten aus aller Welt, die gerne an die Wände von Amtsstuben und Großraumbüros geheftet werden. Da haben es die lieben Kollegen und Kolleginnen den Daheimgebliebenen aber so richtig gezeigt: Schaut her, was wir uns leisten können, wohin wir gefahren sind und wie toll es dort war!

Folgt man dieser Theorie, so sind Urlaubsreisen nicht ein Ausdruck individueller Bedürfnisse und Interessen, sondern überwiegend ein Resultat gesellschaftlicher Normen und Zwänge: Welches Land ist dieses Jahr als Reiseziel besonders angesagt? Wohin muss ich reisen, um einfach dazuzugehören? Womit kann ich Nachbarn

Neue Eindrücke sammeln und den eigenen Horizont erweitern? Ja, gerne – wenn es nicht allzu anstregend ist. Open-Air-Stadtrundfahrten erfreuen sich vielerorts einer zunehmenden Beliebtheit (wie hier in Kapstadt).

?

**Die „Grand Tour" –
der Beginn des
modernen Tourismus**

Im 16. Jahrhundert begannen
englische Adelige, ausge-
dehnte Bildungsreisen durch
Europa zu unternehmen.
Sie besichtigten Kultur-
denkmäler, Manufakturen
und Bergwerke, knüpften
gesellschaftliche Kontakte,
erlernten Sprachen und
übten die neuesten Tänze.
Ein bißchen Vergnügen war
auch dabei, doch die Begleiter (z. B. ein Reisemarschall
und ein Tutor) sorgten
dafür, dass die jungen Grand
Touristen nicht zu sehr über
die Stränge schlugen. Die
Reisen dauerten mehrere
Jahre und führten durch
Frankreich nach Italien,
wo mehrere Städte besucht
wurden. Über die Schweiz,
Deutschland und die Niederlande ging es dann wieder
zurück auf die Insel.[19]

und Kollegen enorm beeindrucken?

Sicherlich lassen sich in der Geschichte des Tourismus viele Beispiele für eine derartige Außenorientierung finden. So hat sich das aufstrebende Bürgertum im 19. Jahrhundert mit großem Eifer am Lebensstil des Adels (als Trendsetter) orientiert: Es folgte den Blaublütigen zunächst in die Kurorte und später in die Seebäder, liebte luxuriöse Palast(!)hotels und flanierte gern auf Promenaden, um seinen Reichtum und seinen zunehmenden politischen Einfluss vorzuführen.[18]

Doch mit der wachsenden „Demokratisierung des Reisens" sind die Unterschiede feiner geworden. Wenn es nahezu keine weißen Flecken mehr auf der touristischen Landkarte gibt, kommt es immer weniger darauf an, wohin man fährt, sondern in welchem Hotel man übernachtet. Oder: Wenn Tout le Monde auf Tahiti, Mauritius oder Madagascar Urlaub macht, ist es dann nicht viel schicker, auf Mallorca zu wandern oder im Münsterland Rad zu fahren?

Angesichts dieser neuen Unübersichtlichkeit sind die bewährten Trendsetter auch nicht mehr das, was sie früher einmal waren. Als Tourist ist man heutzutage ziemlich auf sich selbst gestellt: Man muss seinen eigenen Weg gehen und seinen persönlichen Reisestil entwickeln. Viele sind deshalb auf der Suche, aber nicht nach neuen, vom Tourismus noch nicht erschlossenen Regionen, sondern nach anderen kulturellen und spirituellen Erfahrungen – und vielleicht auch nach sich selbst (→ *Irrtum 10*).

Touristen als Pilger, die zu heiligen Orten wandern? Angesichts der Urlaubsrealität in Bodrum, Benidorm oder Miami Beach scheint dieser theoretische Ansatz einigermaßen verwegen, doch werfen wir einmal einen Blick auf die drei Millionen Touristen, die im Jahr 1995 nach Berlin kamen, um dort den verhüllten Reichstag zu bewundern (eine Aktion des Künstlerpaares Christo und Jeanne-Claude).[20]

Die Besucher haben sich aus ihrer gewohnten Umgebung gelöst, und die Annäherung an den Reichstag erfolgte in einer ritualisierten Form (um das Gebäude herum gab es eine kommerzfreie Bannmeile). Außerdem machten sie die Erfahrung der Gemeinschaft mit Gleichgesinnten, drängten zum Objekt ihrer Begierde und erfuhren schließlich den sinngebenden Moment ihrer Reise: Sie spürten die Aura des Kunstwerks. Einigen Auserwählten wurde von uniformierten Helfern sogar ein Stück der kostbaren, silberfarbenen Plane als Souvenir überreicht (wie eine Hostie).

Ein Vergleich mit Pilgererfahrungen nach Lourdes, Santiago de Compostela oder Mekka drängt sich auf, doch auch dieser theoretische Ansatz greift zu kurz – er erklärt ein einzelnes touristisches Phänomen, erfasst aber nicht das gesamte Motivspektrum von Urlaubern.

Grau ist alle Theorie – oberflächlich die Empirie? Nicht nur: Wir wissen ziemlich sicher, dass der Urlaub für viele Bundesbürger mehr als nur Spaß und Unterhaltung ist, aber trotz Wanderlust, Spiel, demonstrativem Konsum und Pilgern – ohne Spaß und Unterhaltung ist es eben auch kein richtiger Urlaub!

Der Tourismus bewegt sich also zwischen zwei Extremen, die der Komiker Hape Kerkeling präzise markiert hat – den hedonistischen Ansatz à la „Witzigkeit kennt keine Grenzen, Witzigkeit kennt kein Pardon", aber auch die persönliche Sinnsuche: „Ich bin dann mal weg".

Das Kunstobjekt als Heiligenschrein: Im Jahr 1995 wurde der Reichstag in Berlin vom Künstlerpaar Christo und Jeanne-Claude für wenige Wochen verhüllt. Damals pilgerten mehr als drei Millionen Touristen in die Stadt, um dieses „Once-in-a-Lifetime"-Spektakel zu sehen.

📰 **Homepages zu aktuellen touristischen Marktanalysen**

Daten zu Reisemotiven und zum Reiseverhalten der Bundesbürger
• „Reiseanalyse" der Forschungsgemeinschaft Urlaub und Reisen, Kiel/Hamburg (www.fur.de)
• „Tourismusanalyse" der Stiftung für Zukunftsfragen, Hamburg (www.stiftungfuer-zukunftsfragen.de)

Daten zu Reisemotiven und zum Reiseverhalten der Österreicher
• „Österreichische Tourismusanalyse" des Instituts für Freizeit- und Tourismusforschung, Wien (www.freizeitforschung.at)

📖 Literaturtipps

Zu Urlaubsreisemotiven:
HENNING, Chr. (1997): Reiselust. Touristen, Tourismus und Urlaubskultur, Frankfurt a. M./Leipzig, S. 43-59
GOHLIS, T. u. a. (Hrsg.; 1997): Warum reisen? Köln (Voyage – Jahrbuch für Reise- & Tourismusforschung; 1)
VESTER, H.-G. (1999): Tourismustheorie. Soziologische Wegweiser zum Verständnis touristischer Phänomene, München/Wien
ISENBERG, W./MÜLLENMEISTER, H. M./STEINECKE, A. (2003): Tourismus im Wandel, Paderborn
LOHMANN, M./DANIELSSON, J. (2003): Urlaubsmotive, Kiel/Hamburg

Zum Stellenwert der Kultur im Tourismus:
BECKER, Chr./STEINECKE, A. (Hrsg.; 1993): Kulturtourismus in Europa. Wachstum ohne Grenzen? Trier (ETI-Studien; 2)
STEINECKE, A. (2007): Kulturtourismus. Marktstrukturen – Fallstudien – Perspektiven, München/Wien

Zur Reiseentscheidung:
BRAUN, O. L./LOHMANN, M. (1989): Die Reiseentscheidung. Einige Ergebnisse zum Stand der Forschung, Starnberg
MUNDT, J. (2006): Tourismus, 3., völlig überarbeitete und ergänzte Auflage München/Wien, S. 141-164

Zu empirischen Methoden der Tourismusforschung:
FREYER, W./GROSS, S. (2006): Gästebefragungen in der touristischen Marktforschung. Leitfaden für die Praxis, Dresden (Schriftenreihe Tourismuswirtschaft; o. Bd.)
SEITZ, E./MEYER, W. (2006): Tourismusmarktforschung. Ein praxisorientierter Leitfaden für Touristik und Fremdenverkehr, 2., vollständig überarbeitete Auflage München

✔️ Kurz und bündig

Reisemotive von Urlaubern sind generell schwer zu erfassen, da empirische Untersuchungen auf die Selbstauskünfte der Befragten angewiesen sind. Fundierte Anworten setzen aber die Fähigkeit zur Reflexion über die eigenen Erwartungen voraus sowie die Bereitschaft, Fremden darüber zu berichten. Die Resultate zeigen, dass die Mehrzahl der Urlauber ein (wenn auch diffuses) Interesse an Land und Leuten hat. Nur für ein Drittel der Bundesdeutschen ist das Reiseziel egal – sie wollen ausschließlich Spaß und Unterhaltung.

Die Mehrzahl der Urlauber sind Neckermänner oder TUIristen

„Ein Rudi Völler, es gibt nur ein' Rudi Völler" – wer so einzigartig und populär ist wie der ehemalige Teamchef der deutschen Fußball-nationalmannschaft, der eignet sich ausgezeichnet als medienwirksamer Sympathieträger. Kein Wunder also, dass der Reiseveranstalter „Neckermann Reisen" den hohen Bekanntheitsgrad von „Tante Käthe" seit langem dazu nutzt, Werbung für seine Pauschalreisen zu machen. Das ist auch dringend nötig, denn nach einer anhaltenden Boomphase stagniert das Veranstaltergeschäft seit Ende der 1990er-Jahre – und außerdem gibt es mit „TUI", „Rewe", „Alltours" und Co. mächtige Konkurrenten. Doch längst nicht alle Touristen sind Fans von Rudi Völler und von Pauschalreisen: Immerhin organisiert jeder zweite Bundesbürger seine Urlaubsreise selbst.

Begriffe wie Pauschalsumme, Pauschalversicherung oder Pauschalurteil haben einen zweideutigen Klang: Einerseits signalisieren sie, dass es hier einfach und bequem zugeht; man muss einen Sachverhalt nicht genau nachrechnen, belegen oder begründen. Andererseits scheint es aber auch keine Differenzierung und keine Einzelfälle mehr zu geben; alles wird in gleicher Weise behandelt.

Diese ambivalenten Assoziationen gelten auch für den Begriff der „Pauschalreise": Aus Sicht vieler Kunden handelt es sich zwar um eine komfortable Art der Urlaubsreise, da sich der Reiseveranstalter um Transport, Unterkunft, Verpflegung und Betreuung vor Ort kümmert – und das meistens zu einem recht günstigen Preis. Doch für viele Bundesbürger schwingt bei dem Wort immer auch etwas von Massenhaftigkeit und Gleichmacherei mit, die keinen Platz mehr für authentische Erfahrungen und individuelle Erlebnisse lassen.

Aus der Sicht von Individualtouristen, aber auch von Einheimischen in den Ferienregionen sind Pauschalreisen und „Neckermänner" zum Synonym für einen standardisierten und anspruchslosen Tourismus geworden. Wie unsinnig derartige Pauschaleinschätzungen sein können, zeigen die Beispiele der teuren Studienreisen oder luxuriösen Kreuzfahrten, bei denen sämtliche Leistungen vorab gebucht werden – genau wie bei einem organisierten Badeurlaub auf Ibiza.

Pauschalreisen stellen einfach nur *eine* Organisationsform von Reisen dar; generell wird dabei unterschieden zwischen:
• *Individualreisen,* bei denen sich die Urlauber um sämtliche Buchungen selbst kümmern und keine Angebote von Reiseveranstaltern in Anspruch nehmen (z. B. Buchung von Flügen oder Fähren, Reservierung von Hotelzimmern),

„Pauschaltourist"

Eintrag im „Lexikon der Weichei-Begriffe"[1]

Pauschaltouristen als TV-Stars

„Sonne, Sangria, Swinger-Sex: Die Comedy-Serie „Benidorm" begleitet eine Gruppe britischer Urlauber auf ihrem Trip in eine spanische Pauschaltouristen-Hölle – und betreibt knallharten Klassen-Voyeurismus mit viel Lust am Klischee."[2]
(www.itv.com/benidorm)

• *Teilpauschalreisen,* bei denen aus dem Katalog eines Reiseveranstalters nur *eine* Leistung gebucht wird (z. B. ein Ferienhaus oder eine Ferienwohnung),

• *Pauschalreisen,* bei denen der Reiseveranstalter mindestens zwei unterschiedliche Leistungen zu einem Gesamtpaket schnürt (Anreise per Flugzeug, Schiff oder Bahn, Unterkunft mit Verpflegung, Mietwagen, Reiseleitung etc.).

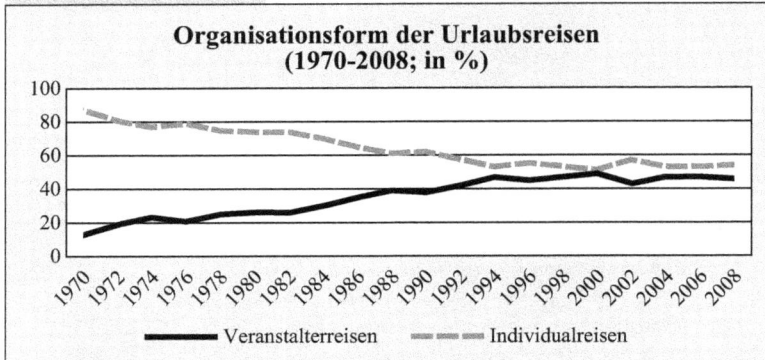

Organisationsform der Urlaubsreisen (1970-2008; in %)

Die verbreitete Annahme, dass man die gesamte Pauschalreise immer in Gesellschaft anderer Touristen unternimmt, ist allerding falsch. Meistens beschränkt sich der Kontakt zu den Mitreisenden auf den Check-in

Die Pauschalreise ist zwar ziemlich populär, doch jeder zweite Bundesbürger bucht seine Urlaubsreise nicht aus dem Katalog, sondern kümmert sich selbst um Tickets und Unterkünfte.[3]

am Abflugort und den gemeinsamen Bustransfer vom Flughafen zur Unterkunft. In den Hotels findet dann eine Mischung statt – von Touristen, die beim gleichen Veranstalter oder bei der Konkurrenz gebucht haben, sowie Urlaubern, die auf eigene Faust unterwegs sind. Allenfalls bei einigen Formen der Pauschalreise wie Bus-, Fahrrad- und Wanderreisen, Safari- und Abenteuertouren oder Studienreisen handelt es sich um klassische Gesellschaftsreisen, bei denen man die meiste Zeit des Tages mit der Reisegruppe verbringt.

Hinsichtlich ihrer Akzeptanz in der Bevölkerung ähneln die Pauschalreisen den Schnellrestaurants von „McDonald's". Speziell das gebildetere Reisepublikum mit seinem ausgeprägten Hang zur Betonung der feinen Unterschiede rümpft gerne die Nase über diese massenhaften Billigheimer (genauso wenig, wie man zu „Mäckes" Essen geht, will man auch nicht zu den „Neckermännern" gehören). Dennoch konnte die Pauschalreise in den letzten Jahrzehnten einen beispiellosen Siegeszug verzeichnen: Im Jahr 1970 haben 87 % der Deutschen ihre Urlaubsreise selbst organisiert; hingegen waren es im Jahr 2008 nur noch 54 %.[4]

Damit scheinen die Pauschalreisen ihr Nachfragepotenzial in Deutschland auch weitgehend ausgeschöpft zu haben, denn seit einiger Zeit stagniert ihr Anteil am Tourismusmarkt. Angesichts der breiten internationalen Reiseerfahrung der Bundesbürger und des wachsenden Wunsches nach Individualität wird sogar immer wieder das Ende der Pauschalreise beschworen. Doch aus Sicht vieler Kunden bietet diese Art, den Urlaub zu organisieren, weiterhin einige Vorteile:

- *Der günstige Preis:* Durch den Großeinkauf von Transport- und Unterkunftskapazitäten erzielen die Reiseveranstalter erhebliche Kostenvorteile, die sie teilweise an die Konsumenten weitergeben. Außerdem haben sie in den letzten Jahrzehnten viele Reiseziele mit einem niedrigen Lohnniveau erschlossen (Dominikanische Republik, Bulgarien etc.), so dass sie die touristischen Dienstleistungen vor Ort relativ preiswert einkaufen können.

- *Die Sicherheitsgarantie:* Speziell bei Fernreisen in exotische Länder besteht für die Touristen ein höheres Buchungs- und Sicherheitsrisiko. Hier garantieren die Reiseveranstalter eine berechenbare und bequeme Abwicklung der gesamten Reise. Auf diese Weise konnten neue Kundengruppen gewonnen werden, die aufgrund geringer Sprach- und Landeskenntnisse sonst nicht in diese Zielgebiete gefahren wären.

- *Die zunehmende Flexibilität:* Ein Blick in die aktuellen Reisekataloge zeigt, dass die Reiseveranstalter längst auf die neuen Ansprüche der Urlauber reagiert haben. Statt starrer Pauschalangebote mit wenigen Abflughäfen, einer beschränkten Zahl von Terminen und einer geringen Auswahl an Unterkünften gibt es nun ein vielfältiges Baukastensystem, mit dem sich die Gäste die Reise – wie bei einem Büfett – nach ihren persönlichen Wünschen zusammenstellen können.

Ungeachtet dieser Vorteile hat sich die Pauschalreise bislang nicht als dominierende Organisationsform von Urlaubsreisen durchsetzen können. Vor allem im Deutschland-Tourismus, aber auch bei Reisen in die Ferienregionen der Alpen dominieren weiterhin die Individualtouristen. Hier gibt es viele Stammgäste, die sich seit langem vor Ort gut auskennen und deshalb ihre Unterkunft direkt beim Vermieter buchen (zu den beliebten Ritualen vieler Tourismusämter gehört es, diesen treuen Urlaubern Ehrenurkunden oder bronzene, silberne bzw. goldene Anstecknadeln zu verleihen – als ob es sich beim Reisen um eine Fortsetzung der Bundesjugendspiele handeln würde).

Wer aber in die Urlaubsdestinationen am Mittelmeer reist oder zu fernen Zielen unterwegs ist, der nutzt meistens das Angebot von Reiseveranstaltern. Der Griff zum Reisekatalog erscheint uns heute als eine Selbstverständlichkeit, doch auch diese touristische Verhaltensweise mussten wir erst lernen – genauso wie das Bergsteigen, das Skifahren und das Sonnenbaden oder das Staunen über „schöne" Landschaften (→ *Irrtum 8*). Der Beginn dieses Lernprozesses lässt sich genau datieren: Es war Montag, der 5. Juli 1841, als der Brite Thomas Cook zum ersten Mal eine Pauschalreise organisierte.

?

Wie definiert die Europäische Union den Begriff „Pauschalreise"? „...die im voraus festgelegte Verbindung von mindestens zwei der folgenden Dienstleistungen, die zu einem Gesamtpreis verkauft oder zum Verkauf angeboten wird, wenn diese Leistung länger als 24 Stunden dauert oder eine Übernachtung einschließt:

a) Beförderung,

b) Unterbringung,

c) andere touristische Dienstleistungen, die nicht Nebenleistungen von Beförderung oder Unterbringung sind und einen beträchtlichen Teil der Gesamtleistung ausmachen."[5]

Die Pauschalreise: Ist doch schön, so bequem, ist ja riesig angenehm

„Eine Nordpolfahrt macht künftig nur Effekt,
als Vergnügungstour,
die keinen mehr erschreckt.
Kannst den Nordpol bald durchmessen,
steigst ins Luftschiff,
Mittag essen
und beim letzten Gang,
da hast ihn schon entdeckt.
Ist doch schön, so bequem,
ist ja riesig angenehm!
Die Entfernung ist Dir schnuppe,
setzt Dich hin bei Trank und Speis,
bei der Abfahrt kriegste Suppe
und am Nordpol kriegste Eis.“

Otto Reutter
(1929)

Thomas Cook über die Frauen

„Was ihre Energie, Tapferkeit und Ausdauer anbelangt, sind sie im allgemeinen dem anderen Geschlecht ebenbürtig, und nicht selten verschämen sie verweichlichte Herren. Die Verzierungen der herrschenden Mode mögen ihnen manchmal beim Klettern über Abgründe hinderlich sein. Aber viele, die sich nicht um Mode oder Sitte kümmern, überwinden alle Schwierigkeiten und werden zu vollkommenen Touristen.“[6]

Reisen statt Saufen:
Thomas Cook – der Pionier der Pauschalreise

Am Anfang standen nicht Vergnügen und Bequemlichkeit im Mittelpunkt einer Pauschalreise und auch kein kommerzielles Kalkül, sondern ausschließlich hehre moralische Ziele: „Weg von der Ginflasche und hinaus an die frische Luft" – das war das Anliegen von Thomas Cook. Er stammte aus ärmlichen Verhältnissen, brach seine Schulausbildung frühzeitig ab und arbeitete später als Drucker und Buchhändler. Vor allem kämpfte er aber als baptistischer Laienprediger und engagierter Abstinenzler für ein sittsames Leben ohne Alkohol.

Zur damaligen Zeit stellte der Alkoholismus in England ein großes gesellschaftliches Problem dar. Da Schnaps billiger war als Brot, griffen vor allem die Ärmeren zur Flasche, um ihr Hungergefühl zu unterdrücken und sich bei Regen und Kälte zu wärmen. Angesichts dieser „Branntwein-Pest" und „Gin-Epidemie" entstanden vielerorts Vereinigungen von Abstinenzlern und Temperenzlern, die sich für den maßvollen Umgang mit Alkohol bzw. den völligen Verzicht einsetzten.

An der ersten Pauschaltour von Thomas Cook nahmen 570 Temperenzler teil. Die Reise führte von Leicester in das 19 Kilometer entfernte Loughborough – und von der versprochenen frischen Luft gab es mehr als genug, denn die Teilnehmer saßen in offenen Waggons der „Midland Railway". Selbst nach heutigen Maßstäben muss es sich bei dieser Reise um ein Mega-Event gehandelt haben, denn bereits die Abfahrt wurde von vielen Schaulustigen beobachtet und bei der Ankunft standen Musikkapellen und Tausende von Neugierigen am Bahnhof, um die Ausflügler zu begrüßen.

Das wirklich Neue war aber nicht die Fahrt mit der Eisenbahn, sondern die Organisation der Tour: Zum Preis von einem Schilling erhielten die *excursionists* nicht nur das Bahnticket, sondern auch ein Schinkenbrot und eine Tasse Tee (da die Rückfahrt am gleichen Tag erfolgte, handelte es sich nach heutigen Maßstäben – streng genommen – nicht um eine Pauschalreise, sondern nur um einen Ausflug).

Aufgrund des großen Erfolgs veranstaltete Thomas Cook in den folgenden Jahren ähnliche Tagestouren nach Liverpool (1845), Schottland (1846) und zur Weltausstellung in London (1851), aber bald auch längere Reisen zu anderen europäischen Zielen und sogar nach Nordamerika. Bereits frühzeitig setzte er sich für eine „Demokratisierung des Reisens" ein (die tatsächlich aber erst nach dem Ende des Zweiten Weltkriegs stattfand). Jeder Brite sollte reisen können – unabhängig vom sozialen Status oder vom Einkommen. So organisierte er z. B. spezielle Nachtausflüge für Industriearbeiter, die aufgrund ihrer langen Arbeitszeiten nicht an den Tagestouren teilnehmen konnten.

In geschickter Weise verband Thomas Cook sein moralisches Ansinnen mit einer einträglichen Geschäftstätigkeit. Bereits im Jahr 1845 gründete er das erste Reisebüro, das sich innerhalb von fünf Jahrzehnten zum größten Reiseunternehmen der Welt entwickelte. Zu den Meilensteinen seines unternehmerischen Erfolgs gehörten u. a. eine 222-tägige Weltreise sowie die ersten Nilkreuzfahrten, durch die Ägypten zu einem Pionierziel der Pauschalreise wurde. Außerdem schuf er ein weltweites Netz an Reiseagenturen und entwickelte auch neue Instrumente, um das Reisen für die Urlauber risikoloser und bequemer zu machen: So verkaufte er Hotelvoucher, die in vielen Ländern akzeptiert wurden, und auch Reisekreditbriefe, mit denen die Touristen vor Ort bargeldlos bezahlen konnten.[7]

Das Unternehmen blieb bis zum Jahr 1928 im Besitz der Familie Cook. In den folgenden Jahrzehnten wechselte es mehrfach seinen Besitzer, bis es schließlich im Jahr 2001 von der deutschen „C&N Touristik" übernommen wurde, die seitdem diesen traditionsreichen und international bekannten Markennamen benutzt. Das Thomas-Cook-Logo auf dem Leitwerk der Chartermaschinen oder an den Schaufenstern der Reisebüros, die zu diesem Konzern gehören, hat also mit dem Begründer der Pauschalreise nichts mehr direkt zu tun.

Deutsche Unternehmer nutzten aber bereits im 19. Jahrhundert die Ideen von Thomas Cook, um eigene Pauschalreisen zu entwickeln. Johannes Rominger in Stuttgart, Carl Stangen in Berlin und Friedrich Gustav Adolf Hessel in Dresden waren die Pioniere dieser Branche. Als Inhaber von Reisebüros arbeiteten sie auch individuelle Reiseprogramme für Kunden aus und veranstalteten Sonderreisen für Gruppen.

Bis in die 1930er-Jahre waren Urlaubsreisen eine reine Privatangelegenheit; auf dem Tourismusmarkt herrschte das freie Spiel der Kräfte von Angebot und Nachfrage. Der Staat sorgte allenfalls für die Rahmenbedingungen – z. B. durch die Einführung des Urlaubs (also der bezahlten Freistellung von der Arbeit). Im Kaiserreich erhielten zunächst nur die Beamten und später die leitenden Angestellten einen Jahresurlaub. Nach der Anerkennung der Gewerk-

Mega-Diskotheken wie „Almrausch – Mallorcas 1. Skihütte", „Oberbayern" oder „Mega-Park" mit ihren rummeligen Massenvergnügungen gelten längst als Symbole des Pauschaltourismus. Doch auch bei luxuriösen Kreuzfahrten, teuren Studienreisen und exklusiven Safaritouren werden alle Leistungen vorab aus dem Katalog gebucht.

?

„Neckermänner" gibt es nicht nur im Tourismus

• In der *Fußballszene* werden die friedlichen und konsumorientierten Fans, die ihren Verein bei Auswärtsspielen unterstützen, häufig als „Neckermänner" bezeichnet (im Gegensatz zu den „Kutten" als Fußballfanatikern, die sich in den Vereinsfarben kleiden, und den gewaltbereiten „Hools").[8]

• Bei der *Bundeswehr* gelten Quereinsteiger als „Neckermänner". Dabei handelt es sich um Bewerber mit beruflichen Qualifikationen, die im militärischen Dienst dringend benötigt werden. Nach der dreimonatigen Allgemeinen Grundausbildung (AGA) erhalten sie sofort den Rang eines Unteroffiziers bzw. Offiziers (wenn sie über einen Studienabschluss verfügen).[9]

schaften im Jahr 1918 wurde der Urlaubsanspruch dann auch in den Tarifverträgen von einfachen Angestellten und Arbeitern verankert.

Doch im Jahr 1933 änderte sich Alles: Mit der Gründung der Nationalsozialistischen Gemeinschaft „Kraft durch Freude" (KdF) wurde das private Urlaubsglück zu einer hochpolitischen Angelegenheit.

Wollt Ihr den totalen Urlaub?
Organisiertes Reisen im Nationalsozialismus

„Ich will, daß dem Arbeiter ein ausreichender Urlaub gewährt wird und daß alles geschieht, um ihm diesen Urlaub sowie seine übrige Freizeit zu einer wahren Erholung werden zu lassen. Ich wünsche das, weil ich ein nervenstarkes Volk will, denn nur allein mit einem Volk, das seine Nerven behält, kann man wahrhaft große Politik machen" – in diesem programmatischen Satz des „Führers" Adolf Hitler wurde der neue Stellenwert des Tourismus unter dem NS-Regime klar umrissen. Erholung und Entspannung sollten – im psychischen und physischen Sinne – dazu genutzt werden, höhere machtpolitische Ziele zu erreichen.

Bei der dafür zuständigen NS-Gemeinschaft „Kraft durch Freude" (KdF) handelte es sich um eine Kopie der italienischen „Opera Nazionale Dopolavoro" (Nationale Organisation Nach der Arbeit), die bereits im Jahr 1925 von Benito Mussolini gegründet worden war. In Deutschland kümmerten sich u. a. die Ämter „Schönheit der Arbeit", „Feierabend", „Wehrmachtsheime", „Werkscharen" und „Reisen, Wandern, Urlaub" um die staatlich gelenkte Freizeitgestaltung und ideologische Gleichschaltung der Bevölkerung.

Bereits im Jahr 1933 wurden die ersten preiswerten „KdF"-Reisen durchgeführt, bei denen es sich um klassische Pauschalreisen à la Thomas Cook handelte. Durch den Einkauf großer Transport- und Unterkunftskapazitäten erzielte „KdF" hohe Preisnachlässe bei der Bahn sowie in den Hotels und Pensionen. Außerdem wurden viele Reisen in der preisgünstigen Vor- und Nachsaison durchgeführt. Die Teilnehmer konnten nur eine bestimmte Ferienregion buchen, die Unterkunft wurde ihnen dann von der „KdF"-Organisation zugeteilt. Auf diese Weise ließ sich die Nachfrage optimal steuern.[10]

Für die damalige Zeit waren die „KdF"-Reisen eine Sensation, denn bislang waren Urlaubsreisen weitgehend ein Privileg des Bürgertums gewesen. Nun konnten sich aber auch Arbeiter und Angestellte, die über einen durchschnittlichen Monatsverdienst von 150 Reichsmark verfügten, eine Reise leisten. Ein achttägiger Aufenthalt an der Ostsee kostete pro Person nur 32 Reichsmark – inklusi-

ve Bahnfahrt, Unterkunft,
Verpflegung und Unter-
haltungsveranstaltungen.

Kein Wunder also, dass
sich die „KdF"-Reisen zu
einem Publikumsrenner
entwickelten. Im Zeitraum
1934-1937 stieg die Zahl
der Teilnehmer von 2,5
auf 9,6 Millionen pro Jahr.
Innerhalb kurzer Zeit wurde „KdF" zum weltweit
größten Reiseveranstalter.

Bis zum Kriegsausbruch im Sommer 1939 sollen insgesamt ca. 43
Millionen Deutsche eine „KdF"-Reise unternommen haben.[11]

Für das NS-Regime erwiesen sich die Reisen als äußerst nützliches Propagandainstrument. In den 1920er-Jahren hatten die
Gewerkschaften noch den Standpunkt vertreten, dass es sich bei
Urlaubsfahrten um eine kleinbürgerliche, individualistische Verhaltensweise handele, die für einen klassenbewussten Proletarier
nicht angemessen sei. Die Forderung nach mehr Urlaub war deshalb auch nie ein zentrales Anliegen des „Allgemeinen Deutschen
Gewerkschaftsbundes" gewesen.

Nun konnten die „KdF"-Reisen aber als soziale Errungenschaft
des Nationalsozialismus und als Beleg für den Anbruch einer an-
geblich „neuen Zeit" gefeiert werden. Entsprechend wurden viele
Touren mit enormen Aufwand als spektakuläre Events inszeniert:
Die Bahnhöfe waren mit Hakenkreuzflaggen geschmückt und an
den Waggons hingen große „KdF"-Plakate. Bei der Abfahrt von
Schiffen spielten Musikkapellen, über den Kaianlagen kreisten
Flugzeuge und allenthalben ertönte ein begeistertes „Sieg Heil".[12]

Speziell die „KdF"-Kreuzfahrten entwickelten eine besondere
Symbolik (deren Wirkung bis in die Gegenwart andauert), denn
bislang war diese Form des Reisens nur den wirklich Reichen
vorbehalten gewesen. Für die Fahrten nach Norwegen, Portugal,
Madeira und auf die Azoren wurden zunächst andere Kreuzfahrtschiffe gechartert, doch in den Jahren 1937 und 1938 liefen mit der
MS „Wilhelm Gustloff" und der MS „Robert Ley" eigene „KdF"-
Schiffe vom Stapel. Dabei verzichtete man auf die bisherige Eintei-
lung in unterschiedliche Klassen – und diese Tatsache wurde in der
Propaganda als Beleg für die angeblich klassenlose „Volksgemeinschaft" ausgegeben.

Die Schiffe boten eine ideale Gelegenheit, den Teilnehmern die
Illusion einer pseudosozialistischen Gemeinschaft vorzugaukeln,
in der es angeblich keine sozialen Unterschiede und keine wider-

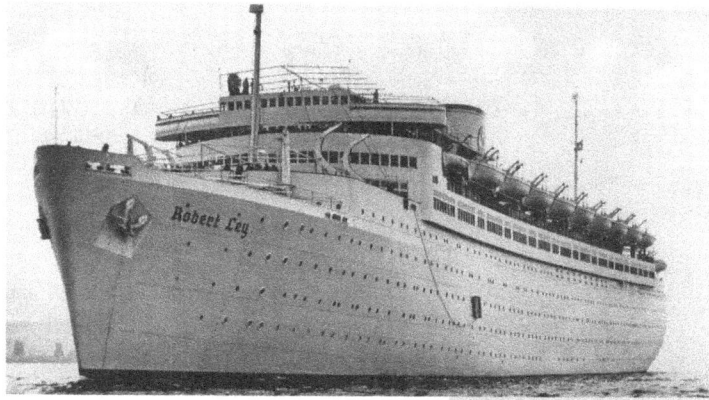

Kreuzfahrten als Instrument der politischen Propaganda: Um den Reiseteilnehmern die Illusion der „Volksgemeinschaft" vorzugaukeln, ließ die NS-Organisation „Kraft durch Freude" die MS „Robert Ley" im Jahr 1938 als klassenloses Schiff vom Stapel laufen.

Rechteckig, praktisch, gut – das Voucher-System hatte sich Thomas Cook bereits im 19. Jahrhundert ausgedacht. Auch die NS-Gemeinschaft „Kraft durch Freude" nutzte solche Reisegutscheinhefte, um die staatlich organisierten Pauschalreisen schnell und effizient abwickeln zu können.

streitenden gesellschaftlichen Interessen mehr gab. Die Realität sah natürlich anders aus – nicht nur in Deutschland generell, sondern auch an Bord. Die begehrten Kreuzfahrten blieben nur wenigen Urlaubern vorbehalten, bei denen es sich auch kaum um einfache „Arbeiter der Faust" handelte, sondern überwiegend um gutsituierte „Arbeiter der Stirn" (vor allem um verdiente Parteigenossen).[13]

Dennoch hatten die „KdF"-Reisen eine enorme propagandistische Wirkung – wie selbst die Gegner des NS-Regimes zähneknirschend anerkennen mussten: In einer Meldung an ihre Parteiführung im Prager Exil sprachen Sozialdemokraten von einer „geschickten Spekulation auf die kleinbürgerlichen Neigungen der unpolitischen Arbeiter".[14]

Wenig Begeisterung zeigten auch die Hotel- und Restaurantbesitzer in den traditionellen Ferienregionen, denn angesichts des massenhaften Andrangs der „KdF"-Touristen suchten sich zahlungskräftigere Urlauber häufig andere Ziele. Manche Orte verweigerten deshalb sogar die Aufnahme der staatlichen Pauschalreisenden und einige Gastwirte signalisierten diesen unbeliebten Gästen bereits beim Frühstück, dass sie nicht besonders willkommen waren: Für sie gab es den „KdF"-Kaffee, für die anderen Urlauber den „Guten".[15]

Um die Reisebranche nicht vollends zu verschrecken und gleichzeitig aber auch dem lauthals propagierten Motto „Der deutsche Arbeiter reist" gerecht zu werden, entwickelten die Nationalsozialisten die futuristisch anmutende Vision von monumentalen „KdF"-Ferienzentren, die entlang der Ostseeküste entstehen sollten. Als Prototyp wurde im Zeitraum 1936-1939 Prora auf Rügen gebaut – das „Seebad der 20.000". Der Freizeitkoloss erstreckte sich auf einer Länge von fünf Kilometern; neben den Häuserblocks mit den Gästezimmern waren u. a. zwei Wellenschwimmbäder, ein Kino, eine riesige Festhalle mit 20.000 Sitzplätzen und ein Aufmarschplatz geplant.[16] Mit Beginn des Zweiten Weltkriegs wurden die Bauarbeiten gestoppt; die bereits fertig gestellten Gebäude erinnern bis heute an den nationalsozialistischen Gigantismus (die Dimensionen von Prora werden selbst von den Mega-Themenhotels in Las Vegas nur ansatzweise erreicht).

Während der Kriegsjahre veranstaltete „KdF" keine vergnüglichen Pauschalreisen mehr, sondern kümmerte sich um die Truppenbetreuung und veranstaltete Bunkerabende.

Die einstigen Vorzeige-Kreuzfahrtschiffe wurden nun als – ebenfalls klassenlose – Lazarettschiffe eingesetzt. Lange Zeit verschwendete niemand einen Gedanken daran, in der Eifel zu wandern, sich am Ostseestrand zu sonnen oder im Mittelmeer auf große Fahrt zu gehen.

Auch nach Kriegsende, als die Deutschen langsam wieder mobil wurden, waren organisierte Reisen zunächst noch verpönt – sie hatten einfach den unangenehmen „KdF"-Beigeschmack, auf den niemand mehr Appetit hatte. Doch bereits im Jahr 1948 rollten wieder die ersten Sonderzüge mit Touristen – allerdings ohne die ideologische Fracht von germanischer Rasse, Führerprinzip und Herrenmenschentum. Den Veranstaltern ging es einfach nur ums Geschäft (und der Staat beteiligte sich allenfalls als Stiller Teilhaber).

Von Mäusen und Elefanten oder Wie sich der Reiseveranstaltermarkt entwickelt hat

22 Stunden dauerte die erste Bahnpauschalreise von Hamburg nach Ruhpolding, an der 1.200 Urlauber im Winter 1948/49 teilnahmen – und die alten Vorkriegswaggons mit ihren harten Holzbänken waren alles andere als bequem. Selbst von solch widrigen Bedingungen ließen sich die Deutschen nicht abschrecken: In der ersten Saison zählte der Reiseveranstalter – die „Arbeitsgemeinschaft DER-Gesellschaftsreisen" (später „Touropa") – bereits mehr als 40.000 Teilnehmer. Erst kurz zuvor hatten Manager des „Deutschen Reisebüros", des „Amtlichen Bayerischen Reisebüros", von „Hapag-Lloyd" und Dr. Carl Degener das Unternehmen im Kurhaus von Ruhpolding gegründet.[17]

In der Nachkriegszeit gehörte Dr. Degener (neben Willy Scharnow) zu den Männern der ersten Stunde. Als Inhaber eines Reisebüros hatte er bereits in den 1930er-Jahren Gruppenreisen in das verschlafene oberbayerische Dorf organisiert – und damit das „Reisewunder von Ruhpolding" ausgelöst.[18] Bei ihrer Ankunft wurden die Gäste traditionell von Sepp Zeller (einem urigen Ortsoriginal) mit dem berühmt gewordenen Juchzer begrüßt – und natürlich wieder von Blaskapellen, die seit Thomas Cook zum Standardrepertoire von Pauschalreisen gehörten. Die Musiker hatten in den 1950er-Jahren viel zu tun, denn statt ein oder zwei Sonderzü-

Schau mir in die Augen, Kleines! Um sich von den massenhaften „KdF"-Reisen abzugrenzen, setzten die Reiseveranstalter nach dem Zweiten Weltkrieg auf das private Urlaubsglück zu zweit.

„Die Deutschen werden reisen wie noch nie."
Dr. Carl Degener,
Reiseveranstalter
(1949)

Homepages von touristischen Archiven und Museen

• Historisches Archiv zum Tourismus (HAT) am Willy Scharnow-Institut für Tourismus der Freien Universität Berlin: umfangreiche Sammlung von historischen Reiseführern, Plakaten, Prospekten, Fotoalben, Reiseberichten etc. (www.fu-tourismus.de)

• Touriseum – Südtiroler Landesmuseum für Tourismus, Meran (Italien): Museum zur 200-jährigen Geschichte des Tourismus im Alpenraum (www.touriseum.it)

• Die Reisekugel – Reise- und Tourismusmuseum, Zauchwitz bei Potsdam: im Aufbau befindliche, private Sammlung von historischen Materialien zum Thema „Reisen" (www.reise-tourismus-museum.de)

gen (wie in der Vorkriegszeit) kamen nun jedes Jahr 250 Fernexpresse an.

Bei ihrer langen Anreise sollten es die Urlauber bequem haben und deshalb kreierte Dr. Degener völlig neuartige Waggons: Anfangs experimentierte er noch mit Hängematten, später ließ er gepolsterte Sitze einbauen, die mit wenigen Handgriffen in gemütliche Liegen umgewandelt werden konnten. Auf der Deutschen Verkehrsausstellung 1953 in München waren die blau lackierten „Touropa"-Touristikwagen eine Sensation.

Auch andere Reiseveranstalter wie „Ameropa" (1951), „Scharnow" (1953) oder „Hummel" (1953) setzten damals solche Sonderzüge ein, um die Touristen an ihren Urlaubsort zu bringen. Doch es waren zunächst noch keine goldenen Zeiten für die Reisebranche: Nur jeder vierte Bundesbürger konnte sich überhaupt eine Reise leisten und aus Kostengründen wurde das Zimmer meistens direkt beim Vermieter gebucht.

Zu einem richtigen Aufschwung des Pauschaltourismus kam es erst in den 1960er- und 1970er-Jahren. Vor dem Hintergrund des „Wirtschaftswunders" stiegen die Löhne, die arbeitsfreien Samstage wurden eingeführt und es gab mehr Urlaubstage. Auf die „Fresswelle" folgte nun die „Reisewelle" – und damit boten sich gute Geschäftsmöglichkeiten für Reiseveranstalter. Da für diesen Wirtschaftssektor keine formalen Eintrittsbarrieren bestanden (wie z. B. beim Handwerk), fand bald ein gründerzeitlicher Boom statt.

Zusätzlich wurde der expandierende Tourismusmarkt durch Versand- und Kaufhäuser wie „Quelle", „Neckermann" und „Kaufhof" aufgemischt, die seit 1962 auch als Reiseveranstalter auftraten. Sie konnten Pauschalreisen deutlich billiger als die Konkurrenz anbieten, da sie mit ihren Katalogen und Warenhäusern bereits über etablierte Vertriebswege verfügten. Außerdem nutzten sie die Gunst der Stunde und stiegen in das rasch wachsende Geschäft der Flugpauschalreisen ein. „Neckermann macht's möglich" – unter diesem Slogan wurde z. B. Anfang der 1960er-Jahre ein zweiwöchiger Urlaub auf Mallorca für umgerechnet 169 Euro angeboten (selbst in den heutigen Zeiten der Last-Minute-Reisen ist das noch ein Schnäppchenangebot).[19]

Dieser aggressive Wettbewerb führte zu einem ersten Zusammenschluss von Reiseveranstaltern: Im Jahr 1968 wurde die „Touristik Union International" gegründet – als Kooperation von „Touropa", „Scharnow", „Hummel" und „Dr. Tigges". In den folgenden beiden Jahrzehnten fand auf dem Veranstaltermarkt ein Verwirrspiel von Verkäufen, Beteiligungen und Fusionen statt, das zu vielfältigen Verflechtungen und wechselseitigen Abhängigkeiten führte (die entsprechenden Schaubilder sehen aus wie die komplizierten Schaltpläne eines TV-Geräts).[20]

Zu den Hauptakteuren ge-
hörten:

**Marktanteile deutscher Reiseveranstalter
(Umsatz; 2008/09)**

Aida Cruises
4 %

Öger Group
4 %

Andere
21 %

TUI Deutschland
25 %

FTI
6 %

Alltours
7 %

Thomas Cook
16 %

Rewe Group
17 %

- die Bundesrepublik Deutschland als damaliger Eigentü-
  mer der „Deutschen Bundes-
  bahn" und der „Deutschen
  Lufthansa AG";
- mehrere große Kreditinstitute
  („Deutsche Bank", „WestLB"
  „Commerzbank", „Dresdner
  Bank");
- der „Allgemeine Deutsche
Automobilclub" (ADAC), der einen eigenen Reiseveranstalter
gründete;
- die Gewerkschaften, die ihre Feriendienste in der „Gemeinwirt-
  schaftlichen Unternehmung für Touristik" (gut-Reisen) zusam-
  menfassten;
- Konsumgüterunternehmen, die über Investmentgesellschaften an
  Reiseveranstaltern beteiligt waren (z. B. die „BAT – British American Tobacco").

Durch diese potenten Investoren wurde die einstige Pionierbranche
in den 1980er- und 1990er-Jahren völlig umstrukturiert. Es entstanden fünf große Reiseveranstalter, die 50 % des Pauschalreise-
marktes beherrschten. Um die andere Hälfte dieses touristischen
Kuchens wetteiferten viele kleine Reiseunternehmen, von denen
es inzwischen ca. 1.500 gibt (gleichzeitig muss noch einmal daran
erinnert werden, dass weiterhin jeder zweite Bundesbürger seine
Reise selbst organisiert).

Ungeachtet weiterer finanzieller Transaktionen wird der deutsche Reiseveranstaltermarkt immer noch durch diesen krassen Gegensatz zwischen wenigen „Elefanten" und zahlreichen „Mäusen"
gekennzeichnet; er weist gegenwärtig folgende Struktur auf:[22]
- Die großen Reisekonzerne „TUI AG", „Thomas Cook AG" und
  „Rewe-Touristik" können 50-70 % des Pauschalreise-, Ferien-
  flug- bzw. Reisebüromarktes auf sich vereinen.
- Außerdem gibt es mit „Alltours", „Öger" und „FTI" drei Groß-
  veranstalter, die sich vor allem auf das Geschäft mit preisgünstigen Flugpauschalreisen konzentrieren.
- Daneben agieren ca. 50 mittlere Reiseveranstalter, die sich meistens auf eine bestimmte Reiseart oder ein Zielgebiet speziali-
  sieren (Studienreisen, Ferienwohnungen etc. oder Skandinavien,
  Portugal etc.). Sie erzielen einen Anteil von ca. 20 % am gesamt-
  en Pauschalreisemarkt.
- Schließlich finden sich mehr als 1.400 kleine Reiseveranstalter
  mit niedrigen Teilnehmerzahlen bzw. geringen Umsätzen. Sie

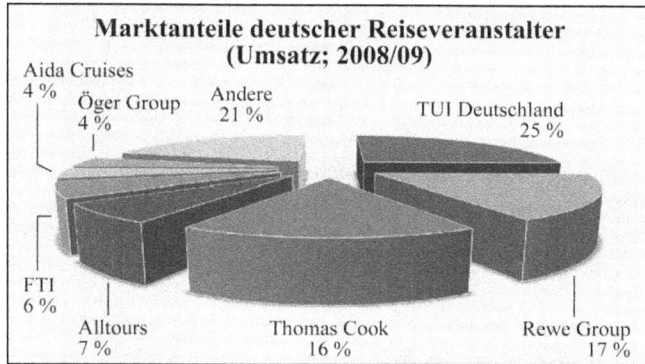

*Wenig Platz für Pioniere:
Der deutsche Pauschal-
reisemarkt wird längst
von wenigen Konzernen
und Großveranstaltern be-
herrscht. Die anderen 1.500
Unternehmen müssen sich
den Rest des touristischen
Kuchens teilen.[21]*

?

Aktuelle Daten zum Reiseveranstaltermarkt
Die Fachzeitschrift „Fremdenverkehrswirtschaft International" (Hamburg) führt jedes Jahr eine Befragung der bundesdeutschen Reiseveranstalter durch (Teilnehmerzahlen, Umsätze etc.). Schätzungen zufolge werden damit ca. 80 % des Marktes erfasst (www.fvw.de).

bieten z. B. auf lokaler und regionaler Ebene Busreisen an oder organisieren Pauschalreisen für spezielle Zielgruppen (Trekking-Touren, Skireisen, Fotosafaris, Jugendreisen, Urlaub für Singles etc.). Ihr Marktanteil ist zuletzt ständig gesunken; gegenwärtig liegt er bei ca. 20 %.

Doch es ist fraglich, ob diese Struktur – das Nischenangebot für die Kleinen und das Massengeschäft für die Großen – auch künftig Bestand haben wird. Durch den Siegeszug des Internet ist in den letzten Jahren erneut Bewegung in den Pauschalreisemarkt gekommen; das Zauberwort heißt *dynamic packaging*. Jeder Tourist kann nun am eigenen PC seinen Pauschalurlaub montieren, so wie er seinen persönlichen Vorstellungen entspricht: Mit einem Klick bucht er den Flug und mit den nächsten das Hotel und den Mietwagen; selbst der Platz im Segelkurs oder der Tisch im Gourmetrestaurant lassen sich bequem von zu Hause aus reservieren.

Damit bieten sich aber neue Chancen für kleinere Reiseveranstalter, innovative Internet-Unternehmen und auch für die touristischen Leistungsträger in den Zielgebieten. Gleichzeitig kommen die „Elefanten" erheblich unter Druck. Sie haben in den letzten Jahren eine „Ich kaufe mir einfach alles, was ich brauche"-Strategie verfolgt, mit deren Hilfe sie zwar noch größer geworden sind, aber auch immer unbeweglicher.

Mein Reisebüro – mein Flugzeug – mein Hotel: Wettbewerbsstrategien der Reisekonzerne

Traditionell musste ein Reiseveranstalter nur über Schreibtisch, Telefon, Fax und Internetanschluss verfügen, denn seine Tätigkeit bestand ausschließlich in der Kommunikation mit anderen Unternehmen. Vor Beginn der Reisesaison buchte er bei unterschiedlichen Anbietern Flug-, Übernachtungs- und Transferleistungen und kreierte daraus ein neues, eigenes Produkt: die Pauschalreise. Sein gesamtes Angebot stellte er in einem Katalog zusammen, für den er in großem Umfang Werbung machte. Die Buchung der Reisen erfolgte dann über Reisebüros. In diesem System war jeder Geschäftspartner in rechtlicher und wirtschaftlicher Hinsicht selbstständig.

Aus Sicht der Reiseveranstalter bestand der Nachteil aber darin, dass die Hotels und die Fluggesellschaften jeweils eine erheblich höhere Rendite erzielten als sie selbst. Um diese unbefriedigende Situation zu ändern und stärker an den besonders lukrativen Margen zu partizipieren, nutzten mehrere große Reiseveranstalter („TUI AG", „Thomas Cook AG", „Rewe-Touristik") das Geschäftsmodell des vertikal integrierten Reisekonzerns.

Begleitet von einer konsequenten (Dach-)Markenpolitik begannen sie einerseits damit, eigene Fluggesellschaften und Hotels zu gründen. Andererseits eröffneten sie neue Reisebüros – entweder als Filialen oder als Franchisebetriebe. Außerdem kauften sie Incoming-Agenturen, die in den Zielgebieten für die Betreuung der Gäste zuständig waren (z. B. bei der Organisation von Transfers und Ausflugstouren).

Die Vorteile dieser Strategie lagen auf der Hand: Nach außen konnte den Urlaubern ein Produkt angeboten werden, das eine durchgängig hohe Qualität aufwies. Nach innen ergaben sich optimale Steuerungsmöglichkeiten im Finanz- und Personalbereich, aber auch bei der Auslastung der eigenen Transport- und Unterkunftskapazitäten. Auf diese Weise entstanden mächtige Konzerne, die den Urlauber zwar noch nicht von der Wiege bis zur Bahre begleiteten, aber immerhin von der Buchung im örtlichen Reisebüro bis zum Busausflug auf Mallorca.

In einem weiteren Schritt dehnten diese Unternehmen ihre Aktivitäten in die europäischen Nachbarländer aus (und teilweise auch nach Übersee). Wie einst Karl V. im 16. Jahrhundert können sie inzwischen von sich sagen, dass in ihrem Reich die Sonne niemals untergeht. Am Beispiel der „TUI AG" sollen diese eindrucksvollen Aktivitäten kurz erläutert werden:[23]

- Der Konzern ist gegenwärtig in 180 Ländern vertreten, betreut insgesamt 20 Millionen Kunden und beschäftigt mehr als 70.000 Mitarbeiter.
- Neben dem Reiseveranstalter „TUI Deutschland" sind weitere bekannte Unternehmen wie „airtours", „Gebeco", „L'Tur", „OFT-Reisen" oder „Wolters Reisen" im Portfolio des Unternehmens zu finden.
- Weiterhin gehören Hotel- und Club-Marken wie „Riu", „Grecotel", „Grupotel", „Iberotel", „Dorfhotel", „Robinson" und „Magic Life" zu dem Konzern.
- Neben der deutschen Fluggesellschaft „TUIfly" betreibt der Reiseveranstalter u. a. auch die französische „Corsairfly", die belgische „Jetairfly" und die britische „Thomson Airways".
- Außerdem verfügt die „TUI AG" mit den „TUI ReiseCentern", den „FIRST Reisebüros" und den „HapagLloyd Reisebüros" über

Willkommen in der schönen, neuen Markenwelt: Wo „TUI" drauf steht, ist auch „TUI" drin. Der größte europäische Reisekonzern besitzt inzwischen eigene Reisebüros, Flugzeuge, Hotels und sogar Ausflugsbusse (wie hier auf Mallorca). Auch andere große Reiseveranstalter haben in den letzten Jahren eine derartige vertikale Integrationsstrategie verfolgt, um ihren Kunden ein qualitativ hochwertiges Angebot liefern zu können (und selbst in allen Bereichen Einnahmen zu erzielen).

*Größer, schneller, weiter!
Die Bundesbürger sind
reiseerfahren und deshalb
auch sehr anspruchsvoll –
unabhängig davon, ob sie
eine Pauschalreise buchen
oder auf eigene Faust unterwegs sind. Für die Anbieter
wird es immer schwieriger,
dieses verwöhnte Reisepu-
blikum zufrieden zu stellen,
das immer mehr verlangt,
aber immer weniger zahlen
möchte.[24]*

ein breites Netz von Ver-
triebsstellen.
• In 27 Reiseländern küm-
mern sich konzerneigene
Incoming-Agenturen um
die Betreuung der „TUI"-
Gäste.
• Schließlich ist das Unternehmen mit den „Hapag-
Lloyd Kreuzfahrten" (vier
Schiffe) und den „TUI
Cruises" (ein Schiff) auch
im boomenden Kreuz-
fahrtgeschäft tätig.
Doch mit der beeindruck-
enden Größe von „TUI"
und Co. sind auch Probleme verbunden. Solange der Pauschalreisemarkt wächst, funktioniert die Strategie der vertikal integrierten
Konzerne hervorragend. Bei sinkenden Buchungszahlen kommt
der vielzylindrige Motor aber leicht ins Stottern, denn plötzlich
können die großen Transport- und Unterkunftskapazitäten nicht
mehr optimal ausgelastet werden – doch die hohen Fixkosten bleiben bestehen (speziell im Personalbereich).

Da alle Flugzeuge, Hotels, Reisebüros und Busse mit dem Kon-
zern-Logo versehen sind, fällt es außerdem schwer, die Sitze und
Betten kurzfristig mit Gästen anderer Reiseveranstalter zu füllen
(so würden sich die Kunden von „Thomas Cook" sicherlich wundern, mit einer „TUIfly"-Maschine in den Urlaub zu fliegen). Um
erfolgreich zu sein, müssen integrierte Reisekonzerne ihre Kapazi-
täten genau aufeinander abstimmen. Dabei gilt die Faustregel: hohe
Marktanteile bei Reisebüros und dann trichterförmig abnehmende
Anteile bei Reiseveranstaltern, Fluggesellschaften und Hotels.[25]

Den Pauschalurlaubern ist das alles ziemlich egal – solange nur
Preis und Qualität der Reise stimmen. In der Vergangenheit haben
die Reiseveranstalter gezeigt, dass sie mit ihren Angeboten einen
großen Teil des deutschen Reisepublikums als Kunden gewinnen
konnten. Die Pauschalreise ist zwar längst zu einem Standardkonsumgut geworden, doch die gängige Vorstellung, dass die Mehrzahl der Urlauber als „Neckermänner" oder „TUIristen" unterwegs
ist, erweist sich als falsch. Selbst ist der Tourist – nach diesem Motto werden auch künftig viele Bundesbürger ihre Reise individuell
organisieren.

📖 Literaturtipps

Zur NS-Gemeinschaft „Kraft durch Freude":
SPODE, H. (1991): Die NS-Gemeinschaft „Kraft durch Freude"
– ein Volk auf Reisen? – In: SPODE, H. (Hrsg.): Zur Sonne, zur
Freiheit! Beiträge zur Tourismusgeschichte, Berlin, S. 79-93
(Freie Universität – Institut für Tourismus, Berichte und Materia-
lien; 11)
ROSTOCK, J./ZADNICEK, F. (1992): Paradiesruinen. Das KdF-See-
bad der Zwanzigtausend auf Rügen, 2. Auflage Berlin

Zum Reisemarkt in Deutschland:
DEUTSCHER REISEVERBAND (Hrsg.): Fakten und Zahlen zum deutschen Reisemarkt 2008, Berlin 2009

Zu Pauschalreisen generell:
MUNDT, J. W. (2006): Reiseveranstaltung, 6., völlig überarbeitete
und erweiterte Auflage München/Wien

Zum Pauschalreisemarkt in Deutschland:
AMANN, S./ILLING, P./SINNING, M. (1995): Die Tourismusbranche.
Eine segmentspezifische Strukturanalyse: Erfolgsfaktoren – Er-
fahrungen – strategische Herausforderungen, Trier (Trends –
Forschung – Konzepte im strategischen Management; 8)
SCHNEIDER, O. (2001): Die Ferien-Macher. Eine gründliche und
grundsätzliche Betrachtung über das Jahrhundert des Tourismus,
Hamburg

Zum Management von Reisebüros:
FREYER, W./POMPL, W. (2008): Reisebüro-Management. Gestaltung der Vertriebsstrukturen im Tourismus, 2., vollständig überarbeitete Auflage München

Zur Tourismusbranche in Europa:
LEIDNER, R. (2004): The European Tourism Industry. A Multi-
Sector with Dynamic Markets. Structures, Developments and
Importance für Europe's Economy, Luxemburg

☑ Kurz und bündig

Pauschalreisen sind in den letzten Jahren immer populärer geworden, doch jeder zweite Bundesbürger unternimmt seine Urlaubsreise auf eigene Faust. Unabhängigkeit, Flexibilität und persönliche Erfahrungen sind für diese Touristen wichtiger als Bequemlichkeit, Sicherheit und ein niedriges Preisniveau. Der Pauschalreisemarkt wird zu mehr als 50 % von drei integrierten Konzernen dominiert, die über eigene Reisebüros, Flugzeuge, Hotels, Kreuzfahrtschiffe etc. verfügen. Ca. 1.500 mittlere und kleinere Reiseveranstalter konkurrieren um die andere Hälfte des Gesamtumsatzes; ihre Geschäftschancen bestehen vor allem in der Konzentration auf spezielle Zielgruppen und Nischenmärkte.

Das Reisen wird immer schneller, komfortabler und bequemer

Da war sogar die erfahrene Reiseredakteurin der „Frankfurter Allgemeinen Zeitung" schwer beeindruckt, als das neue Großraumflugzeug Airbus A 380 im Herbst 2007 der Öffentlichkeit präsentiert wurde. In ihrem Artikel schwärmte sie von den Erste-Klasse-Kabinen, die mit „handgenähtem Leder, feinem Leinen und poliertem Holz" ausstaffiert sind und einer „schwellenden Bettstatt mit richtiger Matratze, Federbett und Daunenkissen".[1] Doch ganz so neu ist das Alles nicht: Auch in der Vergangenheit wurden Passagiere zu Lande und in der Luft in ähnlicher Weise verwöhnt – und manchmal kamen sie sogar noch schneller an ihr Ziel als heute.

Die Anfänge des modernen Tourismus im 18. Jahrhundert waren – zugegebenermaßen – alles andere als komfortabel und schnell. Für die Strecke Berlin-Rom, die wir heute in ca. zwei Stunden im Jet zurücklegen, benötigten die Reisenden damals zwei Monate und länger. Ihnen standen nur *die* Transportmittel zur Verfügung, auf die schon Herodot, Horaz und der Kaiser Hadrian bei ihren Reisen in der Antike angewiesen waren: Sie konnten entweder zu Fuß gehen oder ein Pferdefuhrwerk bzw. eine Kutsche benutzen.[2]

Der Drang in die Ferne, den englische Adelige und deutsche Dichter seit der Aufklärung verspürten, wurde also nicht durch revolutionäre Erfindungen im Transportwesen ausgelöst. Vielmehr war das Reisen damals eine äußerst beschwerliche Angelegenheit, wie viele zeitgenössische Berichte beweisen:[3]

- Auf den verwahrlosten und unbefestigten Straßen gehörten Rad- und Achsenbrüche zum Alltag der frühen Touristen.
- Angesichts der Kleinstaaterei mussten ständig Reisepässe präsentiert werden; außerdem waren vielerorts Zollabgaben, Tor- und Brückengelder zu entrichten.
- Da die Straßen häufig nur Platz für einen Wagen boten, kam es immer wieder zu handfesten Streitigkeiten zwischen den Kutschern und Postillionen.
- Außerdem mussten die Reisenden mit dreisten Überfällen von Wegelagerern, Marodeuren und Räuberbanden rechnen, deren Anführer bald von Moritatensängern zu unerschrockenen Kämpfern für die Gerechtigkeit verklärt wurden (wie der legendäre „Schinderhannes" im Hunsrück).

Wer das tagsüber alles gut überstanden hatte, den erwartete abends ein karger Gasthof mit einer großen, ungemütlichen Stube, in dem er sein Essen – gemeinsam mit den anderen Reisenden – an langen Tischen serviert bekam. Anschließend wurde auf dem Boden Stroh

„Wer mit der Post reiset, muß eines Lastträgers Rücken und eines Fürsten Beutel haben."

Sprichwort
im 18. Jahrhundert

ausgestreut, auf dem sich jeder Gast selbst sein hartes Nachtlager bereitete (allenfalls die Adeligen konnten bei ihren Standesangehörigen übernachten). Zum Kreis der nächtlichen Mitbewohner gehörten nicht nur Bauern, Handwerksgesellen und Soldaten, sondern auch Flöhe, Läuse und Mäuse.

Das lustig schmetternde Horn des Postillions verkündete zwar noch nicht den Beginn einer neuen Zeit, aber doch deutliche Verbesserungen: Bereits im 18. Jahrhundert gab es regelmäßige Liniendienste mit komfortablen Kutschen und Raststationen, an denen die Pferde gewechselt wurden und die Reisenden einen Imbiss erhielten (Gasthof „Zur Post"). Auch der Bau neuer, breiter Chausseen mit einem festen Unterbau führte dazu, dass die Überlandfahrten etwas schneller und bequemer wurden. Im Zeitraum 1835-1873 wurde das Streckennetz in Deutschland von 25.000 auf 115.000 Kilometer erweitert.[4] Nach dem Vorbild Frankreichs setzten die Landesfürsten in ländlichen Gegenden außerdem die Gendarmerie ein, um den Straßenverkehr sicherer zu machen.

Doch zu einem revolutionären Fortschritt im touristischen Transportwesen kam es erst mit der technischen und kommerziellen Nutzung des Wasserdampfes: Seit 1807 ließ der Amerikaner Robert Fulton auf dem Hudson River seinen Raddampfer „Clermont" im Linienverkehr von New York nach Albany verkehren und im Jahr 1825 wurde in England auf der Strecke Stockton-Darlington die erste öffentliche Eisenbahn der Welt eingeweiht (unter Leitung von George Stephenson).

Auf den Flügeln des Dampfes oder Die Revolution des Verkehrswesens

Vom Dampf der Schiffe und Eisenbahnen sind die Zeitgenossen in doppeltem Sinn berauscht: Die Fahrgäste begeistern sich für das schwindelerregende Tempo, das sie noch nie erlebt haben (der damalige Geschwindigkeitsrekord lag bei 64 km/h). Literaten, Politiker und Eisenbahnlobbyisten schwärmen von den gesellschaftlichen Wohltaten dieser „Göttergeschenke" (Friedrich List): Angesichts der neuen Dimensionen von Raum und Zeit prognostizieren sie das baldige Ende von nationalen Vorurteilen und kriegerischen Auseinandersetzungen – und den Beginn einer allgemeinen Völkerfreundschaft (bis heute gilt der Tourismus in politischen Sonntagsreden als friedensstiftender Hoffnungsträger).

Bei soviel Begeisterung schweigen bald auch die konservativen Skeptiker, die in den schrecklichen Eisenbahnunfällen der ersten Jahre einen Fingerzeig Gottes sahen (der ihrer Meinung nach mit diesem verwerflichen Treiben nicht einverstanden war).[5]

„Hoch auf dem gelben Wagen
sitz' ich beim Schwager vorn.
Vorwärts die Rosse jagen,
lustig schmettert das Horn.
Berge und Wälder und Matten,
wogendes Ährengold.
Möchte wohl ruhen im Schatten,
aber der Wagen rollt (...).

Postillion an der Schenke
füttert die Rosse im Flug;
schäumendes Gerstengetränke
bringt uns der Wirt im Krug.
Hinter den Fensterscheiben
lacht ein Gesichtchen hold.
Möchte so gern noch bleiben,
aber der Wagen rollt.

Sitzt einmal ein Gerippe
hoch auf dem Wagen vorn,
trägt statt Peitsche die Hippe,
Stundenglas statt Horn –
ruf' ich: „Ade ihr Lieben,
die ihr noch bleiben wollt;
gern wär' ich selbst noch geblieben,
aber der Wagen rollt."
            Rudolf Baumbach
                (1840–1905)

Doch die Masse der Bevölkerung freut sich über die preiswerten Tickets, denn die Beförderung im Waggon kostet nur noch ein Zehntel der früheren Kutschentouren. Als Mutterland der Industrialisierung wird England auch zum Vorreiter des Eisenbahnwesens – und der organisierten Ausflugsfahrten. Bereits im Jahr 1841 entwickelt Thomas Cook das Konzept der Pauschalreise: Außer ihrem Ticket erhalten die Teilnehmer der Fahrt von Leicester nach Loughborough auch eine Tasse Tee und ein Butterbrot (→ *Irrtum 4*). Preisgünstige *excursion trains* ermöglichen es sogar einfachen Arbeitern und Angestellten aus den Großstädten, einen vergnüglichen Tag am Meer zu verbringen. Mehr als 15.000 Besucher tummeln sich am Ostermontag des Jahres 1844 im Seebad Brighton und ein Jahr später verlassen über 150.000 Menschen den Ballungsraum Manchester, um sich auf den Piers von Blackpool und anderen *seaside resorts* zu amüsieren.[6]

Deutschland hinkt dieser Entwicklung zunächst hinterher, doch in der zweiten Hälfte des 19. Jahrhunderts wird das Streckennetz rasch erweitert. Im Jahr 1914 umfasst es 63.700 Kilometer – damit liegen nahezu alle Ortschaften höchstens zwei Stunden Fußmarsch vom nächsten Bahnhof entfernt.[7]

„Mir ist es, als kämen die Berge und Wälder auf Paris zugerückt. Ich rieche schon den Duft der deutschen Linden; vor meiner Tür brandet die Nordsee."

Heinrich Heine
(1843 in Paris – anlässlich der Eröffnung der ersten französischen Eisenbahn)

Im Smoking durch Europa: Luxuriöse Bahnreisen im 19. Jahrhundert

Ungeachtet aller Popularität erweist sich das Reisen mit der Eisenbahn nicht nur als ein preiswertes Vergnügen für Angestellte und Arbeiter. Auch wer etwas auf sich hält, sitzt gerne in den Waggons – aber selbstverständlich in der Ersten Klasse. Besonders luxuriös (selbst für heutige Verhältnisse) geht es in dem legendären „Orient-Express" zu, der seit 1883 Paris mit Istanbul verbindet (dem damaligen Konstantinopel). Um ihn benutzen zu können, muss man nicht nur ein Schnellzugbillett der Ersten Klasse buchen, sondern auch einen Zuschlag von 20 % entrichten.

Die Strecke von 3.186 Kilometern wird in knapp 70 Stunden zurückgelegt und diese Zeit verbringen die gut situierten Passagiere in einem äußerst angenehmen Ambiente. Der Luxuszug verfügt über spezielle Schlaf-, Speise- und Salonwagen (ohne Rauchverbot). Zahlreiche Köche und Kellner kümmern sich um die Fahrgäste. In den Ländern, die er durchquert, werden jeweils lokale Speisen serviert und Folkloregruppen sorgen für die Unterhaltung.[8]

Bald entwickelt sich der „Orient-Express" zu einem beliebten Treffpunkt der besseren Kreise. Im Speisewagen mit seinen teuren Kristallspiegeln und aufwändigen Holzvertäfelungen dinieren europäische Adelige, hochrangige Diplomaten und wohlhabende Un-

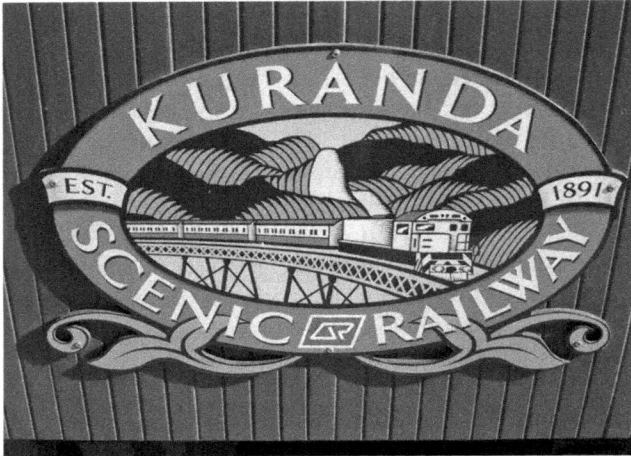

In Zeiten von unbequemen Sitzen und komplizierten Fahrkartenautomaten wächst die Sehnsucht nach der guten, alten Eisenbahn- zeit – mit komfortablen Plüschsesseln und freund- lichen Schaffnern. Nostal- giezüge liegen deshalb voll im Trend – ob als Luxuszüge mit Suiten und Badewannen oder als Ausflugszüge auf spektakulären Bergstrecken (wie die „Kuranda Scenic Railway" im australischen Queensland).

ternehmer. Seinen einzigartigen Ruhm verdankt der Luxuszug jedoch nicht nur diesem illus- tren Reisepublikum, sondern auch allerlei spektakulären Vorfällen – von dreisten Löse- gelderpressungen über könig- liche Liebesabenteuer bis hin zu feigen Mordanschlägen.

Diese Melange aus Luxus, Dekadenz und einer Prise Ver- brechen bietet Literaten und Filmemachern den idealen Stoff für ein spannendes *storytelling*; durch ihre Werke wird der Zug bereits in den 1930er-Jahren zu einem Mythos:

• Besonders bekannt ist der Roman „Mord im Orient-Express", den die britische Krimiautorin Agatha Christie im Jahr 1934 schrieb (in dem gleichnamigen Film spielte Albert Finney den belgischen Detektiv Hercule Poirot).

• Auch der englische Autor Graham Greene nutzte den Luxuszug als Schauplatz für einen Roman („Orient Express"/„Stamboul Train"), der ebenfalls verfilmt wurde.

• Schließlich spielen einige spannende Szenen des James-Bond- Films „Liebesgrüße aus Moskau" (mit Sean Connery in der Hauptrolle) im „Orient-Express" – u. a. der berühmte Kampf im schwach beleuchteten Schlafwagenabteil zwischen Bond und dem Agenten „Red" Grant.

Im Vergleich zum „Orient-Express" haben die Züge der „Deut- schen Bahn AG" wohl kaum das Zeug dazu, richtige Medienstars zu werden. Im ICE „Altenbeken", „Castrop-Rauxel" oder „Neu- münster" sitzen sicherlich wichtige Manager/-innen, Politiker/-in- nen oder Professoren/-innen, aber leider nie im Abendkleid oder Smoking – und die monatlich wechselnden Gerichte sind zwar mit dem „Bio-Siegel nach EU-Verordnung"[9] ausgezeichnet, werden aber nicht auf feinstem Leinen und kostbarstem Porzellan serviert.

Wenn das Reisen mit der Bahn früher also bequemer und luxu- riöser war, ist es dann zumindest schneller geworden? Hier lohnt sich ein Blick auf die Verbindung zwischen Berlin und Hamburg, die seit 2004 zur ersten deutschen Schnellfahrstrecke ausgebaut wurde. Dort erreichen die Züge gegenwärtig eine maximale Ge- schwindigkeit von 230 km/h.[10]

Doch auch früher ging es zügig und bequem von der Spree an die Elbe: Seit 1926 konnten die Passagiere – erstmals in Deutschland – aus dem fahrenden Zug heraus Telefongespräche führen. Am 21.

Juni 1931 stellte der „Schienen-zeppelin", der mit einem Heck-propeller betrieben wurde, auf dieser Strecke den Geschwindig-keitsrekord von 230,2 km/h auf.

Die Zahl dieser historischen Superlative ließe sich beliebig fortsetzen; sie reicht von schnel-len Dampflokomotiven bis hin zum „Fliegenden Hamburger" – einem Dieseltriebwagen, der im Linienverkehr 158 Minuten von der Metropole in die Hansestadt benötigte (heute dauert die Fahrt ca. 100 Minuten). Ein wenig flot-ter ist das Reisen mit der Bahn inzwischen schon geworden – der allgemeine Fortschritt in Sachen Bequemlichkeit und Komfort hält sich aber in Grenzen.

Doch die Sehnsucht der Urlauber nach Plüschsesseln und Kell-nern in goldbetressten Uniformen ist ungebrochen; deshalb findet derzeit eine Renaissance der komfortablen Bahnreisen statt. Der Mythos historischer Luxuszüge wird vielerorts kommerziell wie-derbelebt:[11]

• So betreibt das britische Unternehmen „Orient-Express Hotels Ltd" (London) mehrere historische Züge in Kontinentaleuropa, Großbritannien, Südamerika und Asien – u. a. den „Venice Sim-plon-Orient-Express", den „Royal Scotsman" und den „Eastern & Oriental Express".

• Im südlichen Afrika verkehrt der „Pride of Africa" – ein Luxus-zug der „Rovos Rail", der u. a. über 36 Suiten mit eigenen Ba-dewannen und ein *observation car* mit einer offenen Plattform verfügt. Auch in Indien wurden in jüngerer Zeit mehrere nostal-gische Züge eingerichtet („Palace on Wheels", „Golden Chariot" etc.).

Allerdings handelt es sich bei diesen Bahnreisen jeweils um teure touristische Produkte, deren Kultcharakter aufwändig (und histo-risch nicht immer korrekt) inszeniert wird. Für die Mehrzahl der Urlauber, die überhaupt noch die Bahn benutzen, gilt das berühmt-berüchtigte Motto „Senk ju vor träwelling" – mit undurchsichtigen Tarifen, komplizierten Fahrkartenautomaten und Abfahrten, die auf unbestimmte Zeit verschoben werden.[13] Immerhin gibt es an zehn deutschen Bahnhöfen wieder den guten, alten Gepäckträger-Service (aber nur nach einer Voranmeldung von mindestens einer Stunde).

Wenigstens müssen wir jetzt nicht UNBEFRISTET warten, sondern nur bis übermorgen oder überübermorgen!

Glück gehabt !!

Geduld und Langmut sind manchmal schon vonnöten – im Wartesaal zum Urlaubs-glück. Immerhin gibt es nun eine „Geld-zurück-Garantie": Seit Sommer 2009 muss die „Deutsche Bahn AG" ihren Kunden bei Verspätungen einen Teil des Fahrpreises erstatten.[12]

Doch selbst diese punktuelle Verbesserung der Serviceleistungen hat nicht verhindern können, dass die Eisenbahn ihre ehemals führende Rolle als Reiseverkehrsmittel für Urlauber längst an den Pkw und das Flugzeug abgeben musste.

Schlangen, Staus und Warteschleifen oder
Welche Verkehrsmittel nutzen die deutschen Urlauber?

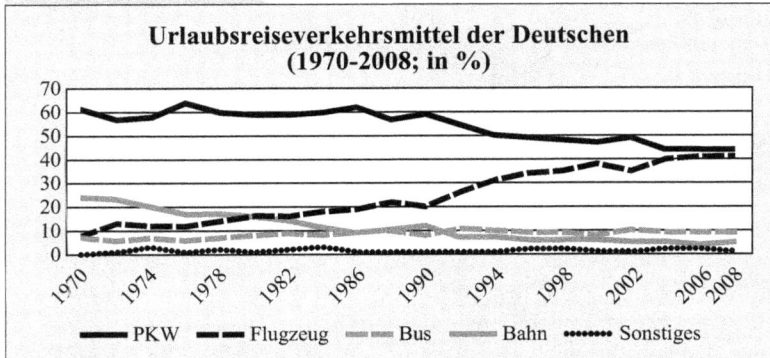

Urlaubsreiseverkehrsmittel der Deutschen
(1970-2008; in %)

━━ PKW   ■■■ Flugzeug   ═ ═ Bus   ━━━ Bahn   ••••••• Sonstiges

Am 27. Juni 2008 erreichte der Stau auf der A 3 zwischen Aschaffenburg und Würzburg eine Gesamtlänge von 65 Kilometern; damit rangierte er in der jährlichen „Staubilanz" des ADAC auf dem ersten Platz. Doch

„Modal Split" – was für Laien so klingt wie eine exotische Eissorte, das ist für Experten die Aufteilung des gesamten Transportaufkommens auf unterschiedliche Verkehrsmittel. Bei den Urlaubsreisen gehören der private Pkw und zunehmend auch das Flugzeug zu den Gewinnern, während Bahn und Bus erhebliche Marktanteile verloren haben.[15]

das war noch gar nichts im Vergleich zur (bisher) absoluten Superschlange, die mit einer Länge von 175 Kilometern im Sommer 1980 in Frankreich registriert wurde.[14]

Seitdem der Pkw zum beliebtesten Reiseverkehrsmittel geworden ist, mussten sich die Bundesbürger (wie auch andere Europäer) an die nervige Gleichung „Ferienzeiten = Stauzeiten" gewöhnen. Daran können auch halbstündliche Verkehrsdurchsagen, Navigationssysteme mit Umleitungsvorschlägen und selbst die ADAC-Stauberater nur wenig ändern. Trotz dieser Widrigkeiten wurden im Jahr 2008 47 % aller deutschen Urlaubsreisen mit dem eigenen Pkw unternommen.

Der Pyrrhussieg des Pkw begann bereits in den 1960er-Jahren, als er – im Rahmen der privaten Motorisierung – immer häufiger für die Fahrt in den Urlaub genutzt wurde. Allein im Zeitraum 1960-1970 stieg die Zahl der zugelassenen Pkws in Deutschland von 4,5 auf 13,9 Millionen (inzwischen liegt sie bei über 40 Millionen).[16] Vor dem Hintergrund des wachsenden Wohlstands und einer zunehmenden Freizeit konnten sich nun immer mehr Bundesbürger eine Urlaubsreise innerhalb des eigenen Landes, aber auch in die österreichischen Alpen, an die italienische Adria oder an die spanische Costa Brava leisten (→ *Irrtum 6*).

Die Vorteile von Reisen mit dem Pkw liegen auf der Hand: Neben der größeren Bequemlichkeit und Flexibilität der Tourenplanung sind vor allem auch die relativ geringen (persönlichen) Kosten zu nennen. Trotz seiner großen Popularität musste der Pkw allerdings seit 1976 Marktanteile an das Flugzeug als Reiseverkehrsmittel abgeben, mit dem die neu erschlossenen Ferienregionen am Mittelmeer, aber auch exotische Ziele schneller und preisgünstiger (bzw. überhaupt) erreicht werden konnten.

Das Nachsehen im *Modal-Split*-Wettbewerb hatte vor allem die Bahn, die in den 1950er-Jahren noch das beliebteste Verkehrsmittel war; sie wurde damals von mehr als der Hälfte aller Urlauber genutzt. An dieser Fahrt aufs Abstellgleis konnten auch die bequemen Touristik-Sonderzüge nichts ändern, die sich Reiseveranstalter wie „Touropa" oder „Scharnow" bauen ließen (→ *Irrtum 4*). Sie verfügten über gemütliche Liegen, einen Speisewagen, eigene Zugpagen und sogar einen Reiseleiter, der die Urlauber morgens mit flotten James-Last-Melodien weckte. Unter dem neuen Namen „TUI FerienExpress" fuhren diese nächtlichen Sonderzüge bis 1993 von Hamburg und Dortmund u. a. nach Meran, Rijeka und Pisa. Gegenwärtig steigen nur noch 5 % der Bundesbürger in die Bahn, um ihren Urlaubsort zu erreichen.

Auch der Omnibus gehört unter den Reiseverkehrsmitteln eindeutig zu den Verlierern. Vor fünfzig Jahren war der Andrang der Fahrgäste noch so groß, dass auf manchen Strecken sogar Reisebusse mit Personenanhängern eingesetzt werden mussten (in der BRD wurde diese Praxis bereits 1960 verboten, während in der DDR solche Anhängerzüge bis 1975 verkehrten). Damals erreichte der Bus einen Anteil von 17 % am touristischen Verkehrsaufkommen, inzwischen ist er auf 9 % zurückgegangen.

Der Omnibus hat vor allem ein großes Imageproblem – auch wenn die Branche in Werbekampagnen immer wieder darauf hinweist, dass er flexibler als die Bahn, kontaktfördernder als der Pkw und umweltfreundlicher als alle Konkurrenten ist.[17] Aus Sicht vieler Urlauber werden Busreisen jedoch mit negativen Eigenschaften wie engen Sitzen, schlechter Luft und älteren Menschen assoziiert (fragwürdige Gewinnspiele und die berüchtigten Kaffeefahrten mit dem Verkauf von Lamadecken, Heizkissen und Waffeleisen tragen sicherlich nicht zur Imageverbesserung bei).

„Zum Arbeiten zu alt, zum Sterben zu jung, zum Reisen topfit" – bei Senioren ist der Bus als Reiseverkehrsmittel besonders beliebt. Durch Werbekampagnen und Qualitätsverbesserungen versuchen die Busunternehmen seit langem, ihr angestaubtes Image aufzupolieren und jüngere Kunden zu gewinnen.

„Ich möcht' nicht alte
Streite wecken:
Das Flugzeug taugt für weite
Strecken.
Von etwa tausend Meilen an,
kann wie ein Vogel eilen
man.
Sonst muss zu lange warten
still,
wer landen oder starten
will."

Eugen Roth
(1895-1976)

Um jüngere, kaufkräftigere Kunden zu gewinnen, setzen die Busunternehmen bereits seit 1975 auf mehr Qualität. Die Marke „Gütezeichen Buskomfort" dient dazu, die Omnibusse – ähnlich wie Hotels – zu klassifizieren; mit jedem der maximal fünf Sterne steigt die Bequemlichkeit (Sitzabstand, WC, Bar, Klimaanlage etc.). Nicht nur aufgrund solcher Verbesserungen bestehen für die Busbranche recht positive Perspektiven; angesichts der zunehmenden Überalterung der bundesdeutschen Gesellschaft, aber auch der wachsenden Anonymisierung steigt der Wunsch nach geselligen Formen des Reisens.[18]

Gesellig, wenn auch ziemlich eng, geht es bei dem Verkehrsmittel zu, das seit den 1970er-Jahren auf einen wahren Siegeszug zurückblicken kann – das Flugzeug, dessen Marktanteil von 8 % (1970) auf 41 % (2008) gestiegen ist. Es hat den gesamten Urlaubsreisemarkt in ähnlicher Weise revolutioniert wie die Eisenbahn im 19. Jahrhundert. Verantwortlich war wiederum eine Mischung aus technischen Erfindungen und organisatorischen Innovationen:

• Seit der Entwicklung von strahlgetriebenen Düsenmaschinen konnten größere Strecken ohne Zwischenlandungen überwunden werden (auf der transatlantischen Route zwischen Europa und den USA waren z. B. bis in die 1960er-Jahre noch Tankstopps in Shannon/Irland, Santa Maria/Azoren bzw. Gander/Neufundland notwendig). Dadurch verkürzte sich die Reisezeit, die Produktivität der Fluggesellschaften stieg und die Preise für Linienflugtickets sanken.

• Mit dem Wegfall der Beförderungspflicht und der Einführung von Charterflügen konnte ein touristischer Massenmarkt erschlossen werden. Nun war das Flugzeug nicht mehr ein exklusives Verkehrsmittel der Reichen, Schönen und Wichtigen, sondern jeder konnte in den „Flieger" steigen, um seinen Urlaub auf den Kanarischen Inseln oder an den Stränden in Kenia, Sri Lanka oder Thailand zu verbringen.

• Für einen zusätzlichen Boom sorgten die *low cost carrier*, die seit den 1990er-Jahren – nach dem Vorbild der US-amerikanischen „Southwest Airlines" – den Flugreisemarkt aufmischten. Inzwischen wird jede fünfte Reise in Deutschland von einer Billigfluggesellschaft durchgeführt (selbst der renommierte Flughafen Frankfurt/Main bemüht sich seit kurzem um diese Kunden). Die niedrigen Ticketpreise von „Air Berlin", „Germanwings", „Ryanair" und Co. basieren auf einfachen Geschäftsprinzipien – sie reichen von Punkt-zu-Punkt-Verbindungen und einer einheitlichen Flugzeugflotte über die Nutzung kleiner Flughäfen und Buchungen im Internet bis hin zu einer drastischen Reduzierung aller Serviceleistungen (*no frills*).[19]

Auch im Flugverkehr sind damit die guten, alten Zeiten eines bequemen und komfortablen Reisens vorbei: Auf den größeren Flughäfen wurde die freundlich lächelnde Stewardess längst durch seelenlose Check-in-Automaten ersetzt, die kleineren *low cost airports* haben den Charme von Lagerhallen und der Abstand zwischen den Sitzen wurde auf ein Minimum reduziert, um möglichst viele Passagiere transportieren zu können (da ist es nur konsequent, dass Michael O'Leary, der Chef von „Ryanair", kürzlich Überlegungen anstellte, für die Benutzung der Bordtoilette eine spezielle Gebühr zu erheben). Ein Blick in die Geschichte zeigt, dass Flugreisen früher in einem äußerst angenehmen Ambiente stattfanden, das in jeder Hinsicht der exklusiven Atmosphäre des „Orient-Express" bei Bahnreisen entsprach.

Zeppeline – Stratocruiser – Jumbo-Jets:
Die touristische Eroberung der Luftozeane

Wo sie am Himmel auftauchten, lösten sie einen grenzenlosen Enthusiasmus aus und wurden gefeiert wie Popstars: Menschen stürmten aus ihren Häusern auf die Straße, Arbeiter verließen die Werkbank und die Kinder bekamen schulfrei, um die riesigen Zeppeline bewundern zu können. Ihre Größe war wirklich beeindruckend: Mit einer Länge von knapp 250 Metern und einer Höhe von ca. 45 Metern stellen sie selbst das größte Verkehrsflugzeug der Gegenwart, den Airbus A 380, weitaus in den Schatten (er ist 73 Meter lang und 24 Meter hoch).

Nach schwierigen Anfängen gelang im Jahr 1900 der erste Aufstieg eines Zeppelins am Bodensee und in den folgenden vier Jahrzehnten erlebte dieses ungewöhnliche Transportmittel einen wahren Siegeszug (trotz vieler Rückschläge durch Sturm, Feuer oder technische Pannen). Zu den Sensationen gehörte die Weltrundfahrt des LZ 127 „Graf Zeppelin" auf der Strecke Lakehurst (USA) – Friedrichshafen – Tokio – San Francisco – Lakehurst im Jahr 1929. Kurze Zeit später wurde ein fahrplanmäßiger Transatlantikdienst nach Nord- und Südamerika aufgenommen.[20]

Für die Fahrt von Frankfurt/Main nach Lakehurst benötigte der LZ 129 „Hindenburg" ca. 60 Stunden (mit dem Schiff dauerte die Reise damals ein bis zwei Wochen). Die Zeit ging schnell vorüber, denn in dem doppelstöckigen Passagierbereich gab es reichlich Unterhaltung und vor allem viel Platz – z. B. für zahlreiche beheizbare Zweibettkabinen (mit fließend warmen Wasser) und ein 15 Meter langes Promenadendeck, dessen schräg nach unten gerichtete Fenster an Steuerbord und Backbord einen freien Blick auf Land und Meer ermöglichten.

Über das Reisen im Zeppelin

„Einige von uns konnten einfach nicht in der Tischrunde sitzenbleiben und mußten in den Gemeinschaftsraum gehen, um dieses einzigartige Schauspiel in sich aufzunehmen. Der besondere Reiz lag nicht nur in der Färbung der Wolken, sondern auch in dem flockigen Wolkenteppich zu unseren Füßen. Bei solchen Erlebnissen wird mir bewußt, daß die menschliche Sprache Grenzen hat."[21]

Die exklusiven Mahlzeiten wurden im seidenbespannten Speisesaal auf feinem Porzellan serviert, das damals bereits mit einem speziellen Zeppelin-Logo verziert war. Anschließend konnten die Gäste das mehrstöckige Aluminiumgerüst im Inneren des Luftschiffes besichtigen oder sich in einen gemütlichen Lese- und Schreibraum zurückziehen (ihre Briefe wurden durch eine Rohrleitung direkt in den Postraum des Schiffes befördert).[22]

Über den Wolken muss die Freiheit wohl grenzenlos sein: Mit den Zeppelinen begann vor mehr als hundert Jahren der kommerzielle Flugverkehr. Der Mythos dieser „fliegenden Zigarren" wird durch den neuen Zeppelin NT wiederbelebt, mit dem Rundflüge über dem Bodensee durchgeführt werden.

Für das Amüsement der Passagiere sorgte ein Pianist, dessen Konzerte auf dem Leichtmetall-Blüthner-Flügel sogar im deutschen Radio übertragen wurden. Zu den absoluten Höhepunkten einer Zeppelinfahrt gehörte aber der Besuch der Bar und des Rauchsalons im unteren Deck. Da die riesige Hülle des Luftschiffes mit hoch explosivem Wasserstoffgas gefüllt war, konnte der Rauchsalon nur durch eine Luftschleuse betreten werden; die Nutzung von Streichhölzern wurde durch einen Steward streng kontrolliert.

Komfort und Luxus einer Fahrt mit dem Zeppelin entsprachen also in vielerlei Hinsicht einer Schiffsreise – mit dem zusätzlichen Vorteil, dass die Passsagiere bei der Überquerung des rauhen Atlantik nicht seekrank wurden (in ihren Reiseberichten schwärmen sie vielmehr davon, dass die Tour vollkommen ruhig und ohne jegliche Turbulenzen verlief). In diesen Genuss kamen mehr als 3.000 Gäste, die an den 63 Fahrten der „Hindenburg" nach Nord- und Südamerika teilnahmen.

Am 7. Mai 1937 endete diese Form des angenehmen und stilvollen Reisens mit dem Absturz der „Hindenburg" in Lakehurst. Vor den Augen zahlreicher Radioreporter und Kameraleute explodierte das Luftschiff und sank in einem riesigen Feuerball langsam zu Boden. Die Bilder dieser schrecklichen Katastrophe verbreiteten sich rasch um die ganze Welt (wie im Jahr 2001 die Berichte über die Terroranschläge auf das World Trade Center in New York).

Dennoch haben Fahrten mit dem Zeppelin bis heute nichts von ihrer ursprünglichen Faszination verloren. Am Bodensee ist der Mythos dieser „fliegenden Zigarren" erfolgreich wiederbelebt worden. Seit 2001 werden dort wieder Rundflüge mit dem Zeppelin NT (= Neue Technologie) veranstaltet – allerdings handelt es sich dabei um kleinere Luftschiffe, die nur zwölf Passagieren Platz bieten.

Nach dem Ende der alten Zeppelin-Ära begann aber in den 1950er-Jahren eine neue Phase des luxuriösen Reisens über den Wolken. In den USA setzten Fluggesellschaften wie „Pan Am", „Northwest Airlines" und „United Airlines" auf ihren Langstreckenflügen mehrere Boeing B 377 „Stratocruiser" ein – die zivile Passagierversion eines großen Militärtransporters aus dem Zweiten Weltkrieg. Mit ihren zwei Passagierdecks war die viermotorige Maschine eine Art Blaupause für die spätere Boeing B 747 (den berühmten Junbo-Jet) oder den Airbus A 380.

Auf dem ausgestatteten Hauptdeck konnten sich – je nach Bauart – 55 bis 100 Passagiere auf bequemen Sesseln ausstrecken, die in der Ersten Klasse abends zu breiten Doppelbetten umgebaut wurden (für die Abend- und Morgentoilette gab es großzügige, goldverzierte Umkleidekabinen mit Schminktischen und einem Sofa). Eine Wendeltreppe führte in das Unterdeck, wo den Gästen in der Lounge Drinks und Cocktails gereicht wurden (auf der Strecke von San Francisco nach Honolulu war die Bar sogar in einem passenden Hawaii-Stil dekoriert).

Luxuriös ging es auch bei der Verpflegung der Passagiere zu: Im „Boeing Magazine" vom Oktober 1949 wird stolz darauf hingewiesen, dass ausschließlich exquisite Menüs serviert werden, deren Rezepte von „continental-trained European chefs" stammen, „each with more than thirty years' experience in food preparation."[23]

Ähnlich angenehm waren die Flüge mit der viermotorigen Lockheed „Super Constellation", die in den 1950er-Jahren u. a. von der „Deutschen Lufthansa AG" im Transatlantikverkehr eingesetzt wurde. An Bord wurden die Passagiere von mitfliegenden Köchen bestens versorgt; auf dem Menü standen Köstlichkeiten wie Masthuhn, Gänseleberpastete und Kaviar, aber auch Deftiges wie frisch zubereitete Kartoffelpuffer. In den breiten Sesseln nahmen damals Filmstars wie Marylin Monroe, Literaten wie Arthur Miller und Politiker wie Konrad Adenauer Platz (er flog mit einer „Super Connie" nach Moskau, um die Freilassung der letzten deutschen Kriegsgefangenen aus russischen Arbeitslagern zu erreichen).[24] Auf ihrer Homepage räumt die „Deutsche Lufthansa AG" freimütig ein, dass dieser „Komfort und Luxus über den Wolken bis heute nur schwer zu übertreffen" ist.[25]

An diese Hochkultur des Fliegens knüpfte zunächst auch das Großraumflugzeug Boeing B 747 an, mit dem 374 bis 490 Passagieren transportiert werden können. Seit seinem ersten Flug im Jahr 1969 ist es in verschiedenen Versionen in Betrieb und gilt mit mehr als 1.400 Exemplaren als das bekannteste Flugzeug der Welt. Lange Zeit setzte es nicht nur Maßstäbe hinsichtlich der Größe, sondern auch hinsichtlich der Bequemlichkeit und des Service: Livrierte Stewards servierten den Fluggästen in der Ersten Klasse

Fliegen mit der „Super Connie" in den 1950er-Jahren

„Nachdem (...) den Passagieren ein Schlummertrunk angeboten und die Zusteiger nach ihren besonderen Wünschen befragt wurden, sind die Flugbegleiter bei der Vorbereitung zur Nachruhe behilflich. Kissen und Decken werden nach Bedarf verteilt, Fußstützen ausgebreitet, Sitze verstellt, die Beleuchtung abgeblendet und Nachtbeleuchtung eingeschaltet. Bei einer derartigen Betreuung wundert man sich rückblickend, daß nicht noch ein Schlaflied gesungen wurde und die Passagiere versucht waren, ihre Schuhe zum Putzen in den Gang zu stellen."[26]

[image icon]

**Homepages von
Interessenverbänden
im Verkehrssektor**

• Flughafenverband ADV
(Arbeitsgemeinschaft
Deutscher Verkehrsflug-
häfen): Homepage mit
Definitionen zur Luft-
verkehrsstatistik und zum
Luftverkehrsaufkommen
(www.adv.aero)

• Bundesverband Deutscher
Omnibusunternehmer
(bdo): Homepage mit Bran-
chendaten und Informati-
onen zu wirtschaftlichen
und ökologischen Aspekten
(www.bdo-online.de)

• Internationaler Bus-
touristik-Verband (RDA):
Durchführung von Fort-
bildungsseminaren und
Herausgabe von Praxisleit-
fäden (www.rda.de)

• Allgemeiner Deutscher
Automobil-Club (ADAC):
Beratungs- und Service-
angebot rund um den Pkw
für mehr als 16 Millionen
Mitglieder (www.adac.de)

• Verkehrsclub Deutschland
(VCD): verbraucherorien-
tierter Umweltverband, der
sich für eine nachhaltige
Mobilität aller Verkehrs-
teilnehmer einsetzt
(www.vcd.org)

frisch zubereitetes Roastbeef vom Stück – je nach Geschmack *medium rare* oder *well done*; den anschließenden Kaffee und Digestif nahm man auf dem Oberdeck ein (natürlich mit einer Zigarette).[27]

Doch früher boten Flugzeuge nicht nur besondere kulinarische Schmankerln, sondern waren sogar schneller unterwegs als heute: Zwischen 1976 und 2003 setzten „British Airways" und „Air France" im Transatlantikverkehr das Überschall-Passagierflugzeug Aérospatiale-BAC Concorde 101/102 ein. Der Flug von Paris bzw. London nach New York dauerte ca. drei Stunden und war damit doppelt so schnell wie mit einer Boeing B 747 (zum Jahreswechsel wurden Flüge angeboten, bei denen die Passagiere zwei Mal Silvester feiern konnten – zunächst in Frankreich oder England und wenige Stunden später in den USA).

Von diesen spektakulären Zeiten des Fliegens ist heute wenig übrig geblieben: In den normalen Jets fehlt die elektronische „Mach"-Anzeigetafel; auf ihr wurde in der Concorde das Erreichen der Schallgeschwindigkeit signalisiert. Statt Sterlingsilber und Damasttischdecken gibt es für die Mehrzahl der Fluggäste nur noch Plastiktabletts und Erfrischungstücher (unter dem Druck von Überkapazitäten und Preiskriegen haben die Fluggesellschaften ihre Erste Klasse auf den innereuropäischen Flügen bereits vor einigen Jahren abgeschafft). Eine Erinnerung an die luxuriösen Reisen der Vergangenheit bieten allenfalls die neuen VIP-Lounges in einigen internationalen Flughäfen; dort kümmern sich persönliche Betreuer um den Check-in und die Passformalitäten der *happy few* und begleiten sie in einer Luxuslimousine zum Flugzeug.

Doch der Mythos des komfortablen Fliegens lebt weiter; erst kürzlich hat er eine Renaissance als touristisches Produkt erfahren. Seit 2008 bietet „Hapag-Lloyd" jeweils in der Wintersaison mit einer umgebauten Boeing B 737-800 von Hamburg aus „Kreuzflüge" nach Asien und Südamerika an. Die 52 Teilnehmer sitzen auf bequemen, breiten Ledersesseln, werden mit einem erlesenen Catering versorgt und übernachten vor Ort in ausgesuchten Hotels und Lodges. Von erfahrenen Lektoren erhalten sie vor der Landung länderkundliche Informationen über das jeweilige Reiseziel.[28]

Solche nostalgischen Touren bedienen unsere ungebrochene Sehnsucht nach den romantischen Zeiten des Fliegens, als der Himmel noch ein endloser „Luftozean" war und Flugzeuge zu „Königen der Lüfte" verklärt wurden. Tempi passati!

📖 Literaturtipps

Zu Eisenbahnreisen:
SCHIVELBUSCH, W. (1979): Geschichte der Eisenbahnreise. Zur Industrialisierung von Raum und Zeit im 19. Jahrhundert, Frankfurt a. M./Berlin/Wien (Ullstein-Buch; 35015)
FRANZKE, J. (Hrsg.; 1998): Orient-Express – König der Züge, Nürnberg
ROTH, R. (2005): Das Jahrhundert der Eisenbahn. Die Herrschaft über Raum und Zeit 1800-1914, Stuttgart

Zu Reisen mit dem Zeppelin:
CLAUSBERG, K. (1979): Zeppelin. Die Geschichte eines unwahrscheinlichen Erfolges, München
STADT FRIEDRICHSHAFEN (Hrsg.; 2009): Zeppelin 1908 bis 2008. Stiftung und Unternehmen, München

Zum Luftverkehr generell:
INTERNATIONAL ASSOCIATION OF SCIENTIFIC EXPERTS IN TOURISM (Hrsg.; 2002): Air Transport and Tourism, St. Gallen (AIEST-Publication; 44)
STERZENBACH, R./CONRADY, R. (2003): Luftverkehr. Betriebswirtschaftliches Lehr- und Handbuch, 3., völlig überarbeitete und erweiterte Auflage München/Wien
POMPL, W. (2006): Luftverkehr. Eine ökonomische und politische Einführung, 5., überarbeitete Auflage Berlin u. a.

Zu Billigfluggesellschaften:
GROSS, S./SCHRÖDER, A. (Hrsg.; 2007): Handbook of Low Cost Airlines. Strategies, Business Processes and Market Environment, Berlin

Zu den Reiseverkehrsmitteln der Deutschen:
KAGERMEIER, A. (2007): Freizeit- und Urlaubsverkehr: Struktur – Probleme – Lösungsansätze. – In: BECKER, Chr./HOPFINGER, H./STEINECKE, A. (Hrsg.): Geographie der Freizeit und des Tourismus, 3., unveränderte Auflage München/Wien, S. 259-272
DEUTSCHES INSTITUT FÜR WIRTSCHAFTSFORSCHUNG (DIW) (Hrsg.; 2008): Verkehr in Zahlen 2008/2009, Berlin (37. Jahrgang)

✓ Kurz und bündig

So spektakulär die Entertainment-Systeme in den Flugzeug-
sitzen und die WLAN-Hotspots in den ICE-Zügen auch sein
mögen – sie können nicht darüber hinweg täuschen, dass Flug-
und Bahnreisen auch in früheren Zeiten in einem äußerst angenehmen Ambiente stattfanden. Der allgemeine Fortschritt der
Reiseverkehrsmittel in Sachen Bequemlichkeit, Komfort und
sogar Schnelligkeit hält sich durchaus in Grenzen. Vor dem Hintergrund der Demokratisierung des Reisens lautet das Motto
heute: Masse statt Klasse. Die einstige Hochkultur des Tourismus erfährt allenfalls in exklusiven Produkten wie nostalgischen
Luxuszügen und Kreuzflügen eine Renaissance.

Spanien ist das beliebteste Reiseziel der Deutschen

Eigentlich ist alles wie Zuhause: Überall gibt es deutschen Filter-kaffee und Original Thüringer Bratwurst, man kann bei „Lidl" und „Schlecker" einkaufen – und obendrein lacht immer die Sonne. Kein Wunder also, dass Spanien als populärstes Reiseziel der Bundesbürger gilt. Völlig zu Unrecht, denn im Urlaub erweisen sich viele Deutsche als Patrioten.

Mallorca scheint vor unserer Haustür zu liegen: Selbst von kleineren Flughäfen wie Paderborn, Leipzig oder Nürnberg starten täglich Flüge nach Palma de Mallorca – und die Fotoalben vieler Bundesbürger sind voller Erinnerungen an sangria-selige Abende unter südlichem Sternenhimmel.

„Ich habe zwar keine Ahnung, wo ich hinfahr, aber ich bin schneller da."
Helmut Qualtinger

Doch der offenkundige Eindruck täuscht: Nicht Spanien ist das beliebteste Reiseziel der Deutschen, sondern Deutschland: Jede dritte Urlaubsreise führt in eine heimatliche Ferienregion (nach Spanien hingegen nur 13 %). Dabei rangiert Bayern – gemessen an den Übernachtungen – ganz weit oben in der Beliebtheitsskala der Zielgebiete. Erst mit deutlichem Abstand folgen Baden-Württemberg, Nordrhein-Westfalen und Niedersachsen.

Die Gründe für den Urlaub im eigenen Land liegen auf der Hand. Die Fahrt zum Quartier kann mit dem eigenen Auto erfolgen und dauert auch nicht allzu lange, man muss sich nicht in der Fremde zurecht finden und es gibt keine Sprachprobleme. Diese Vertrautheit und Bequemlichkeit ist besonders für ältere Menschen und für Familien mit kleinen Kindern wichtig; bei ihnen handelt es sich deshalb um die klassischen Deutschland-Urlauber.

In den letzten Jahren konnten aber auch neue, jüngere Zielgruppen angesprochen werden. Trendforscher sprechen von einer „Exotik der Nähe"[2] und von einem wachsenden Interesse an der eigenen Heimat, die bisher eher negative Assoziationen auslöste – denn lange Zeit hatte Deutschland das Image einer langweiligen Destination und einer Servicewüste. Doch inzwischen haben die Zielgebiete ihre Marketing-Hausarbeiten gemacht: Vielerorts sind neue Attraktionen entstanden – von abwechslungsreichen Radwegen entlang der Flüsse über spannende Wandersteige in den Mittelgebirgen bis hin zu luxuriösen Thermen in den traditionellen Kurorten.

Die beliebtesten Reiseziele der Deutschen (2008)[1]	
Deutschland	31,2 %
Spanien	12,9 %
Italien	7,2 %
Türkei	7,0 %
Österreich	6,2 %
Frankreich	2,8 %
Griechenland	2,7 %

Dennoch steht Deutschland als Reiseland traditionell in einem harten internationalen Wettbewerb: Bereits seit 1968 verbringen jedes Jahr mehr Bundesbürger ihren Urlaub lieber im Ausland als an der Ostsee, im Schwarzwald oder am Bodensee (gegenwärtig sind

**Inlands- und Auslandsreisen der Deutschen
(1958-2008; in %)**

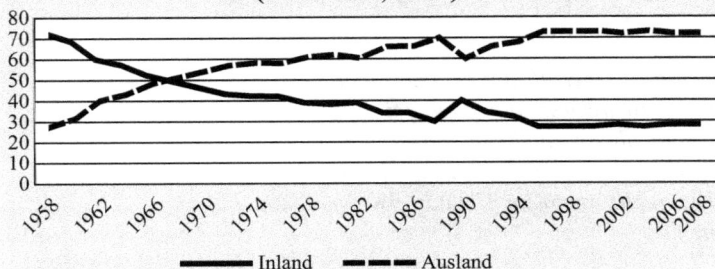

Inland ——— Ausland

es bei den Haupturlaubsreisen 72 %). Für diesen Drang in die Ferne waren vor allem drei Faktoren verantwortlich: die Zunahme der Freizeit, die wachsende Motorisierung und der breite Wohlstand weiter Kreise der Bevölkerung.[4]

Seit Mitte der 1960er-Jahre zieht es die Bundesbürger bei ihren Urlaubsreisen überwiegend in das Ausland. Die Wiedervereinigung konnte diesen Trend nur für wenige Jahre stoppen.[3]

Zunächst mit Motorrad und Zelt, später mit VW-Käfer und Wohnwagen zog es die Deutschen nach Österreich und über den Brenner nach Italien. Dabei reisten sie – meist unbewusst – in den Fußspuren ihres Dichterfürsten Johann Wolfgang von Goethe, der das „Land, wo die Zitronen blühn", bereits 1786 bis 1788 auf seiner literarisch verewigten „Grand Tour" besucht hatte.

Bella Italia – die deutsche Sehnsucht nach dem sonnigen Süden

„Kennst du das Land, wo die Zitronen blühn, im dunklen Laub die Gold-Orangen glühn, ein sanfter Wind vom blauen Himmel weht, die Myrte still und hoch der Lorbeer steht. Kennst du es wohl? Dahin! Dahin möcht ich mit dir, o mein Geliebter, ziehn."

Johann Wolfgang
von Goethe

Bevor jedoch an den Stränden von Rimini, Jesolo und Cesenatico der berüchtigte „Teutonengrill" entstehen konnte, musste eine rechtliche Voraussetzung geschaffen werden, die uns im 21. Jahrhundert selbstverständlich erscheint – die Reisefreiheit. Nach dem Ende des Zweiten Weltkriegs war es der deutschen Bevölkerung zunächst nicht erlaubt, Reisen zu unternehmen.[5]

Für die Öffnung der Grenzen ist nicht zuletzt Papst Pius XII. verantwortlich, denn anlässlich des „Heiligen Jahres" (1950) wurden in Deutschland erstmals in größerem Umfang Visa für Auslandsreisen ausgestellt.

Zur Reise in den Süden gab es im Radio die passende Begleitmusik: Rudi Schuricke hatte seinen Schlager „Wenn bei Capri die rote Sonne im Meer versinkt" zwar bereits im Jahr 1943 aufgenommen, doch erst nach Kriegsende wurde er ein richtiger Hit. Auch andere Stars wie Rocco Granata, Lys Assia, René Carol und speziell Caterina Valente heizten die Sehnsucht nach Sonne, Meer und Liebesglück musikalisch an – mit Klassikern wie „Arrivederci Roma", „O mia bella Napoli", „Ciao, ciao Bambina" und „Rote Rosen, rote Lippen, roter Wein".[6]

Typische Souvenirs dieser Zeit waren Strohhüte und bastumwickelte Weinflaschen, die zu Hause gern als Kerzenständer genutzt wurden und als Erinnerungen an eine andere Lebensart dienten

– das „dolce far niente". Den Bundesbürgern, die weltweit als gründlich, zuverlässig und tüchtig galten (à la „Made in Germany"), erschien dieses süße Nichtstun und ein gewisses Maß an Chaos als reizvoller Gegensatz zur geordneten Routine des Alltags – zumindest eine Zeit lang, denn weiterhin galt die Sentenz, dass die Deutschen die Italiener zwar lieben, aber nicht achten (während sie selbst von den Italienern geachtet, aber nicht geliebt werden).

Den sonnenhungrigen Gästen aus dem Norden bot Italien alles, was das touristische Herz begehrte: Für die Badeurlauber/-innen gab es mehr als 7.000 Kilometer lange Strände, an denen sich attraktive Rettungsschwimmer (*bagnino*) tummelten, und die kulturinteressierten Oberstudienräte konnten – auf den Spuren von Goethe – die klassischen Kulturdenkmäler in Verona, Venedig, Rom und Neapel besichtigen.

Noch dazu stießen die Deutschen im ehemals verbündeten „Achsenland" Italien nicht auf die großen politischen Ressentiments, die kurz nach Kriegsende in anderen west- und nordeuropäischen Ländern herrschten. Am Strand und auf den Campingplätzen blieben die Deutschen aber meist unter sich. Sie hatten kaum Interesse an Kontakten mit Italienern, die sie fast ausschließlich in ihrer Rolle als Kellner, Verkäufer oder Gastwirt kennen lernten. Nur wenige Urlauber suchten die amourösen Abenteuer, die in den Herz-Schmerz-Schlagern immer wieder besungen wurden. Stattdessen knüpften sie Freundschaften mit anderen deutschen Urlaubern, die beim nächsten Besuch am gleichen Ort vertieft wurden.[7]

Bereits im Jahr 1950 fuhren mehr als 2,3 Millionen Bundesbürger nach Italien.[8] Besonders beliebt waren die Strände an der Adriaküste mit ihren bunten Sonnenschirmen, bequemen Strandliegen und hölzernen Umkleidekabinen. Bis heute weist z. B. Rimini (nur einer von zwölf Badeorten der Region Emilia-Romagna) mit 213.000 Gästebetten und 1.400 Hotels nach Miami die höchste Hoteldichte der Welt auf (inzwischen hat die Stadt allerdings den zweifelhaften Ruf einer *party location*, die sich vor allem bei deutschen Abiturienten und russischen Pauschalurlaubern großer Beliebtheit erfreut).[9]

Mit 20 Millionen Besuchern pro Jahr zählt Venedig zu den populärsten Destinationen im internationalen Tourismus. Ihre Wahrzeichen – wie die Rialto-Brücke, der Canale Grande und die Piazza San Marco – sind längst zu Ikonen geworden, die sogar in Themenhotels in Las Vegas, Macao und der Türkei nachgebaut wurden.

Eviva España – vom touristischen Aschenputtel zum Superstar

„Ja, nach Spanien reisen
viele Europäer
nur wegen Sonne und
Wasser und Wein.
Einer später, doch der
And're um so eher
fährt Richtung Spanien und
packt die Koffer ein.
Den Regenmantel lassen wir
zuhaus.
In Spanien sieht es nicht
nach Regen aus.

Die Sonne scheint bei Tag
und Nacht, Eviva España.
Der Himmel weiß, wie sie
das macht, Eviva España.
Die Gläser, die sind voller
Wein, Eviva España.
Und bist du selber einmal
dort, willst du nie wieder
fort. "

Chris Roberts

Bis in die 1960er-Jahre führte Spanien – zumindest aus Sicht der Deutschen – ein touristisches Schattendasein. Trendsetter für einen Badetourismus an der iberischen Mittelmeerküste waren vielmehr englische und amerikanische Urlauber, die sich bereits in den „goldenen" 1920er-Jahren für Machismo, Stierkampf und Fiesta à la Ernest Hemingway begeisterten.

Doch diese bescheidenen Anfänge des Tourismus waren durch den Spanischen Bürgerkrieg (1936-1939) und das autoritäre Regime des faschistischen Diktators Francisco Franco weitgehend zum Erliegen gekommen. Auf die zunehmende internationale Isolation und den Boykott-Beschluss der UNO im Jahr 1946 reagierte das Land sogar mit wirtschaftlichen Autarkiebestrebungen und restriktiven Einreisebestimmungen (die zu den Todsünden der Tourismuspolitik zählen).

Erst als sich die ökonomische Lage des unterentwickelten Agrarstaates zunehmend verschärfte, beseitigte Franco die bestehenden rechtlichen Barrieren: Die zeitraubenden Visa-Regelungen wurden aufgehoben, die lästigen Zollformalitäten vereinfacht sowie Wechselkurse und Handelsbestimmungen vereinheitlicht. Außerdem öffnete Spanien seine Grenzen für ausländische Kapitalanleger.[10]

Zu einem rasanten Anstieg der Besucherzahlen kam es aber erst, nachdem auch in den wichtigsten Herkunftsländern (Deutschland und Großbritannien) die entsprechenden Voraussetzungen geschaffen worden waren. In den 1960er-Jahren waren nämlich Reisen nach Spanien noch ein aufwändiges Abenteuer: Der Flug mit einer „Vickers Viking" von Frankfurt nach Mallorca war nicht nur teuer, sondern dauerte auch 44 Stunden (mit Zwischenlandungen in Lyon, Barcelona, Madrid, Tanger, Casablanca und Agadir).[11]

Preiswerte Direktflüge nach Spanien – dieser Traum vom kleinen Urlaubsglück wurde bald von den „Bedarfsfluggesellschaften" erfüllt, die in Deutschland von Speditionskaufleuten, Ex-Piloten und Finanzjongleuren gegründet wurden (begünstigt durch staatliche Subventionen und steuerliche Abschreibungsmöglichkeiten). Anfang der 1970er-Jahre gab es mehr als 30 Charterfluggesellschaften und in der Hochsaison startete alle neun Minuten ein Ferienflieger von einem deutschen Flughafen in Richtung Mittelmeer.

Für diesen Schwung im Reisegeschäft waren auch zwei große Kaufhausunternehmen verantwortlich, die den traditionellen Pauschalreisemarkt mit Dumping-Preisen und flotten Slogans aufmischten („Neckermann macht's möglich"). Aus der einst elitären Auslandsreise wurde nun ein Massenvergnügen (→ *Irrtum 4*).

Neben der Co-
sta Brava erlebte
vor allem Mallor-
ca einen enormen
Boom: Von 1950
bis 1970 stieg die
Zahl der Touristen
von 100.000 auf
1,8 Millionen. Die
einstige „Insel des
Glücks", deren be-
sondere landschaft-

**Anteil ausgewählter Länder am deutschen
Urlaubsreisemarkt (1970-2008; in %)**

liche Schönheit vom österreichischen Erzherzog Ludwig Salvator im
19. Jahrhundert in einem siebenbändigen Werk gewürdigt worden
war, wurde nun als „Putzfraueninsel" verleumdet und geriet zum
Synonym für die Auswüchse eines unkontrollierten Massentourismus.[12]

*Österreich, Italien und
Spanien sind seit langem die
beliebtesten ausländischen
Reiseziele der Deutschen. In
jüngerer Zeit kam die Türkei
als neuer Konkurrent hinzu.
Dennoch steht Spanien
seit Mitte der 1980er-Jahre
unangefochten auf Platz 1
dieser Hitliste.[13]*

Bodenspekulanten nutzten die neuen gesetzlichen Freiheiten, um
die breiten Sandstrände mit einfachen Unterkünften, überdimensionalen Apartmentanlagen und einfallslosen Ferienhaussiedlungen
(*urbanizaciones*) zu überziehen. Speziell an der Playa de Palma
herrschte zeitweise eine wahre Goldgräberstimmung. Nahezu täglich wurden neue Hotels eröffnet: Funktionale, austauschbare Bettenburgen, die den geringen Ansprüchen der damaligen Urlauber
entsprachen (Dusche, Balkon und Meerblick). Mit diesem schrecklichen architektonischen und städtebaulichen Erbe plagt sich die
Insel bis heute herum.[14]

Neben den Deutschen kamen auch die Briten in Massen; dabei
schuf jede Nation skurrile Urlaubsorte nach ihrem schlechten Geschmack: Magaluf als englische Hochburg mit Pubs, Discos und
Fish-and-Chips-Buden – El Arenal als deutsche Domäne mit Bratwurst, „Bierkönig" und „Ballermann". Wo die räumliche Trennung
nicht so recht klappte, kam es an den Hotelpools zum Kampf um
die besten Liegen (diese legendären „Handtuchkriege" kann man
inzwischen sogar im Internet als Online-Game nachspielen).

Bereits seit Mitte der 1990er-Jahre haben die Bundesbürger
zahlenmäßig die Nase vorn. Ihren Rekordwert von 4,5 Millionen
Besuchern im Jahr 1999 konnten sie aber in den folgenden Jahren nicht mehr erreichen. Aus der offenkundig großen Liebe der
Deutschen zu ihrer Ferieninsel wollte ein CSU-Abgeordneter sogar
einmal politisches Kapital schlagen: Er schlug vor, Mallorca den
Spaniern abzukaufen (oder für 99 Jahre zu pachten) und zum 17.
deutschen Bundesland zu machen.[15]

Generell wies die Nachfrage aus Deutschland in den letzten Jahrzehnten immer wieder Schwankungen auf, für die unterschied-

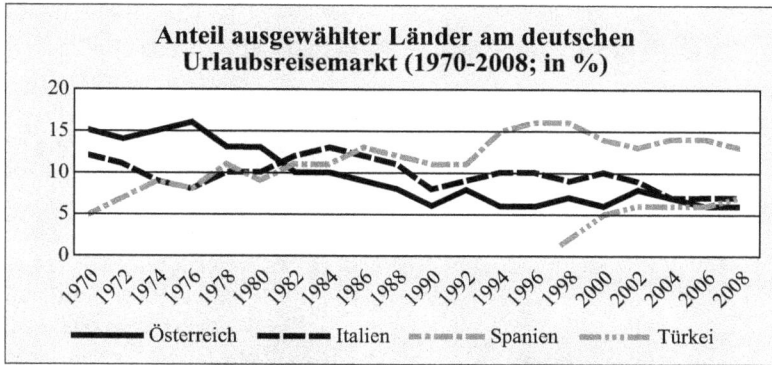

liche Ursachen verantwortlich waren – z. B. überzogene Preissteigerungen der spanischen Hoteliers, wirtschaftliche Rezessionen im Heimatland, ein schlechter Wechselkurs oder die Einführung der Ökosteuer (die deutsche Wiedervereinigung löste hingegen einen neuen Boom aus).

Doch unabhängig von derartigen aktuellen Entwicklungen ist Spanien seit langem das meistbesuchte ausländische Reiseziel der Deutschen. Bereits Anfang der 1980er-Jahre verdrängte es den bisherigen Marktführer – unser Nachbarland Österreich – vom ersten Platz in der Beliebtheitsskala.

Österreich – ein deutscher Reiseklassiker kommt aus der Mode

Großartige Gebirgslandschaften, klare Seen, eindrucksvolle Kulturdenkmäler – und das alles nur eine Tagesreise mit dem Pkw entfernt: In den 1950er-Jahren erschien die Alpenrepublik den Deutschen, die bis dahin kaum über Auslandsreiseerfahrungen verfügten, als touristisches Paradies. Noch dazu konnte man sich leicht verständigen, auch wenn Spötter meinen, dass der einzige Unterschied zwischen einem Deutschen und einem Österreicher in der Sprache besteht.

Auf scheinbar selbstverständliche Weise war das Nachbarland also für mehrere Jahrzehnte das beliebteste ausländische Reiseziel der Bundesbürger – zu Zeiten, als man sich noch mit einfachen Privatzimmern und Attraktionen wie Liegewiesen und Minigolfplätzen zufrieden gab (und weiter entfernte Länder unerschwinglich teuer waren).

In den 1950er-Jahren lautete die Devise zunächst: Raus aus den zerstörten Städten und den schrecklichen Erinnerungen an die Zeit des Nationalsozialismus und rein in eine schöne, scheinbar heile Bergwelt, in der noch traditionelle Werte wie Glaube, Brauchtum und Bodenständigkeit das Leben bestimmten. Dieser idyllische Gegenentwurf zum herben Alltag der Nachkriegszeit wurde durch eine Welle an neuen Heimatfilmen medial beeinflusst, deren Stoff noch aus alten Ufa-Filmen stammten (die unter der Ägide von Reichspropagandaminister Josef Goebbels in den 1940er-Jahren gedreht worden waren).[16]

Jede Nation nimmt ein Stück Heimat mit in die Fremde: Die Deutschen möchten beim Urlaub auf Mallorca nicht auf ihre Bratwurst verzichten. Englische Urlauber haben z. B. ihre „tea rooms" an den Golf von Neapel exportiert.

Diese Themen wurden nur ein wenig aktualisiert und schon begeisterte sich wieder ein Massenpublikum für romantische Liebesgeschichten in Tannenwäldern oder dramatische Konflikte zwischen Wilderern und Förstern. Die Liste der Klassiker dieses Genres reicht vom „Echo der Berge" über den „Förster vom Silberwald" bis zur „Sennerin von St. Kathrein" (der lange Atem dieser Film-Klischees hat später noch TV-Serien wie der „Schwarzwaldklinik" oder dem „Forsthaus Falkenau" Leben eingehaucht).

Beim Urlaub in Österreich schien man sich in den Kulissen dieser populären Filme zu bewegen: freundliche Bedienungen in feschen Dirndln, gestandene Hüttenwirte mit Gamsbärten an den Hüten und urige Bergbauern in grünen Lodenjankerln bevölkerten die Szenerie. Bald wurden auch die touristischen Schauplätze von den Einheimischen so aufbereitet, dass sie den Erwartungen der deutschen Urlauber perfekt entsprachen – mit schindelgedeckten Pensionen, geraniengeschmückten Balkonen und deftigen Schuhplattler-Abenden.

Doch das Verhältnis zwischen den Urlaubern aus dem großen, wohlhabenden Nachbarland (das bis vor kurzem auch politisch dominiert hatte) und den Gastgebern in der kleinen, damals noch ländlich geprägten Alpenrepublik war nicht immer konfliktfrei. Spätestens die erfolgreiche TV-Satire „Die Piefke-Saga" machte deutlich, dass die Deutschen zwar als zahlungskräftige Kunden gern gesehen waren, aber insgeheim als neureich, arrogant und besserwisserisch galten.[17]

Mangels wirtschaftlicher Alternativen war Österreich jedoch auf die Einnahmen aus dem Tourismus angewiesen. Für die „verfreundeten Nachbarn"[18] wurden deshalb massenhaft Schutzhütten, Wanderwege und Freibäder gebaut – und die Nachfrage stieg sprunghaft an. Allein im Bundesland Tirol wuchs die Zahl der Übernachtungen von drei Millionen zu Beginn der 1950er-Jahre auf 41 Millionen (1980/81).

Als wesentlicher Motor erwies sich dabei vor allem der Wintersporttourismus, der nach 1965 einsetzte. Während man früher mit den Skiern mühselig aufsteigen musste, um dann einmal abzufahren, differenzierte sich der Markt nun zunehmend in Tourenskilauf,

„Alles war viel schlechter als zu Hause. Dennoch fragten wir uns in keinem Moment, warum wir uns das antaten."

Max Goldt

Glückliche Kühe auf grünen Almen – das ist vielen deutschen Urlaubern zu wenig. Sie erwarten inzwischen mehr von einem Zielgebiet. Österreich rangiert seit kurzem nur noch auf dem vierten Platz der populärsten ausländischen Destinationen.

Ischgl – der „Ballermann der Alpen"

Auf den wachsenden Erlebnishunger der Touristen haben einige alpine Orte auch mit einer Event-Offensive reagiert. Speziell das österreichische Ischgl hat den (durchaus umstrittenen) Ruf als ultimative *party location* der Alpen. Zur Après-Ski-Unterhaltung der Gäste finden dort – auf der Idalp in 2.320 m Höhe – regelmäßig Mega-Events statt, bei denen Weltstars aus der Musik- und Modeszene auftreten (Elton John, Naomi Campbell, Tina Turner, Katy Perry etc.).

Skilanglauf und alpinen Abfahrtsskilauf. Speziell für die Abfahrtsläufer mit ihren klobigen Schuhen und kurzen Skiern mussten neue Aufstiegshilfen und präparierte Pisten angelegt werden.

Seit dem Bau des ersten Skilifts in Vorarlberg im Jahr 1908 hat eine enorme Technisierung der Alpen stattgefunden: Gegenwärtig verfügt Österreich über mehr als 700 Seilbahnen und 2.400 Schlepplifte.[19] Da sich die anspruchsvollen Gäste nicht mehr mit Abfahrten auf einer einzigen Piste begnügen, werden zunehmend riesige Skizirkusse angelegt (in der „Silvretta Skiarena" gibt es z. B. 40 Aufstiegshilfen und mehr als 235 Kilometer präparierte Pisten).

Auf den ersten Blick erweist sich die Konzentration auf die Wintersaison als ökonomisch sinnvoll, denn bei den Winterurlaubern handelt es sich – im Vergleich zu den Sommergästen – um ein jüngeres und konsumkräftiges Publikum, das größere Einnahme- und Beschäftigungseffekte auslöst. Doch in den Sommermonaten verschandeln die ungenutzten, sperrigen Liftanlagen, Seilbahnen und Beschneiungsgeräte die Landschaft – und die Präparierung der großen Pistenflächen führt zu erheblichen Vegetationsschäden auf den Almen und zu hässlichen Schneisen in den hochalpinen Wäldern. Damit verlieren die Regionen aber an Reiz für die Sommergäste, die auf der Suche nach der unberührten Natur und der ländlichen Idylle sind (→ *Irrtum 12*).[20]

Als Konsequenz ist Österreich – aus Sicht vieler deutscher Urlauber – längst nicht mehr so attraktiv wie in früheren Zeiten. Die „Piefkes" sind zwar weiterhin die Nummer 1 unter den ausländischen Besuchern (vor den Niederländern und Briten), doch unter den Auslandsreisezielen der Bundesbürger rangiert Österreich derzeit nur noch auf dem vierten Platz.

Im internationalen Wettbewerb um die touristische Gunst der Deutschen muss sich die Alpenrepublik aber nicht nur mit den europäischen Konkurrenten Italien, Spanien und der Türkei herumschlagen. Bereits in den 1960er-Jahren traten neue Destinationen auf, die den Vorstellungen der Deutschen von einem perfekten Urlaubsziel noch besser entsprachen – vor allem in den kalten mitteleuropäischen Wintermonaten.

Wärme in der Ferne oder Der Traum vom Paradies auf Erden

Endlose Strände, türkisfarbenes Wasser, faszinierende Kulturen, exotische Tiere und gastfreundliche Menschen – das sind die notwendigen Zutaten für einen „Traumurlaub". Speziell die tropischen Entwicklungsländer, die seit dem Ende der Kolonialzeit mit Problemen wie Überbevölkerung, Armut und Devisenmangel zu kämpfen haben, verfügen in opulenter Weise über diese attraktiven touristischen Rohstoffe. Damit bietet der Tourismus scheinbar ideale Möglichkeiten, am weltweiten wirtschaftlichen Aufschwung teilzuhaben.

Bevor in den 1970er-Jahren ein erster Fernreise-Boom aus Deutschland einsetzen konnte, musste nur noch an einigen technischen, organisatorischen und medialen Schrauben gedreht werden:

- Schraube 1: Die Entwicklung größerer und schnellerer Flugzeuge wie der Boeing B 747, mit der enorme Passagierzahlen zu recht günstigen Preisen über größere Distanzen transportiert werden konnten.[21]
- Schraube 2: Das Engagement deutscher Reiseveranstalter, die – wie beim Spanien-Tourismus – große Kontingente von Hotelbetten und von Sitzplätzen in Chartermaschinen günstig einkauften und daraus preiswerte Pauschalpakete schnürten (nach den Erfolgen der ersten Entwicklungsländer bemühten sich viele exotische Zielgebiete, in die Kataloge von „TUI", „Neckermann" und Co. aufgenommen zu werden).
- Schraube 3: Der Bau von Flughäfen, Hotels und Straßen, um den Urlaubern in den Zielgebieten eine schnelle und bequeme Anreise zu ermöglichen (bis 1971 waren z. B. die Seychellen nur mühsam und zeitaufwendig mit dem Schiff – über die Zwischenstation Bombay – zu erreichen; nach dem Bau des Flughafens stieg die Zahl der Touristen sprunghaft an).
- Schraube 4: Der konzertierte Einsatz der Medien, denn dem Reisepublikum musste die Angst vor der reizvoll-exotischen, aber zugleich auch bedrohlich wirkenden Fremde genommen werden (im Fall von Ostafrika trugen z. B. die populären TV-Sendungen und Filme des Zoologen Prof. Dr. Bernhard Grzimek erheblich dazu bei, die Deutschen mit vertrauenserweckenden landeskundlichen Informationen zu versorgen).

Von nun an wurden Fernreiseziele immer populärer: Der touristische Aktionsraum dehnte sich weit über Europa hinaus aus: Die neuen Brückenköpfe der Expansion hießen Goa, Cancún, Varadero und Punta Cana. Statt österreichischem Stroh-Rum, venezianischen Miniaturgondeln oder spanischen Ledergürteln brachten die deutschen Touristen nun indische Saris, kubanische Zigarren oder Halbedelsteine aus der Dominikanischen Republik als Souvenirs mit nach Hause.

Die Welt stand allen Bundesbürgern offen – und alle Welt schien in immer weiter entfernte Urlaubsregionen zu reisen. Dieses verzerrte Bild der touristischen Wirklichkeit wird bis heute in Reisemagazinen wie „Geo Saison" und „Abenteuer & Reisen", aber auch

„Ach, wie herrlich ist es in Paris.

Die Frauen sind so süß – und dennoch ist mir mies! Jeden Abend Smoking oder Frack, so geht das Tag für Tag, das ist nicht mein Geschmack.

Ich lass' mir meinen Körper schwarz bepinseln, schwarz bepinseln und fahre nach den Fitschi-Inseln, nach den Fitschi-Inseln.

Dort ist noch alles paradiesisch neu. Ach, wie ich mich freu! Ach, wie ich mich freu! Ich trage nur ein Feigenblatt mit Muscheln, Muscheln, Muscheln – und gehe mit 'ner Fitschi-Puppe kuscheln, kuscheln. Von Bambus richte ich mir ne Klitsche ein, ich will ein Fitschi – will ein Fitschi sein!"

Willy Fritsch/
Friedrich Holländer (1930)

Der touristische Newcomer Dubai wird in den deutschen Medien gern als Trend-reiseziel gehandelt – dabei reisten im Jahr 2007 nur 225.000 Bundesbürger in das Emirat (Berlin zählte hingegen mehr als fünf Millionen inländische Ankünfte).[22]

in TV-Sendungen wie „Reiselust" und „Voxtours" vermittelt. Nur ein kleiner Teil der Beiträge beschäftigt sich mit Reisezielen in Deutschland oder Europa. Im Mittelpunkt stehen vielmehr Berichte über tropische Destinationen, die – allem Anschein nach – nur von Einheimischen bevölkert werden, die altmodischen Beschäftigungen nachgehen (meistens als Fischer, Handwerker oder Markthändler). Glaubt man diesen Magazinen, so sind die Urlauber ausschließlich mit Jeeps, Helikoptern oder Heißluftballonen unterwegs.[23]

Die Realität sieht völlig anders aus, denn Fernreisen (speziell in Entwicklungsländer) spielen im deutschen Tourismusmarkt eine untergeordnete Rolle – und trotz der allgemeinen Demokratisierung des Reisens haben sie immer noch einen exklusiven Charakter. Von den 64 Millionen Urlaubsreisen, die im Jahr 2008 unternommen wurden, führten nur 3,6 Mio. (5,6 %) in Länder außerhalb Europas bzw. Nordafrikas.[24]

Aus Sicht der Reiseveranstalter in Deutschland, aber auch der Tourismusmanager in den Zielgebieten handelt es sich bei den Fernreisenden um eine ideale Zielgruppe: In der Mehrzahl sind es gebildete, gut situierte und konsumkräftige Touristen, die ihren Urlaub im örtlichen Reisebüro buchen, im Land relativ lange unterwegs sind und auch viel Geld ausgeben.

Allerdings bekommen die Urlaubsregionen nur ein schmales Stück vom ziemlich großen Kuchen des touristischen Konsums. Vor allem die kleinen tropischen Inselstaaten, die über keine eigene Industrie verfügen, müssen nahezu alle Produkte für die heimische Tourismusbranche importieren – vom Mobiliar für die Hotels über die Busse für den Transfer der Touristen bis hin zu luxuriösen Lebensmitteln und Spirituosen. Auf diese Weise fließt ein großer Teil der Einnahmen aus den unterentwickelten Zielgebieten mit ihrer hohen Arbeitslosigkeit und großen Armut wieder zurück in die wohlhabenden Herkunftsländer der Urlauber (diese „Sickerrate" schwankt von Land zu Land – sie kann Spitzenwerte von 70 % erreichen).[25]

Doch derlei Informationen scheren die meisten bundesdeutschen Fernreisenden nicht: Mit ihrer „Geiz-ist-geil"-Mentalität wollen sie möglichst viel Urlaub für möglichst wenig Geld! Ihre Absolution erhalten sie vorab von den Hohepriestern aus den Marketing-Abteilungen der Reiseveranstalter: „Sie haben es sich verdient." Für die Masse der Urlauber ist dieses Wissen sowieso recht uninteressant, da sie weder nach Kenia, Thailand oder Sri Lanka fahren, sondern nach Oberbayern, in die Lüneburger Heide oder den Schwarzwald (und manchmal auch nach Spanien).

?

Sickerrate
Für den Tourismus sind Importe notwendig – z. B. von Lebensmitteln und Getränken. Dadurch kommt es zu einem Rückfluss der Deviseneinnahmen aus den Entwicklungsländern in die Industrieländer. Agrarisch geprägte Länder mit einem kleinen Binnenmarkt weisen eine besonders hohe Sickerrate auf (Seychellen, Malediven).

Homepages von Ländern und Tourismusorganisationen

Wichtige Reiseziele der Bundesbürger im Internet
• Deutschland
  (www.deutschland-
  tourismus.de)
• Spanien
  (www.spain.info)
• Italien
  (www.enit-italia.de)
• Österreich
  (www.austriatourism.
  com)
• Griechenland
  (www.gnto.gr)
• Frankreich
  (www.franceguide.com)
• Türkei
  (www.goturkey.com)

Interessenvertretung des öffentlichen Tourismus in Deutschland
• Deutscher Tourismus-
  verband, Bonn
  (www.deutschertourismus-
  verband.de)

Marketingorganisation für das Reiseland Deutschland im In- und Ausland
• Deutsche Zentrale für
  Tourismus, Franfurt a. M.
  (www.deutschland-
  tourismus.de)

Literaturtipps

Zum Reiseverhalten der Deutschen:
HAUS DER GESCHICHTE DER BUNDESREPUBLIK DEUTSCHLAND (Hrsg.; 1996): Endlich Urlaub! Die Deutschen reisen, Köln
FORSCHUNGSGEMEINSCHAFT URLAUB UND REISEN (Hrsg.; 2009): Die Urlaubsreisen der Deutschen, Kurzfassung der Reiseanalyse 2009, Kiel

Zur Italiensehnsucht der Deutschen:
MANDEL, B. (1996): Wunschbilder werden wahr gemacht. Aneignung von Urlaubswelt durch Fotosouvenirs am Beispiel deutscher Italientouristen der 50er und 60er Jahre, Frankfurt a. M.
SIEBENMORGEN, H. (Hrsg.; 1997): Wenn bei Capri die rote Sonne. Die Italiensehnsucht der Deutschen im 20. Jhdt., Karlsruhe

Zum Tourismus in Deutschland:
NEUMANN, Chr. (2005): Deutschland-Tourismus und seine Entwicklung, Trier (Trierer Tourismus Bibliographien; 15)

Zum Tourismus in Spanien:
THOMAS-MORUS-AKADEMIE (Hrsg.; 1992): Tourismus auf Mallorca. Bilanz, Gefahren, Rettungsversuche, Perspektiven, Bergisch Gladbach (Bensberger Protokolle; 77)
WACHOWIAK, H. (Hrsg.; 2009): German Tourists on Mallorca, Bad Honnef (Bad Honnefer Schriften zum Dienstleistungsmanagement; o. Bd.)

Zum Tourismus in den Alpen:
THOMAS-MORUS-AKADEMIE (Hrsg.; 1995): Tourismusentwicklung in den Alpen. Bilanz – Gefahren – Perspektiven, Bergisch Gladbach (Bensberger Protokolle; 75)
THOMAS-MORUS-AKADEMIE (Hrsg.; 1999): Der Winter als Erlebnis. Zurück zur Natur oder Fun, Action und Mega-Events? Bergisch Gladbach (Bensberger Protokolle; 94)

Zum Tourismus in Ländern der Dritten Welt:
VORLAUFER, K. (1996): Tourismus in Entwicklungsländern. Möglichkeiten und Grenzen einer nachhaltigen Entwicklung durch Fremdenverkehr, Darmstadt
ADERHOLD, P. u. a. (2006): Tourismus in Entwicklungsländer. Eine Untersuchung über Dimensionen, Strukturen, Wirkungen und Qualifizierungsansätze im Entwicklungsländer-Tourismus, Ammerland

✓ Kurz und bündig

Der wirtschaftliche Wohlstand, die Zunahme der Freizeit und die wachsende Mobilität haben nach dem Ende des Zweiten Weltkriegs einen rasanten touristischen Boom ausgelöst. Gleichzeitig expandierte der Aktionsraum der deutschen Touristen – zunächst nach Österreich und Italien, später nach Spanien und in den Rest der Welt. Dennoch ist Deutschland immer noch das beliebteste Reiseland der Bundesbürger. Obwohl in den Medien häufig über exotische Urlaubsländer berichtet wird, spielen Fernreisen zu anderen Kontinenten nur eine untergeordnete Rolle.

Die Welt besteht aus lauter Urlaubsparadiesen

Die Schlange war listig und eloquent: „Ihr werdet sein wie Gott und das Gute und Böse erkennen" – dieser Versuchung konnten Adam und Eva bekanntlich nicht widerstehen. Seitdem gehört der Wunsch nach einer Rückkehr ins Paradies zu den tiefen menschlichen Sehnsüchten. Der Weg dorthin führte bislang nur über den entbehrungsreichen Pfad der Weltreligionen, doch im 21. Jahrhundert bietet die Tourismusbranche mit den zahllosen „Urlaubsparadiesen" einen bequemen Ersatz an. In der „Garten-Eden-Abteilung" herrscht jedoch eine solches Gedränge, dass sich die Marketing-Experten schon etwas Außergewöhnliches einfallen lassen müssen, um überhaupt die Aufmerksamkeit der geschätzten Kunden zu erlangen. Die Touristen haben aber nicht nur die Qual der Wahl, sondern werden auch zunehmend mit der Tatsache konfrontiert, dass sie mancherorts als Gäste gar nicht mehr so willkommen sind – und gelegentlich sogar persönlich bedroht werden.

Paradiese, wohin das Auge schaut: Singapur gilt als „Shoppingparadies", in Magdeburg gibt es ein „Fleisch- und Wurstparadies", in Nürnberg kann man sich im „Swingerparadies" treffen und in Trier bietet „Lonis Reinigungsparadies" seine Dienste an. In diesem Wettbewerb der schönen und sorglosen Orte haben aber die „Urlaubsparadiese" die Nase vorn, denn sie erfüllen am ehesten unsere Traumvorstellungen vom Garten Eden. Vor allem die tropischen Inseln verfügen über die notwendigen Ingredienzien für einen „Traumurlaub": milde Temperaturen, weiße Sandstrände am türkisfarbenen Meer, Schatten spendende Palmen, köstliche Früchte und freundliche Menschen.

Andere Ferienregionen wollen da nicht hintanstehen – und so scheint inzwischen die ganze Welt aus Urlaubsparadiesen zu bestehen („Google" verzeichnet knapp 200.000 Einträge zu diesem Suchbegriff):
• In Bayern firmiert das „Starnberger Fünf-Seen-Land" unter diesem Label;
• in Skandinavien wirbt die Schwedische Seenplatte mit dem Begriff;
• selbst das kleine Montenegro versucht, seiner Küste an der Adria ein paradiesisches Flair zu geben;
• wer es ganz eilig hat, kann unter www.urlaubsparadies.de die „schönsten Ecken der Welt" noch in letzter Minute buchen.
Der internationale Tourismus ist ein gewaltiger Wirtschaftsfaktor; deshalb versuchen alle Länder, Regionen und Städte, ein Stück

„Ein Paradies am Meeresstrand,
das ist mein Heimatland.
Es duftet süß ein buntes Meer
von Blüten ringsumher.
Dort wo die schlanke Palme rauscht
mein Herz dem Banjo lauscht."

Paul Abraham
(1931)

„Das Paradies, das wären ein französischer Koch, ein britischer Polizist, ein deutscher Manager und ein italienischer Liebhaber. Die Hölle, das sind ein britischer Koch, ein deutscher Polizist, ein italienischer Manager und ein französischer Liebhaber."

Carla Bruni

Rimini? Arenal? Antalya? Miami Beach? Weltweit bestehen kaum noch Unterschiede zwischen den „Urlaubsparadiesen". Um sich als bekannte Marke zu positionieren, reicht es nicht aus, dass sich die Zielgebiete ein einprägsames Logo und einen flotten Werbeslogan zulegen. Sie müssen vor allem über ein besonderes touristisches Angebot verfügen, mit dem sie sich von ihren Konkurrenten unterscheiden; dabei spielt die landestypische Architektur eine zentrale Rolle.

vom Riesenkuchen des touristischen Konsums zu ergattern.

Zu Beginn des 21. Jahrhunderts finden sich keine weißen Flecken mehr auf der touristischen Landkarte (mit Ausnahme von Nordkorea). Gegenwärtig gibt es also viel zu viele Urlaubsparadiese. Für die Touristen ist ein derartiges Überangebot eher verwirrend und belastend: Welche Reise sollen sie buchen? Wo finden sie ihr persönliches Urlaubsparadies? Welchem Anbieter können sie wirklich vertrauen? Dieses Problem der gesättigten Märkte kennt die Konsumgüterindustrie seit langem, denn inzwischen gibt es so viele Sorten von Nudeln und Schokoriegeln, von Shampoos und Waschmitteln, dass in den Regalen der Supermärkte kein Platz mehr für neue Waren ist.

In dieser Situation hat sich – neben einem günstigen Preis – vor allem die Bildung von Marken als probates Mittel erwiesen, Flagge zu zeigen und das eigene Produkt von den Erzeugnissen der Konkurrenz abzugrenzen. Marken stehen für Qualität und Zuverlässigkeit; sie erleichtern dem Konsumenten die Kaufentscheidung, fördern seine Loyalität und können ihm sogar einen besonderen Status verleihen.

Die Macht der Logos und warum sich Ferienregionen mit der Markenbildung so schwer tun

„A blank shoe is meaningless"[1] – so einfach lässt sich der Kultstatus beschreiben, den Turnschuhe inzwischen bei den markenbewussten Jugendlichen haben. Das Logo des US-Sportartikelherstellers „Nike" – der berühmte *swoosh* – ist weltweit so bekannt und beliebt, dass sich viele Amerikaner damit tätowieren lassen und junge Afrikaner das nachgeahmte Zeichen auf ihre Mützen nähen (weil sie sich die teuren Originalprodukte nicht leisten können). Ähnlich populär sind das Krokodil von „Lacoste", der Polospieler von „Ralph Lauren" oder der Elch von „Abercrombie & Fitch".

Mit solchen Logos zeigt der Träger seiner Umwelt, dass er nicht allein auf dieser Welt ist, sondern einer respektablen *brand community* angehört. Diese neuen, konsumorientierten Wahlverwandtschaften gewinnen immer mehr an Bedeutung, während traditionelle, wertorientierte Gemeinschaften wie Kirchen, Parteien und Vereine über einen Rückgang von Mitgliedern klagen. In einer Zeit zunehmender gesellschaftlicher Anonymisierung und Individualisierung wächst gleichzeitig der Wunsch, einfach irgendwo dazuzugehören.

Das Logo (also die rechtlich geschützte Bild- und Textmarke) signalisiert dem Kunden vor allem die gleichbleibend hohe Qualität des Produkts. Es ist aber nur *ein* Bestandteil der Markenbildung; diese umfasst außerdem noch das Sponsoring von großen Sport- und Kulturevents (Olympische Spiele, Wimbledon, Salzburger Festspiele etc.) sowie die Kooperation mit Partnern aus anderen Wirtschaftsbereichen, um den Bekanntheitsgrad der Marke zu steigern.

Die Tourismusbranche und speziell die Ferienregionen scheinen diesen Trend zum *branding* lange Zeit verschlafen zu haben: „Wer von deutschen Urlaubern etwas über Tourismus-Marken erfahren will, muss sich auf weniges gefasst machen" – zu diesem Ergebnis kam eine Untersuchung, die zwei touristische Fachzeitschriften im Jahr 1999 durchgeführt haben. Die befragten Bundesbürger konnten allenfalls einige Reiseveranstalter, Fluggesellschaften und Hotelketten nennen; nur jedem Fünfzigsten fiel spontan der Name einer Urlaubsregion ein.[2]

Es gibt also eine verbreitete Sehnsucht nach dem Urlaubsparadies, doch die Vorstellungen darüber, wo dieser Garten Eden genau liegt und wie er heißt, sind vage. Auf die Frage nach „starken deutschen Tourismusmarken" kamen nur Antworten wie Ostsee, Nordsee, Bayerischer Wald, Alpen und Schwarzwald – also Landschaften, die jeder noch aus dem Geographieunterricht in der Schule kennt. Den einzelnen Ferienregionen ist es offensichtlich noch nicht gelungen, ein klares, attraktives Profil zu entwickeln. Das zeigt z. B. auch eine Studie zum Image von Usedom: Die Mehrzahl der befragten Berliner hatte nur allgemeine Assoziationen wie „Insel", „Landschaft/Strand" und „Ostsee", die aber genauso auf andere Ostseeinseln wie Rügen, Fehmarn oder Bornholm zutreffen (im Fall von „Nike" wäre das so, als ob den Kunden zu diesem Markennamen nur Turnschuh, Schnürsenkel und Sohle einfallen würden, aber nicht der *swoosh*, die *brand lands*, die der Konzern in vielen Metropolen betreibt, und die Stars, die für das Unternehmen als Werbeträger arbeiten).[3]

Eine erfolgreiche Markenbildung setzt aber voraus, dass die Konsumenten emotional angesprochen werden, die Besonderheiten des Produkts kennen und auch begierig sind, es zu kaufen. Warum fällt es touristischen Zielgebieten wie Usedom, dem Schwarzwald oder dem Sauerland so schwer, sich als begehrenswerte Marken

Die deutschen Urlaubsregionen mit dem klarsten Profil (2000)	
Rang	*Region*
1	Nordsee
2	Ostsee
3	Schwarzwald
4	Bayerischer Wald
5	Allgäu
6	Alpen
7	Harz
8	Bodensee
9	Oberbayern
10	Mecklenburgische Seenplatte
11	Bayern
12	Lüneburger Heide

Aus Sicht der Touristen handelt es sich bei den Urlaubsregionen immer um große Natur- und Kulturräume mit einem charakteristischen Landschaftsbild. Die Schwierigkeit der Markenbildung besteht vor allem darin, dass diese Regionen verwaltungsmäßig aus zahlreichen Städten und Kreisen bestehen. Hier herrscht häufig ein engstirniges Kirchturmdenken, das einen einheitlichen Marktauftritt erheblich erschwert.[4]

„Warum kommen keine
40 Millionen Besucher zur
Expo nach Hannover?
Weil die niedersächsische
Landeshauptstadt kein Profil
hat und genauso langweilig
ist wie der schwäbische
Provinzort Heilbronn. (...)
Würden Sie freiwillig nach
Heilbronn fahren?
Nein. So ähnlich ist es mit
Hannover."

Wiebke Bruhns,
Expo-Sprecherin (2000)[6]

?

**Was ist eine Tourismus-
destination?**

Darunter versteht man
einen geographischen Raum
(Stadt, Landschaft, Land),
der von den Touristen als
Reiseziel wahrgenommen
und besucht wird. Das
Angebot einer Destination
umfasst u. a. Beherbergung,
Verpflegung, Unterhaltung.
Im Sinne einer Markenbil-
dung müssen diese Ange-
botsbausteine aufeinander
abgestimmt werden. Bei der
Destination handelt es sich
also um eine Wettbewerbs-
einheit im Incoming-Touris-
mus, für deren Management
ein privatwirtschaftliches
Unternehmen verantwortlich
ist.[8]

zu positionieren und damit – klar erkennbar – von Mitbewerbern abzugrenzen? Dafür gibt es mehrere Gründe:

• Zunächst sind die knappen finanziellen Mittel zu nennen, die für die Tourismusarbeit von Städten und Regionen zur Verfügung stehen. Sie sind in keiner Weise mit den Beträgen zu vergleichen, die von der Wirtschaft generell zur Markenbildung aufgebracht werden (so hat z. B. die Umbenennung des Konzerns „RAG" in „Evonik Industries AG" ca. 20 Millionen Euro gekostet).[5]

• Aus Sicht der Gäste handelt es sich um einheitliche Ferienregionen, doch verwaltungsmäßig bestehen diese Zielgebiete aus mehreren Städten und Kreisen. Hier herrscht häufig ein unglaubliches Kirchturmdenken, denn jeder Bürgermeister oder Landrat möchte seinen eigenen Ort oder Kreis besonders herausstellen – ob in Prospekten, mit Messeauftritten oder im Internet. Bei dieser großen Zahl von politischen Köchen besteht aber die Gefahr, dass der fachliche Brei (= die Marke) verdirbt.

• Urlaubsgebiete sind keine zentral gesteuerten Konzerne, sondern bestehen aus vielen Einzelbetrieben – Hotels, Restaurants, Busunternehmen, Freizeiteinrichtungen etc., die teilweise miteinander konkurrieren. Da jeder Akteur vorrangig seine eigenen Interessen verfolgt, bedarf es einer großen Überzeugungsarbeit, um alle zu einem gemeinsamen Marktauftritt unter einem einheitlichen Markennamen zu bewegen.

Trotz dieser strukturellen Schwierigkeiten bemühen sich gegenwärtig viele deutsche und europäische Ferienregionen, sich als Marken zu positionieren. Dazu ist es zunächst notwendig, dass sich mehrere kleine Verwaltungseinheiten zu einer größeren Tourismusdestination zusammenschließen, die von den Kunden überhaupt wahrgenommen werden. Mini-Regionen wie die Kyllburger Waldeifel, das Prümer Land oder das Schleidener Tal tun sich z. B. recht schwer auf dem nationalen oder internationalen Tourismusmarkt; unter der Dachmarke „Eifel" haben sie hingegen eine viel bessere Chance. Nach Einschätzung von Experten muss die Zahl von 350 regionalen Tourismusverbänden und 4.000 kommunalen Tourismusstellen in Deutschland künftig auf 35-40 wettbewerbsfähige Destinationen reduziert werden.[7]

Zur Bildung von Tourismusdestinationen gehört aber auch die Gründung von privatwirtschaftlichen Managementgesellschaften, die sich einerseits – im Binnenmarketing – um eine verbesserte Zusammenarbeit der touristischen Betriebe in der Region kümmern. Andererseits gehört aber auch das Außenmarketing zu ihren Aufgaben – speziell der Aufbau und die Pflege einer Destinationsmarke. Bei ihrer Arbeit können sie auf die Handwerkszeuge zurückgreifen, die sich in der Konsumgüterindustrie bereits hinreichend bewährt haben.

Rucksäcke, Waldsofas und mehr: Merchandising als wichtiges Instrument der regionalen Markenbildung

In jeder Krise steckt auch eine Chance – nach diesem Motto haben unsere österreichischen Nachbarn bereits in den 1970er-Jahren aktiv auf den Nachfragerückgang reagiert, den sie besonders während der Sommersaison hinnehmen mussten (→ *Irrtum 6*). Als Vorreiter des *branding* gilt das Bundesland Tirol, das bereits seit 1974 über ein eigenes Logo verfügt. Die Vergabe dieses einprägsamen Bild- und Schriftzeichens wird mit Hilfe von Lizenz- und Sponsorvereinbarungen strikt kontrolliert.

Um den Bekanntheitsgrad der Marke „Tirol" zu steigern, konnten regionale Unternehmen als Partner gewonnen werden – z. B. die Fluggesellschaft „Tyrolean Airways", der Lodenhersteller „Giesswein" und der Kristallkonzern „Swarovski". Außerdem wird das Logo bei Kultur- und Sportevents in Österreich, aber vor allem auch in den wichtigsten internationalen Quellmärkten eingesetzt, um für Tirol als Tourismusdestination zu werben.[9]

An diesem erfolgreichen Vorbild haben sich inzwischen auch andere Ferienregionen orientiert:[10]

- Im Sauerland wurde im Jahr 2001 die regionale Dachmarke „Rothaarsteig – der Weg der Sinne" kreiert. Dazu musste der bereits bestehende, 154 Kilometer lange Höhenwanderweg ein eigenständiges Profil erhalten. Er wurde z. B. mit speziellen Sitz- und Ruhebänken möbliert, deren geschwungene Form sich auch im Logo des Steigs wiederfindet. Um den Wanderern ein besonderes Erlebnis bieten zu können, gibt es entlang der Route außerdem schwankende Hängebrücken und abstrakte Kunstobjekte. Darüber hinaus wurde eine breite Palette an themenbezogenen Merchandising-Produkten entwickelt – von Rucksäcken über Flachmänner bis hin zu Musik-CDs (im Online-Shop kann man sogar die neuartigen Ruhebänke und Waldsofas für den eigenen Garten bestellen).[12]

- Noch einen Schritt weiter ist die Eifel bei der Markenbildung gegangen: Unter dem Slogan „Qualität ist unsere Natur" hat sie sich seit 2003 nicht nur als attraktive Tourismusdestination positioniert, sondern auch als Ursprungsregion hochwertiger Produkte. In die „regionale Wertschöpfungspartnerschaft" sind Hoteliers

In Deutschland hat sich die Eifel seit 2003 unter dem Slogan „Qualität ist unsere Natur" als Marke positioniert. Sie versteht sich nicht nur als attraktives Ferienziel, sondern auch als Ursprungsregion hochwertiger Produkte – von Honig und Käse über Fleisch- und Wurstwaren bis hin zu Wein und Edelbränden.[11]

*„Für mich äußert sich
Vielfalt so: In Berlin gelte
ich als Bayer, in München
als Franke und in Franken
als Nürnberger."*

Günther Beckstein,
bayerischer Innen-
minister (2006)

und Gastronomen, Landwirte und Winzer, Metzger und Bäcker eingebunden. Dabei darf das Eifel-Logo nur von Unternehmen benutzt werden, die bestimmte Qualitätsstandards einhalten. Gegenwärtig beteiligen sich 100 Beherbergungs- und Gastronomiebetriebe sowie 80 bäuerliche und handwerkliche Betriebe an der Regionalmarke.[13]

Durch diese Art des *branding* gelingt es den ehemals langweiligen, austauschbaren Mittelgebirgslandschaften (von denen es in Europa mehr als genug gibt), sich zu attraktiven, unverwechselbaren Tourismusdestinationen zu entwickeln. Ein bisschen Marketing ist also notwendig, um im gesättigten Markt Urlaubsparadiese zu schaffen, die von den Konsumenten bewusst wahrgenommen werden. Allerdings kann zuviel Marketing durchaus problematisch sein, wie Beispiele aus der Schweiz zeigen.

Wer möchte schon im „Heidiland" wohnen? Die Einheimischen und ihre Sicht der Dinge

Tirol, Rothaarsteig und Eifel – das sind jeweils regionale Marken, die auf historisch vorgegebenen, authentischen Landschaftsnamen basieren. Ihr Nachteil besteht darin, dass sie allenfalls auf nationaler Ebene bekannt sind (denn wohl die wenigsten Amerikaner, Chinesen oder Japaner haben bislang etwas vom Rothaargebirge gehört). Warum sollte man also für das *branding* nicht phantasievollere Bezeichnungen wählen, mit denen ein internationales Reisepublikum angesprochen werden kann?

Hier bieten sich vor allem weltbekannte Produkte und berühmte Autoren bzw. Figuren von Romanen an. Ließe sich Tirol nicht viel wirkungsvoller als „Swarovski-Land" vermarkten oder Cornwall als „Rosamunde-Pilcher-Land"? In Österreich und England hat man auf diese Form der Markenbildung bislang verzichtet, doch in der Schweiz haben einige Feriengebiete ihre traditionellen Bezeichnungen ad acta gelegt und treten nun unter neuen, werbeträchtigen Markennamen auf:

• In der Ostschweiz firmieren die Regionen Sarganserland, Walensee und Wartau seit 1997 unter der thematischen Dachmarke „Heidiland". Die eindrucksvolle Bergwelt ist Schauplatz der „Heidi"-Romane von Johanna Spyri (1827-1901), die weltweit in 50 Sprachen übersetzt worden sind und eine Auflagenhöhe von 50 Millionen Exemplaren erreicht haben. Die fiktive „Heidi"-Figur hat deshalb einen ähnlich hohen Bekanntheitsgrad wie Boris Becker oder Coca Cola. Diese große internationale Popularität wird nun dazu genutzt, sich als einzigartiges alpines Urlaubsparadies zu positionieren. Die Urlauber können die Gegend auf den Spuren der Romanfiguren „Heidi", „Geissenpeter" und „Almöhi" erkunden; zu den Attraktionen zählen u. a. das „Original Heidi-Haus", ein „Heidi-Musical" und der „Heidi-Erlebnisweg".[14]

- Zwei andere Schweizer Regionen haben international bekannte Produkte genutzt, um bei Touristen noch bekannter zu werden. Die Region zwischen Genf und Basel verfügt über zahlreiche renommierte Uhrmanufakturen; auf dieser Basis wurde im Jahr 2000 die Dachmarke „Watch Valley – das Land der Präzision" kreiert. Entlang einer 200 Kilometer langen „Uhrmacherstraße" können die Urlauber 38 Museen und Betriebe besichtigen. Im Talkessel von Schwyz haben 40 Unternehmen im Jahr 2002 die „Swiss Knife Valley AG" gegründet. In dieser Region produziert das Unternehmen „Victorinox" die weltbekannten Schweizer Offiziersmesser und Uhren; diese Produkte werden u. a. im Online-Shop der Organisation vertrieben.[15]

Grüezi in der Heimat der „Victorinox"-Offiziersmesser! Die weltbekannten Produkte der traditionellen Messerschmiede werden im Talkessel von Schwyz hergestellt; sie sind längst zu Symbolen der Funktionalität und Qualität geworden. Um diese große Popularität auch touristisch stärker zu nutzen, agiert die Region in der Innerschweiz seit 2002 unter dem thematischen Markennamen „Swiss Knife Valley".[16]

So einleuchtend ein solches thematisches *branding* unter Marketing-Gesichtspunkten auch sein mag, bei der einheimischen Bevölkerung stößt es meistens auf Skepsis und offene Ablehnung – wie das Beispiel des Kanton Graubünden zeigt. Dort wurde im Jahr 2001 eine Werbeagentur damit beauftragt, einen neuen regionalen Markenbegriff zu entwickeln, der weniger nach Amtsstube und Aktenordnern klang. Der Vorschlag „Bündner Land" hörte sich zunächst vielversprechend an, denn mit seiner Hilfe ließen sich Synergieeffekte zwischen Tourismus, Landwirtschaft und Einzelhandel erzielen – z. B. bei der Vermarktung des berühmten „Bündner Fleisches" und anderer „Bündner Produkte". In der Bevölkerung des Kantons löste der Begriff hingegen einen Sturm der Entrüstung aus, da er im Sprachgebrauch bisher nicht existierte. Die Einheimischen wollten künftig nicht im „Bündner Land" leben, sondern – wie gewohnt – im Kanton Graubünden![17]

Noch dramatischer wird dieser Widerspruch zwischen einem marktorientierten *branding* und den Interessen der Einheimischen, wenn eine regionale Dachmarke in Events umgesetzt werden soll (schließlich muss man den Touristen ähnliche Spektakel bieten wie die großen Themenparks mit ihren täglichen Shows und Paraden). Doch wer ist schon dazu bereit, bei großen „Heidi"-, „Watch"- oder „Knife"-Veranstaltungen regelmäßig als alpenländisch kostümierter Komparse mitzuwirken und dabei den Ziegenhirten, den Mechaniker oder den Schleifer zu geben? Ein solches Engagement

„Die Alpenmenschen sollen dienen, Wiesen mähen, braungebrannte Holzhäuser konservieren, in Tracht jodeln, Baugründe verkaufen, auf Gäste warten, Schnäpschen kredenzen, den Pornostadl eröffnen, heil und geil am Jägerzaun warten, geduldig alles ertragen (...)."

Hans Haid[18]

Homepages von touristischen Informationsdiensten zu Nord-Süd-Themen

• www.tourism-watch.de (Informationsdienst zu Kultur und Religion, Umwelt, Menschenrechten, Unternehmensverantwortung etc.)

• www.iz3w.org (Informationszentrum 3. Welt: Publikationen und Dokumentarfilme zu Nord-Süd-Themen; Fachzeitschrift „iz3w")

• www.trouble-in-paradiese. ch (Homepage mit Texten, Informationen und Links zu sozioökonomischen Effekten des Tourismus in Ländern der Dritten Welt)

ist allenfalls für kurze Zeit denkbar (wie bei den „Passionsspielen" in Oberammergau, die in einem zehnjährigen Rhythmus stattfinden) oder mit einem gewissen Augenzwinkern (wie in Hameln, wo während der Saison regelmäßig die Geschichte des „Rattenfängers von Hameln" aufgeführt wird).

Doch das Unbehagen der Einheimischen beschränkt sich nicht allein auf neue Phantasienamen für traditionelle Landschaften; gelegentlich gibt es auch Hinweise darauf, dass sie mit dem Tourismus generell nicht einverstanden sind.

Nichts als Stress im Garten Eden?
Proteste – Boykottaufrufe – Verbote

Ihre Ankunft im indischen „Urlaubsparadies" Goa hatten sich die Passagiere des „Condor"-Jets wohl etwas anders vorgestellt, als sie am 7. November 1987 die Gangway hinunterstiegen. Eine aufgebrachte Menschenmenge begrüßte sie mit Plakaten und Flugblättern und während der Fahrt zum Hotel wurde ihr Bus mit Kuhfladen und Müll beworfen. Auf diese Weise protestierte die „Armee der wachsamen Goaner" gegen die Pläne der Regierung, an den idyllischen Stränden (die bislang ein beliebtes Ziel von Alternativtouristen waren) nun den Bau von 25 Luxushotels zu genehmigen. Die Gegner dieser großflächigen Erschließung befürchteten einen totalen Ausverkauf ihrer Heimat und eine irreparable Zerstörung der Umwelt.[19]

Ein wenig verwundert waren die Touristen vielleicht darüber, dass der Text auf den Flugblättern in perfektem Deutsch verfasst war: „Kommen Sie nicht mehr nach Goa. Unsere begrenzten Ressourcen können nicht geopfert werden, um Ihre Sucht nach Luxus zu erfüllen." Doch keiner der indischen Fischer, Bauern oder Palmweinzapfer, deren Existenz angeblich bedroht war, hatte wohl die Gelegenheit gehabt, vor den Protesten einen Deutschkurs am Goethe-Institut zu besuchen.

Der spontan erscheinende „Aufstand der Bereisten" erwies sich – einer Studie zufolge – als geplante Aktion der katholischen Oberschicht, die sich zum einen Sorge um einen kulturellen Identitätsverlust machte; zum anderen befürchtete sie, dass die Angehörigen der unteren Kasten durch neue Jobs in der Tourismusbranche ökonomisch unabhängiger würden.[20]

Goa ist zwar nicht überall, aber vielerorts gibt es Widerstand gegen eine unkontrollierte und maßlose touristische Entwicklung – und in jedem Fall lohnt sich ein Blick hinter die Kulissen. Wer profitiert von der Beibehaltung des wirtschaftlichen Status quo bzw. vom Bau neuer Hotels, Straßen oder Freizeiteinrichtungen? Sprechen die „aufständischen Bereisten" wirklich für eine Mehrheit der Bevölkerung oder vertreten sie nur ihre persönlichen Interessen? Angesichts gewaltiger ideologischer und rhetorischer Nebelkerzen ist es oft schwer, die Realität klar zu erkennen – wie das Beispiel Mallorca zeigt:[21]

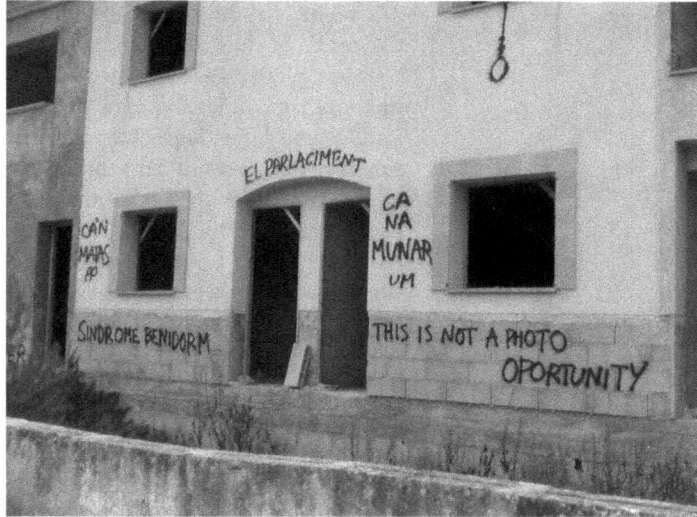

„Sindrome Benidorm": Nicht nur die spanische Festlandsküste, sondern auch Mallorca und andere mediterrane Regionen haben in den letzten Jahren einen planlosen und ungebremsten Bauboom erleben müssen. Mancherorts gibt es nun Proteste – vor allem von den Einheimischen, die selbst nicht vom Tourismus profitieren.

• Dort nahmen im März 2007 mehr als 50.000 Menschen an einer Kundgebung gegen den ungebremsten Bauboom auf der Insel teil. Doch gegen wen richtete sich der Protest? Wohl kaum gegen die deutschen und britischen Touristen, die nur wenige Tage im Jahr zu Gast sind; wohl eher gegen die mallorquinischen Nachbarn, die ihre Grundstücke seit mehr als 50 Jahren ungeniert an internationale Investoren verkaufen.

• Am Demonstrationszug nahmen nicht nur Mitglieder der Umweltschutzorganisation GOB („Grup Balear d'Ornitologia i Defensa de la Naturalesa") teil, sondern es marschierten auch viele ausländische Residenten mit, die bei einem weiteren Ausbau des Tourismus einen Wertverlust ihrer idyllischen Fincas und luxuriösen Zweitwohnungen befürchteten. Ihr erstaunliches Engagement für den Umweltschutz basierte also auf handfesten eigenen Interessen.

Für Unruhe in den angeblichen Urlaubsparadiesen sorgen aber nicht nur eklatante touristische Fehlentwicklungen, sondern gelegentlich auch untragbare politische und wirtschaftliche Verhältnisse. Gemeinhin interessieren sich Touristen kaum für die Politik in ihrer Ferienregion: Spanien war auch zu Zeiten des Diktators Franco (1936-1975) ein populäres Reiseziel – genau wie Griechenland während des Militärregimes der Obristen (1967-1974).

Doch wenn in einem Land die Menschenrechtsverletzungen zu gravierend werden und die ausbeuterischen Arbeitsbedingungen zu offenkundig, dann gibt es nur noch wenige Urlauber, die entspannt am Hotelpool liegen möchten, um dort ihre kühlen Drinks zu genießen. Doch wie sollte man sich als Tourist angemessen verhalten? Seit langem wird darüber diskutiert, ob der Boykott eines Urlaubslandes ein probates Mittel darstellt, um dort gesellschaftliche Veränderungen zu bewirken:

„We have not yet come to the point where we encourage people to come to Burma as tourists."

Aung San Suu Kyi,
burmesische Oppositions-
führerin (2002)

- Als recht wirkungsvoll haben sich die wirtschaftlichen, militärischen und touristischen Boykott-Maßnahmen erwiesen, die seit den 1960er-Jahren gegen das rassistische Apartheid-System in Südafrika unternommen wurden (u. a. mit eingeschränkten Lande- und Überflugrechten für die südafrikanische Fluggesellschaft SAA). Erst mit der schrittweisen Aufhebung der Apartheid erlebte die „Regenbogennation" einen Tourismusboom ohnegleichen: Von 1993 bis 1998 stieg die Zahl der ausländischen Besucher von 3,4 auf 5,9 Millionen/Jahr.[22]

- Eher umstritten waren hingegen die touristischen Boykott-Aufrufe (2007/2008) gegen das Militärregime in Myanmar (dem früheren Burma). Die Befürworter von Sanktionen wiesen auf die unmenschlichen Zustände im Lande hin – von der Unterdrückung der Meinungsfreiheit über Zwangsumsiedlungen bis hin zum Frauenhandel. Ihrer Meinung nach würden die Deviseneinnahmen aus dem Tourismus dazu beitragen, dass die Junta ihre Machtbasis wirtschaftlich absichern könnte. Die Kritiker bezweifelten hingegen die Wirkungen eines Reise-Boykotts, da der touristische Konsum auch vielen Burmesen direkt zugute käme: Vermietern, Straßenhändlern, Gästeführern etc. Der direkte Kontakt zwischen den Touristen und den Einheimischen würde sogar destabilisierende politische Effekte haben.[23]

- Ein wenig rührend muten die Boykott-Aufrufe einzelner Initiativen an, die sich irgendwie für eine bessere Welt einsetzen und den Tourismus dazu als Instrument verwenden: Im Jahr 2001 rief die „Canadian Coalition Against the Death Penalty" (CCADP) zu einem Boykott von Reisen nach Texas auf, da ihrer Meinung nach dort ein skandalöses Justizsystem herrschte. Im Jahr 2007 gab es eine „Boycott of Australia Campaign", deren Internet-Petition gegen die medizinische Pflichtuntersuchung von Aborigines-Kindern allerdings nur von 146 Personen unterzeichnet wurde.[24]

Doch für Ärger und Stress in den beliebten Urlaubsregionen gibt es weitaus banalere Gründe als Bausünden und Menschenrechtsverletzungen: die Urlauber und ihr teilweise fragwürdiges Verhalten. „I'm sick of drunk rowdy British tourists" – so beschwerte sich der Bürgermeister von Riga (Lettland), das in den letzten Jahren ein beliebtes Reiseziel englischer Billigflugtouristen geworden ist.[25] Kein Wunder, dass immer mehr Tourismusdestinationen zu drakonischen Mitteln greifen, um das Verhalten von Touristen zu reglementieren:

- Dabei erweist sich Italien als besonders verbotsbesessen. So darf man auf der Insel Elba nicht mehr ins Meer springen und in Eraclea (Venezia) ist es untersagt, am Strand Sandburgen zu bauen. Auf der berühmten Treppe zur Piazza auf Capri müssen Touristen ständig in Bewegung sein und dürfen sich auf keinen Fall hinset-

zen. In Venedig gibt es eine klare Klei-
derordnung: Hier droht den Urlaubern
eine Bestrafung, wenn sie sich mit freiem
Oberkörper oder nur im Bikini auf dem
Markusplatz aufhalten.[26]

• Auch an den Stränden von Valencia (Spanien) soll künftig härter durchgegriffen
werden. Dort ist ein Gesetz in Planung,
das Strandbesucher mit hohen Bußgeldern
zur Ordnung rufen will. Auf diese Weise
soll z. B. der übermäßige Alkoholkonsum,
die laute Musik und das Reservieren von
Plätzen mit Handtüchern eingeschränkt
werden.[27]

Derartige Verbote stoßen bei den Touristen
meistens auf Unverständnis, denn in ihrem
Verständnis soll der Urlaub eine Zeit ohne
jegliche Zwänge sein – mit der Freiheit,
endlich einmal alles das zu tun, was ihnen
im Alltag ständig untersagt ist.

Die naive Vorstellung, dass die ganze
Welt aus lauter freizügigen Urlaubspara-
diesen besteht, in denen Harmonie und Frieden herrscht, erweist
sich in vielerlei Hinsicht als trügerisch. Doch spätestens seit den
Terroranschlägen vom 11. September 2001 in New York müsste
allen Touristen klar sein, dass sie in den „schönsten Tagen des Jahres" nicht nur mit Protestaktionen und Bußgeldern rechnen müssen, sondern mit weitaus schlimmeren Bedrohungen.

Heilige Orte für die Einen,
Knipsmotive für die An-
deren: Auf dem Basewalk
des Uluru/Ayers Rock in
Australien ist es den Tou-
risten untersagt, die heiligen
Stätten der Aborigines zu fo-
tografieren bzw. zu betreten.
Allerdings werden derartige
Verhaltensregeln nicht von
allen Besuchern befolgt (der
Autor hat nur das Schild
fotografiert).

Die Vertreibung aus dem Urlaubsparadies:
Touristen als Opfer des internationalen Terrorismus

„Bombenterror auf der Urlaubsinsel" – titelten viele Zeitungen im
Sommer 2009, als mehrere Anschläge der baskischen Untergrund-
organisation ETA („Euskadi Ta Askatasuna", baskisch für „Bas-
kenland und Freiheit") die Baleareninsel Mallorca erschütterten.
Die Attentate richteten sich einerseits gezielt gegen die spanischen
Sicherheitskräfte, andererseits dienten sie aber auch einfach dazu,
die friedliche Urlaubsatmosphäre zu stören und die Urlauber zu
verunsichern.

Wenige Tage später wurde jedoch schon wieder Entwarnung
gegeben: „Business as usual auf Mallorca"[28] – es kam weder zu
einer Panik noch zu überstürzten Abreisen. Stattdessen meinten
die Urlauber in TV-Interviews, dass sie sich durch diese Ereignisse

i

**Offizielle Reise- und
Sicherheitshinweise**
Das Auswärtige Amt (Berlin) veröffentlicht auf seiner Homepage aktuelle Informationen zu Reiseländern (www.auswaertiges-amt.de/diplo/de/LaenderReiseinformationen.jsp):

• *Reisehinweise*
Einreisebestimmungen, zollrechtliche Besonderheiten, medizinische Hinweise etc.

• *Sicherheitshinweise*
Informationen über besondere Risiken für Touristen und im Ausland lebende Deutsche

• *Reisewarnungen*
dringende Appelle, auf Reisen in bestimmte Länder bzw. Landesteile zu verzichten, da dort akute Gefahr für Leib und Leben besteht

(bei denen zwei Polizisten starben) doch ihren Spaß nicht verderben lassen würden. Offenbar haben sich die Touristen inzwischen damit abgefunden, dass die Welt in den vergangenen Jahren ein wenig unsicherer geworden ist. Es gibt einfach zu viele Meldungen über Selbstmordkommandos von fanatischen Extremisten, die mit Auto-, Rucksack- und Kofferbomben oder Sprengstoffgürteln unschuldige Menschen mit in den Tod reißen – ob in Bagdad oder Mumbai, Jakarta oder Istanbul, London oder Madrid.

Touristen sind dabei nicht immer das erklärte Ziel der Terroristen, sondern zählen zu den sog. Kollateralschäden (übrigens das „Unwort des Jahres 1999"). Doch es gab in letzter Zeit auch mehrere grausame Attentate, die speziell gegen Urlauber gerichtet waren:

• Auf der tunesischen Insel Djerba forderte am 11. April 2002 ein Sprengstoffanschlag auf eine Synagoge 21 Menschenleben (darunter waren 14 Deutsche).

• Am 12. Oktober 2002 wurden auf der indonesischen Insel Bali zwei Bombenattentate auf Nachtclubs verübt – mehr als 200 Touristen starben.

• In Ägypten verübten islamistische Terroristen eine Reihe von blutigen Anschlägen auf ausländische Besucher – u. a. am 17. November 1997 vor dem berühmten Hatschepsut-Tempel bei Luxor und am 23. Juli 2005 im Badeort Sharm el Scheich.[29]

Diese Liste von Beispielen hat nur exemplarischen Charakter – und mit ziemlicher Sicherheit wird sie in den kommenden Jahren immer umfangreicher werden. Aus der perversen Sicht von Terroristen stellen Touristen nahezu ideale Ziele dar: Es handelt sich um ahnungslose Opfer, die sich an Sehenswürdigkeiten oder in Restaurants konzentrieren. Ihr Tod löst weltweite Aufmerksamkeit aus, da sie an den Brennpunkten des internationalen Tourismus aus aller Herren Länder stammen – und der Tourismuswirtschaft des Ziellandes (und damit dem verhassten politischen System) wird zumindest für einige Zeit ein erheblicher Schaden zugefügt.

Doch diese Effekte dauern meistens nicht so lange an, wie es sich die Attentäter wünschen. Die Erfahrungen aus Djerba, Bali und Ägypten zeigen, dass Erinnerungen an Terroranschläge nur eine sehr kurze Halbwertszeit haben. Nach einem kurzen Rauschen im journalistischen Blätterwald rücken andere spannende Themen in den Mittelpunkt der Berichterstattung.

Außerdem betreiben die betroffenen Regionen inzwischen ein professionelles Krisenmanagement: Um den rapiden Rückgang der Nachfrage zu stoppen und die vorhandene Unterkunftskapazität weiterhin auszulasten, werden die Hotelzimmer für kurze Zeit zu Dumpingpreisen angeboten. Darüber hinaus gibt es ein bewährtes Instrumentarium an kosmetischen Sicherheitsaktionen. So wird die Zahl der Polizeipatrouillen auf den Straßen und an den Stränden drastisch erhöht; Bustouren finden in Begleitung bewaffneter Militärfahrzeuge statt. Auf diese Weise kann den Touristen ein subjektives Gefühl von Ordnung und Sicherheit vermittelt werden.

Des einen terroristisches Leid ist außerdem des anderen touristische Freud': Wenn ein Zielgebiet des globalen Tourismussystems (z. B. die Türkei) aufgrund von Bombenterror ausfällt, werden die Reiseströme in andere Zielregionen umgelenkt, die über ein vergleichbares Sommer-Sonne-Strand-Angebot verfügen (z. B. Mallorca, Griechenland, Kroatien, Bulgarien).[30] Falls die Kunden auch bei diesen Angeboten nicht zugreifen, stehen schon die „landgebundenen" Ziele in den Startlöchern – also Urlaubsregionen in Deutschland und im benachbarten Ausland, die mit dem eigenen Pkw erreicht werden können.

Ungeachtet aller kurzfristigen Nachfrageschwankungen und regionalen Krisen hat sich der Tourismus bislang als extrem stabiles System erwiesen, das solche Störungen gut verkraftet – wie ein ausgefuchster Boxer, der im Laufe eines Kampfes viele rechte Geraden und Leberhaken einstecken muss, aber letztlich doch als Sieger den Ring verlässt.

Die Welt besteht sicherlich nicht aus lauter Urlaubsparadiesen – das ist inzwischen wohl allen Touristen klar geworden. Doch die Hoffnung auf eine bessere Welt an einem anderen Ort, die geben wir als Touristen nicht so schnell auf. Für die Suche nach dem verlorenen Garten Eden, der uns immer wieder versprochen wird, haben wir schließlich ein Leben lang Zeit.

„Mallorca ist nicht Somalia und nicht der Gazastreifen."
Außenminister Frank-Walter Steinmeier als Begründung, warum es nach den Bombenanschlägen im Sommer 2009 kein Reisewarnung für Mallorca gab

📖 Literaturtipps

Zur touristischen Markenbildung und zum Destinations-
management:
PECHLANER, H./WEIERMAIR, K. (Hrsg.; 1999): Destinations-Management. Führung und Vermarktung von touristischen Zielgebieten, Wien (Management und Unternehmenskultur; 2)
KREILKAMP, E./PECHLANER, H./STEINECKE, A. (Hrsg.; 2001): Ge-
machter oder gelebter Tourismus? Destinationsmanagement und
Tourismuspolitik, Wien (Management und Unternehmenskultur; 3)
BIEGER, T./PECHLANER, H./STEINECKE, A. (Hrsg.; 2001): Erfolgskonzepte im Tourismus: Marken – Kultur – Neue Geschäftsmodelle, Wien (Management und Unternehmenskultur; 5)
BIEGER, T. (2008): Management von Destinationen, 7., unveränderte Auflage München/Wien

Zu soziokulturellen Belastungen und Protesten in Tourismus-
regionen:
STOCK, Chr. (1997): Trouble in Paradise. Tourismus in die Dritte
Welt, Freiburg
HÖGL, H. (2002): Bin kein Tourist, ich wohne hier. Fremdenver-
kehrsgemeinden im Streß, Wien
WEINHÄUPL, H./WOLFSBERGER, M. (Hrsg.; 2007): Trauminseln?
Tourismus und Alltag in „Urlaubsparadiesen", Wien/Berlin

Zu Sicherheitsproblemen im Tourismus:
VESTER, H.-G. (2001): Terror und Tourismus. – In: Aus Politik
und Zeitgeschichte, B 47, S. 3-5
KUSCHEL, R./SCHRÖDER, A. (2002): Tourismus und Terrorismus.
Interaktionen, Auswirkungen und Handlungsstrategien, Dresden
(Schriftenreihe Tourismuswissenschaft; o. Bd.)
ASCHAUER, W. (2008): Tourismus im Schatten des Terrors. Eine
vergleichende Analyse der Auswirkungen der Terroranschläge
(Bali, Sinai, Spanien), München/Wien (Eichstätter Tourismus-
wissenschaftliche Beiträge; 9)

Zum Krisenmanagement im Tourismus:
DREYER, A./DREYER, D./OBIEGLO, D. (2001): Krisenmanagement
im Tourismus. Grundlagen, Vorbeugung und kommunikative
Bewältigung, München/Wien
GLAESSER, D. (2005): Handbuch Krisenmanagement im Touris-
mus. Erfolgreiches Entscheiden in schwierigen Situationen, Berlin

☑️ Kurz und bündig

Ein Blick in Reisemagazine und -kataloge zeigt: Es gibt viel zu viele „Urlaubsparadiese". Um in diesem gesättigten Markt überhaupt noch wahrgenommen zu werden, nutzen einige Ferienregionen das Instrument der Markenbildung, das den Konsumenten von Waschmitteln, Kaffeesorten, Autos etc. hinlänglich bekannt ist. Doch in Realkulissen bereitet ein solches *branding* häufig Schwierigkeiten. Nicht überall herrschen die paradiesischen Zustände, die in der Werbung versprochen werden, und mancherorts ist der Tourismus sogar zu einem Zankapfel geworden (wie Verbote, Boykott-Aufrufe und der „Aufstand der Bereisten" zeigen). Für die Vertreibung aus dem illusionären Garten Eden sorgt aber auch der internationale Terrorismus, denn Hotels und Promenaden werden immer häufiger Ziele von Anschlägen.

Berge, Flüsse und Strände sind schöne Urlaubslandschaften

„Eine Frau wird erst schön durch die Liebe" – sang Zarah Leander in einem Schlager der 1930er-Jahre. Ähnlich verhält es sich mit Urlaubslandschaften: Sie sind nicht von Natur aus schön, sondern mussten erst durch Künstler und Könige wach geküsst werden, um von uns als attraktiv wahrgenommen zu werden.

Endlose Strände, malerische Flusstäler oder schneebedeckte Gipfel – diese typischen Motive in Reisekatalogen und Bildbänden prägen gegenwärtig unsere Vorstellung von einer schönen Urlaubslandschaft.

Doch was uns heute so selbstverständlich erscheint, ist das Resultat eines langwierigen Lernprozesses, denn als Touristen musste uns zunächst beigebracht werden, was eine schöne und attraktive Landschaft ist. Diese Wahrnehmung bekamen wir nicht – zusammen mit unseren sonstigen Genen – in die Wiege gelegt, sondern sie wurde uns von unseren Eltern vermittelt (die wiederum von ihren touristischen Vorfahren entsprechend beeinflusst worden sind).

Es ist erst wenige Generationen her, dass Gebirge und Küsten als scheußlich, grauenvoll und bedrohlich wahrgenommen wurden. Bis in das 18. Jahrhundert hinein verstand man unter einer schönen Natur nur die kunstvoll gestalteten barocken Gartenanlagen und als sehenswert galten ausschließlich die Stätten der klassischen Kunst in Italien.

Hingegen wurden z. B. die Alpen lange Zeit als nutzlose, hässliche Einöde betrachtet. Da sie unwirtlich und unzugänglich waren, eigneten sie sich aber gut als Schauplatz von Mythen, Sagen und Märchen. Noch im Jahr 1660 soll dort angeblich der Alpendrache gesehen worden sein (zu dessen Vertreibung sogar bischöfliche Exorzismen durchgeführt wurden). Zum weiteren Schreckensinventar vieler Berge gehörten wilde Ungeheuer, böse Geister und teuflische Gestalten: Der Hexentanzplatz auf dem Brocken im Harz hat sich inzwischen zu einer touristischen *location* entwickelt; dort feiern zehntausende „Hexen" und „Teufel" alljährlich im Mai die Walpurgisnacht.[1]

In solch fürchterlichen Landschaften hielt sich kein Reisender länger als unbedingt notwendig auf. Schnell wurden die Täler durchquert und während der Fahrt über die Bergpässe ließen die Passagiere vorsichtshalber die Jalousien an den Fenstern der Kutsche herunter, um den schrecklichen Anblick der Berge nicht ertragen zu müssen.

„Das ist ein Traum!"
Ausruf einer deutschen
Urlauberin auf der
Promenade von
El Arenal (Mallorca)
beim Blick auf das Meer

Bis in das 18. Jahrhundert galten die Alpen als hässlich und bedrohlich. Angeblich wurden sie von sagenhaften Drachen, wilden Unge-heuern und bösen Geistern bevölkert. Die Abbildung stammt aus dem Werk „Iti-nera per Helvetiae alpinas regiones" des Schweizer Na-turforschers Johann Jakob Scheuchzer /1672-1733); ein Exemplar des Buches befindet sich in der „Alpine Club Library" (London).[3]

Besonders ängstliche und zugleich gläubige Gemüter statteten sich mit einem „Breverl" aus; das waren kleine Schutzbriefchen, die an Rosenkrän-zen befestigt wurden (und die man im äußersten Notfall sogar essen konnte). Sie versprachen Schutz gegen allerlei Krankheiten und diverse Reisegefahren, die es tatsächlich zur Genüge gab - von schlechten Straßenverhältnissen über gefährliche Steinschläge und Eislawi-nen bis hin zu skrupellosen Wegelage-rern.[2]

Doch seit der zweiten Hälfte des 18. Jahrhunderts war es ziemlich schnell vorbei mit diesen Reise-Ängsten und dem Hexen-Hokuspokus. Zunächst wur-den die Alpen (wie auch die Meereskü-ste) durch Naturwissenschaftler entzau-bert — um anschließend von frühromantischen Künstlern wieder verklärt zu werden.

Die touristischen Lehrmeister: Naturwissenschaftler, Künstler und Mediziner

Mit Hammer, Botanisiertrommel und Barometer erkundeten Natur-forscher wie der Schweizer Horace Bénédict de Saussure (1740-1799) oder Botaniker wie der Schotte Thomas Blaikie (1751-1838) die Alpen, um die geologischen Strukturen zu untersuchen, die Flora zu klassifizieren und den Luftdruck zu messen (auf den legendären Drachen sind sie dabei übrigens nicht gestoßen).[4] Mit ihren Berg-besteigungen lösten sie nicht nur ein wachsendes Interesse an der alpinen Natur aus, sondern später auch einen sportlichen Alpinis-mus: Bald wurde jeder Berg erklommen und möglichst mit einem Gipfelkreuz versehen.

Zu einer neuen Sichtweise der Alpen trugen aber auch Philo-sophen wie Jean-Jacques Rousseau oder Dichter wie Albrecht von Haller, Percy Shelley und Lord Byron bei. Ihnen ging es nicht um eine realistische Beschreibung der wilden Alpenlandschaft: Viele Romantiker scheuten den anstrengenden Aufstieg und bewunderten die Gipfel lieber vom Tale aus. Vielmehr dienten ihnen die Ber-ge als ein idealer Projektionsraum für die Kritik an der damaligen Gesellschaft.[5] Für sie war die scheinbar unberührte, freie Natur die Gegenwelt zu einer höfischen Zivilisation, in der die Bürger durch zahlreiche Normen wie in ein Korsett gezwängt wurden. Die manierierte, hedonistische Lebensweise des Adels konterkarierten sie mit dem Bild eines einfachen, ehrlichen Lebens auf dem Lande:

> *„Entfernt vom eiteln Tand der mühsamen Geschäfte, wohnt hier die Seelen-Ruh, und flieht der Städte Rauch: Ihr thätig Leben stärkt der Leiber reife Kräfte, der träge Müssiggang schwellt niemals ihren Bauch.“*[6]

Den Bauern, die täglich im unwirtlichen Hochgebirge um ihre Existenz zu kämpfen hatten, müssen diese Zeilen aus dem berühmten Gedicht „Die Alpen“ von Albrecht von Haller (1729) als purer Zynismus vorgekommen sein. Beim städtischen Lesepublikum löste die realitätsferne Verklärung der alpinen Natur und ihrer Bewohner aber eine enorme Begeisterung aus – die bis heute anhält.

So wird das nostalgische, pseudo-romantische Klischee einer anständigen Alpenwelt, in der Werte wie Freiheit, Freundschaft und Glaube noch zählen, allwöchentlich für ein Millionenpublikum in den populären „Musikanten“-Sendungen im Fernsehen zitiert und zelebriert – von Hansi Hinterseer über die Kastelruther Spatzen bis hin zum La Montanara-Chor.

Auch das Meer und der Strand gehören nicht seit jeher zu den touristischen Attraktionen. Seit Jahrhunderten wurden sie vielmehr als ungesund und feindselig betrachtet. Allenfalls Fischer und Schiffer konnten ihnen etwas abgewinnen, doch deren Siedlungen fanden sich häufig landeinwärts – in geschützter Lage und ohne den Meerblick, der heute in den Reisekatalogen für einen Preisaufschlag sorgt.

Vor den Künstlern kamen in diesem Fall Mediziner wie Dr. Robert White (1667) oder Sir John Floyer (1702). Sie vertraten die moderne Ansicht, dass ein Bad im Seewasser viele Krankheiten vertreiben kann – von Hühneraugen und Taubheit über Lepra und Gonorrhöe bis hin zum Krebs (aber natürlich nur, wenn es unter ärztlicher Aufsicht erfolgte). Einen touristischen Boom löste jedoch erst die „Dissertation on the Use of Seawater in Diseases of the Glands“ aus, die Dr. Richard Russell im Jahr 1750 veröffentlichte. Sie war so populär, dass bald zahlreiche Raubdrucke erschienen – der (Alb-)Traum eines jeden Autors.[9]

Das Baden im Meer war damals eine komplizierte und zugleich freizügige Angelegenheit: Bereits vor dem Frühstück stiegen die gesundheitsbewussten Touristen am Strand in Badekarren und fuhren wenige Meter ins Meer hinein, wo sie sich – nackt – einige Male untertauchten. Erst im Jahr 1871 wurde den Männern in Großbritannien das Nacktbaden untersagt; Frauen nutzten nun große Badeumhänge.

Einen richtigen touristischen Schub erlebten die kleinen Fischerdörfer aber erst, seitdem Prinzregenten und gekrönte Häupter zum

---

„Wenn kaum die Lerchen noch den frühen Tag begrüssen, und uns das Licht der Welt die ersten Blicke giebt, entreißt der Hirt sich schon aus seiner Liebsten Küsse, die seines Abschieds Zeit zwar haßt, doch nicht verschiebt: Dort drängt ein träger Schwarm von schwerbeleibten Kühen, mit freudigem Gebrüll, sich in bethauten Steg: Sie irren langsam hin, wo Klee und Muttern blühen, und mäh'n das zarte Gras mit scharfen Zungen weg: Er aber setzet sich bey einem Wasser-Falle, und ruft mit seinem Horn dem lauten Widerhalle.“[7]

Albrecht von Haller:
Die Alpen (1729)

„Ich lieb die Schönheit meiner Berge im hellen Sonnenschein, ich lieb die Freiheit und die Sehnsucht, will dort mein ganzes Leben sein. Ich lieb die Schönheit meiner Berge und nachts das Sternenmeer. Ich lieb die Heimat ohne Ende, nur Dich lieb ich noch mehr.“[8]

Hansi Hinterseer

Die englischen „seaside resorts" wetteiferten im 19. Jahrhundert mit dem Bau von Piers, die den Besuchern einen vergnüglichen Spaziergang mehrere Meter über dem Meer ermöglichten. Karussells, Achterbahnen, Musikkapellen, Wahrsager und Taucher sorgten dabei für die Unterhaltung der Gäste.

Baden kamen. Als der britische König George III. in Weymouth ins Wasser stieg, intonierte eine Blaskapelle (die ebenfalls nasse Füsse bekam) „God save Great George Our King" und die Badefrauen trugen an ihren Mützen und Röcken Bänder mit der Aufschrift „God Save the King".[10]

Den Königen folgten Maler und Poeten wie Percy Shelley und Lord Byron, William Turner und Caspar David Friedrich. Durch ihre Werke wurde das bis dahin wilde und schreckliche Meer neu definiert – als eindrucksvolles, großartiges oder sentimentales Naturschauspiel. Die Zeitgenossen waren derart beeindruckt, dass sie beim Anblick der brandenden Wellen vor Glück in Tränen ausbrachen. Diese neue Empfindsamkeit ging so weit, dass viele Menschen auch die letzten Stunden ihres Lebens am Meer verbringen wollten (bis heute finden sich auf den Friedhöfen der Seebäder die Grabstätten fremder Besucher).

Ski laufen und Sonnenbaden oder Die spinnen, die Touristen

Es blieb jedoch nicht allzu lange bei der schlichten Bewunderung und den großen Emotionen; bald wurde die Natur zum Schauplatz skurriler Aktivitäten, die aus Sicht der Einheimischen noch verrückter waren als das Baden oder das Bergsteigen.

Um 1868 führten britische Touristen den Skilauf als neue Sportart in der Schweiz ein. Zunächst lösten ihre unbeholfenen Laufversuche bei der lokalen Bevölkerung nur Gelächter und Spott aus; die ersten Übungen fanden deshalb weit weg von den Dörfern oder sogar nachts statt. Seriös wurde der Skilauf erst, nachdem der Norweger Frithjof Nansen den Bericht über seine erfolgreiche Grönlandexpedition im Jahr 1891 veröffentlicht hatte, in dem er ihn als geeignete Fortbewegungsform im verschneiten Gelände pries.[11]

Ähnlich verhielt es sich mit dem Sonnenbaden am Strand, das bis zum Anfang des 20. Jahrhunderts vollkommen verpönt war. Nach dem Bad im Meer verbrachte man den Tag auf der Promenade in schicker Kleidung und unter einem Sonnenschirm, denn statt des heute üblichen brauen Teints war eine vornehme Blässe en vogue. Bei ihren Aufenthalten an der Côte d'Azur mieden die britischen Besucher den heißen Sommer; stattdessen bevorzugten sie die milden Wintermonate.[12]

Diese Mode änderte sich erst um 1930: Nun gehörte der Strand der Jeunesse doré – den Jungen, Schönen und Aktiven, während sich die langweiligen Alten weiterhin im Winter auf der „Promenade des Anglais" in Nizza trafen. Doch auch das Sonnenbaden war zunächst eine ernsthafte und streng wissenschaftliche Angelegenheit. In Florida organisierten sich einige Mitglieder des „Miami Biltmore County Club" in einem speziellen „Sun-Tan Club". Sie legten sich täglich – unter ärztlicher Aufsicht – für eine Stunde in die Sonne. Auf einen Pfiff hin drehten sich alle *sun-bather* in regelmäßigen Abständen um, damit sie am ganzen Körper gleichmäßig braun wurden.[13]

Ménage à trois am Meer: Zu Beginn des 20. Jahrhunderts wurden Nord- und Ostsee für ein massenhaftes Reisepublikum erschlossen – das sich zunächst noch recht züchtig kleidete (der Bikini kam erst in den 1940er-Jahren in Mode).

Warum ist es am Rhein so schön? Die romantische Rekonstruktion des Mittelalters

Nicht nur Naturlandschaften – wie die Meeresküsten und das Hochgebirge – haben im Laufe der Geschichte eine Neubewertung durch Künstler und Touristen erfahren, sondern auch Kulturrelikte und Kulturlandschaften. So dienten die mittelalterlichen Burgen am Rhein und anderswo bis zum 18. Jahrhundert vorrangig als Pferdeställe, Scheunen oder Steinbrüche (noch im Jahr 1827 erwarb eine Steinhauergenossenschaft den Drachenfels, um ihn abzubrechen).[14] Erst während der Romantik wurden sie zu Zeugen einer geheimnisumwitterten Vergangenheit voller Mythen, Märchen und Lichtgestalten verklärt (einschließlich der schönen, ruchlosen Loreley).

Diese neue Sichtweise ging einher mit einer haltlosen Begeisterung für das Mittelalter: Johann Wolfgang von Goethe, Sir Walter Scott und Richard Wagner machten Rittergestalten wie Lohengrin, Ivanhoe und Götz von Berlichingen, aber auch Sagenfiguren wie

Die wissbegierigen englischen Touristen wurden bereits im 19. Jahrhundert zum Gegenstand von Karikaturen (wie hier bei der Besichtigung des Kölner Doms).[16]

Tannhäuser zu Hauptakteuren von Gedichten, Theaterstücken, Opern und Romanen.[15]

Damit rückte aber die malerische Landschaft des Mittelrheins ins touristische Interesse, denn hoch über dem Fluss thronten – in spektakulärer Lage – zahlreiche mittelalterliche Burgruinen. Auch hier sorgten erst die Gemälde und Gedichte berühmter Künstler wie William Turner oder Heinrich Heine dafür, dass die Zeitgenossen den Reiz der Region erkannten (den wir heute – angesichts von Schnellstraßen und Eisenbahnlinien – kaum mehr erkennen können).

Speziell die Engländer, die ihren touristischen Blick für dramatische Landschaften bereits am heimischen Lake District und an den schottischen Highlands geschärft hatten, bereisten nun in Massen das Rheintal. Besonders gern nutzten sie die regelmäßige Dampfschiffverbindung zwischen Köln und Mainz, die es seit 1827 gab: Nahezu die Hälfte der Passagiere waren Briten.[17]

Die romantische Begeisterung für die Burgen ging sogar so weit, dass mehrere verfallene Ruinen wieder zu prächtigen Burganlagen ausgebaut wurden. Da ihre traditionellen Namen zu nüchtern und bieder klangen (Burg Fautzberg), erhielten sie neue, flott klingende Bezeichnungen (Burg Rheinstein). Noch weiter ging der exzentrische bayerische König Ludwig II., der mit Schloss Neuschwanstein eine völlig neue Phantasieburg errichten ließ, die aus romanischen, gotischen und maurischen Stilelementen bestand – und gleichzeitig über neueste technische Innovationen verfügte (z. B eine Zentralheizung und eine batteriebetriebene Klingelanlage).[18]

Die Bauten am Rhein, aber speziell das Schloss Neuschwanstein prägen bis in die Gegenwart unsere Vorstellung von einer mittelalterlichen Burg. Dieser Effekt ist noch dadurch verstärkt worden, dass Walt Disney in seinen Themenparks in den USA, Paris und Hongkong neue Burgen errichten ließ, die sich stilistisch an deutschen Vorbildern orientieren (→ *Irrtum 11*).[19] Seit mehr als 200 Jahren wird uns – als Touristen – nun durch Gedichte, Gemälde, Logos und Filme vermittelt, wie eine schöne Landschaft aussieht. Diese lange mediale Offensive ist nicht ohne Folgen geblieben.

Gipfelblicke und Sonnenuntergänge am Meer – vom Urlaubsglück in der Natur

Mit dem Urlaubsglück verhält es sich wie mit der legendären Weihnachtsmaus von James Krüss: Es ist sonderbar – sogar für den Gelehrten, denn einmal nur im ganzen Jahr entdeckt man ihre Fährten. Kein Wunder, dass es deshalb bislang nur wenige Untersuchungen über besondere Glückserlebnisse im Urlaub gibt.

Doch die Berichte von Bundesbürgern zeigen, dass beeindruckende Erlebnisse in der Natur ganz weit oben in der Hierarchie der glücklichen Momente rangieren: Man erinnert sich intensiv und gerne an tolle Meer-, See- und Gipfelblicke, an Sonnenaufgänge und Sonnenuntergänge (ob allein oder zu zweit), an die Wärme, an die Ruhe und an Begegnungen mit Tieren:[20]

> *„Ich war besonders glücklich, als ich nach dem Aufstieg auf einem 3.000 Meter hohen Berg stand und herabschaute. Ich war von der gewaltigen Naturkulisse und der Kleinheit der eigenen Person demgegenüber beeindruckt."*

Dieser Bericht über einen besonderen Glücksmoment im Urlaub stammt aus dem Jahr 2006; er klingt aber wie ein Zitat aus dem Werk von Albrecht von Haller oder wie die Beschreibung eines Bildes von Caspar David Friedrich. Als Touristen haben wir die klischeeartigen, immer wieder neu vermittelten Text- und Bildbotschaften der Romantik derart verinnerlicht, dass sie unsere Wahrnehmung steuern und für unser Wohlbefinden sorgen.

Die Sehnsucht nach diesen standardisierten Momenten des Glücks scheint uns aber immer wieder anzutreiben, die vertraute Umgebung zu verlassen und unser Glück in der Fremde zu suchen. Diese Sehnsucht wollen künftig auch Regionen nutzen, die bislang eher als hässlich und abweisend galten – sie definieren sich einfach als schön.

Auch Fördertürme und Hochöfen sind schön! Wie aus hässlichen Industrieregionen attraktive touristische Destinationen werden

Stahlwerke, Gasometer und Arbeiterkolonien als touristische Attraktionen – das ist für viele Urlauber immer noch ein fremder Gedanke. In den „schönsten Wochen des Jahres" suchen sie doch den Tapetenwechsel und wollen nicht durch Symbole der Arbeitswelt an die alltägliche berufliche Routine erinnert werden. Wenn sie sich im Urlaub schon für Kultur interessieren, dann für schöne Denkmäler wie Burgen, Schlösser und Kathedralen – aber nicht für hässliche Industriebauten.

*„Ich weiß nicht, was soll es bedeuten,
dass ich so traurig bin.
Ein Märchen aus alten Zeiten,
das kommt mir nicht aus dem Sinn.
Die Luft ist kühl und es dunkelt,
und ruhig fließt der Rhein.
Der Gipfel des Berges funkelt
im Abendsonnenschein.
Die schönste Jungfrau sitzet
dort oben wunderbar;
ihr goldnes Geschmeide blitzet,
sie kämmt ihr goldenes Haar.
Sie kämmt es mit goldenem Kamme
und singt ein Lied dabei.
Das hat eine wundersame, gewaltige Melodei.
Den Schiffer im kleinen Schiffe
ergreift es mit wildem Weh.
Er schaut nicht die Felsenriffe,
er schaut nur hinauf in die Höh'.
Ich glaube, die Wellen verschlingen
am Ende Schiffer und Kahn,
und das hat mit ihrem Singen die Lore-Ley getan."*
Heinrich Heine

Wie beim Hochgebirge und bei der Meeresküste müssen Touristen (und auch die Einheimischen) erst lernen, dass Industriebauten schön und attraktiv sind. Das galt auch für den Eiffelturm, der anläßlich der Weltausstellung in Paris (1884) von Gustave Eiffel errichtet wurde – und sich seitdem zum Wahrzeichen der Stadt entwickelt hat. In einem offenen Brief protestierten damals 300 Intellektuelle gegen den Bau der „tragischen Straßenlaterne" und der „hässlichen Säule aus verbolztem Blech".[21]

In diesem Fall waren es also nicht Künstler und Könige, die für die notwendige Neudefinition sorgten, sondern zunächst Ingenieure und später Denkmalschützer, die auf die architektonische Bedeutung und den historischen Wert von Industrierelikten hinwiesen. Unterstützt werden sie inzwischen von der UNESCO, denn seit 1978 sind zahlreiche Bergwerke, Eisenhütten und Industrielandschaften in die internationale Liste der Welterbestätten aufgenommen worden.

Auch dieser touristische Lernprozess scheint lange zu dauern, denn bislang können nur wenige, besonders eindrucksvolle Industriebauten hohe Besucherzahlen verzeichnen – z. B. die Zeche Zollverein in Essen oder das Deutsche Bergbau-Museum in Bochum.[22] Es gibt aber Belege dafür, dass gegenwärtig ein Umdenken stattfindet.

Vor wenigen Jahren sollte der Gasometer in Oberhausen noch abgerissen werden. Heute ist er nicht nur die höchste Ausstellungshalle der Welt (noch dazu mit einer Aussichtsplattform), sondern auch ein eindrucksvolles Wahrzeichen der historischen Industriekultur im Ruhrgebiet.

So sollte der große Gasometer in Oberhausen vor einigen Jahren abgerissen werden. Nach Protesten wurden diese Pläne aufgegeben. Inzwischen wird er nicht nur als höchste Ausstellungshalle der Welt genutzt, sondern dient auch als eindrucksvolles Wahrzeichen der traditionellen Industriekultur im Ruhrgebiet.

Doch als richtig schön können Industriegebäude wohl erst gelten, wenn sie – anstelle feudaler Schlösser oder malerischer Parks – als *location* für wichtige Familienereignisse akzeptiert werden. Im Oberschlesischen Industrierevier lassen sich junge polnische Paare für ihr offizielles Hochzeitsbild gerne vor der Kulisse einer

historischen Arbeiter-
siedlung ablichten – in
Erinnerung an ihre El-
tern, die früher in den
roten Backsteinbauten
gelebt haben.

Heiraten im Pott – vor
150 Jahren war das für
Bergleute noch kein
schrilles Event vor einer
neu entdeckten, „schö-
nen" Kulisse, sondern
allenfalls eine schlichte
Notwendigkeit.

Relikte der Industriekultur als hübsche Kulisse: Im polnischen Nikisch posieren Brautpaare gern vor den Arbeiterhäusern, in denen ihre Eltern gelebt haben.[23]

📖 **Literaturtipps**

Homepages von touristischen Vereinen und Organisationen

Zur Geschichte des Tourismus:

PRAHL, H.-W./STEINECKE, A. (1989): Der Millionen-Urlaub. Von der Bildungsreise zur totalen Freizeit, Bielefeld (IFKA-Faksimile; 2)

SPODE, H. (2003): Wie die Deutschen „Reiseweltmeister" wurden. Eine Einführung in die Tourismusgeschichte, Erfurt

KNOLL, G. M. (2006): Kulturgeschichte des Reisens. Von der Pilgerfahrt zum Badeurlaub, Darmstadt

HACHTMANN, R. (2007): Tourismus-Geschichte, Göttingen (UTB; 2866)

KOLBE, W./NOACK, C./SPODE, H. (Hrsg.; 2009): Tourismusgeschichte(n), München/Wien (Voyage – Jahrbuch für Reise- & Tourismusforschung; 8)

Organisation zum Schutz und zur nachhaltigen Entwicklung der Alpen:
• Commission Internationale pour la Protection des Alpes (CIPRA), Schaan (Lichtenstein) (www.cipra.org)

Zum Alpinismus:

KEENLYSIDE, F. (1976): Berge und Pioniere. Eine Geschichte des Alpinismus

SALZBURGERLAND TOURISMUS GESELLSCHAFT (Hrsg.; 2000): Der Berg ruft! Katalog zur Alpinismus-Ausstellung im Salzburger Land, Salzburg

ROHRER, J. (2003): Zimmer frei. Das Buch zum TOURISEUM, Meran

Gebirgsvereine in den Alpen:
• Deutscher Alpenverein, München (www.alpenverein.de)
• Oesterreichischer Alpenverein, Innsbruck (www.alpenverein.at)
• Schweizer Alpen-Club, Bern (www.sac-cas.ch)

Zur Entdeckung der Meeresküsten:

CORBIN, A. (1988): Meereslust. Das Abendland und die Entdeckung der Küste 1750-1840, Berlin

MUSEUM OSTDEUTSCHE GALERIE REGENSBURG (Hrsg., 1989): Thalatta, Thalatta! Das Strandbild im Zeitalter des Massentourismus, Regensburg

Kooperation deutscher Seebäder:
• Arbeitsgemeinschaft „Die deutschen Seebäder", Butjadingen (www.die-deutschen-seebaeder.de)

Zur Rheinromantik:

HONNEF, K./WESCHENFELDER, K./HABERLAND, I. (Hrsg.; 1992): Vom Zauber des Rheins ergriffen. Zur Entdeckung der Rheinlandschaft, München

CEPL-KAUFMANN, G./JOHANNING, A. (2003): Mythos Rhein. Zur Kulturgeschichte eines Stromes, Darmstadt

Organisation zum Erhalt der Industriekultur:
• Deutsche Gesellschaft für Industriekultur, Duisburg (www.industriekultur.de)

Zur Natur- und Landschaftswahrnehmung generell:

SCHAMA, S. (1996): Der Traum von der Wildnis. Natur als Imagination, München

☑ Kurz und bündig

Die touristische Inwertsetzung von Natur- und Kulturlandschaften basiert auf einer neuen ästhetischen Wahrnehmung, die sich erst im Laufe der letzten 200 Jahre entwickelt
hat. Während der Aufklärung sorgten Botaniker und Geo-
logen zunächst für eine Entmythologisierung der Natur. Später
wurden Berge, Flüsse und Seen durch Poeten und Maler ro-
mantisch verklärt. Diese zu Klischees geronnenen Vorstellungen und Bilder prägen bis in die Gegenwart unsere Sichtweise von Landschaften und unsere Glücksgefühle in der Natur.

?

Alles über britische
seaside resorts – **ein Quiz**
In welchem englischen
Seebad können sich die
Besucher im größten europäischen Nightclub amüsieren?
Auf welcher Pier fährt bis
heute eine Straßenbahn?
Von welchem Hafenort aus
gab es die ersten regelmäßigen Schiffsverbindungen
nach Nordamerika?
Zu diesen und anderen Fragen findet sich im Internet
ein amüsantes Quiz (www.
allaboutyou.com/country/
seaside-resorts-quiz/gallery).

Orte des Schreckens und der Trauer eignen sich nicht als Sehenswürdigkeiten

„Nach Auschwitz ein Gedicht zu schreiben, ist barbarisch" – mit diesen Worten brachte der Philosoph Theodor W. Adorno die moralische Erschütterung über den Holocaust zum Ausdruck, die kurz nach dem Ende des Zweiten Weltkriegs herrschte. Sie war jedoch nur von kurzer Dauer, denn bald wurden wieder lyrische Werke verfasst und das Konzentrationslager Auschwitz ist vom „Vorhof der Hölle" inzwischen zu einer touristischen Attraktion geworden. Mit einer Mischung aus Neugier und Mitleid, Faszination und Entsetzen interessieren sich immer mehr Urlauber für solche Orte des Schreckens und der Trauer – von KZ-Gedenkstätten über Gefängnisse und Schlachtfelder bis hin zu Friedhöfen.

Was ist für Touristen überhaupt sehenswert, wenn sie andere Städte und Länder besuchen? Diese Frage lässt sich heute schnell beantworten – ein kurzer Blick in die Reiseführer genügt und schon kennen wir die „Merian Top Ten" oder die „Top-Tipps" des ADAC. Zu Beginn des modernen Tourismus war das viel schwieriger, denn unsere touristischen Vorfahren – die englischen Adeligen – mussten sich im 18. Jahrhundert das Programm ihrer „Grand Tour" durch die Niederlande, Frankreich und Italien noch selbst zusammenstellen. Einen bildungsbürgerlichen Pflichtkanon an Sehenswürdigkeiten gibt es erst seit den 1830er-Jahren, als der Verleger Karl Baedeker neuartige Reiseführer entwickelte – mit detaillierten Routenvorschlägen, präzisen Beschreibungen von Bauwerken und Tipps zu preisgünstigen Übernachtungs- bzw. Verpflegungsmöglichkeiten.

Vor allem sein „Sternchen"-System machte Furore, denn mit dieser Klassifizierung wurde den unerfahrenen bürgerlichen Touristen jegliche Unsicherheit genommen. Sie konnten sich rasch orientieren und in kurzer Zeit das wirklich Sehenswerte betrachten (sie mussten also nicht befürchten, sich zu Hause zu blamieren, weil sie etwas Wichtiges ausgelassen hatten). Seitdem basiert die Auswahl von Sehenswürdigkeiten in Reiseführern auf einem ziemlich einfachen Prinzip: Vor allem schöne, große und beeindruckende Bauwerke und Landschaften werden als touristische Highlights markiert, die man unbedingt gesehen haben muss. So handelt es sich z. B. bei sieben der „Merian Top Ten"-Besichtigungstipps für München um spektakuläre Gebäude.[1]

Diese Art von Ranking sorgt dafür, dass der touristische Blick scheuklappenartig auf das Einmalige, das Besondere und das

„King and Government may err, but never Mr. Baedeker."
Englisches Sprichwort
im 19. Jahrhundert

Die beliebtesten Sehenswürdigkeiten der Deutschen (2008)	
Rang	Sehens-würdigkeit
1	Kölner Dom
2	Branden-burger Tor in Berlin
3	Dresdner Frauenkirche
4	Schloss Neu-schwanstein
5	Hamburger Hafen
6	Berliner Fernsehturm
7	Münchner Oktoberfest
8	Stadt Berlin
9	Hamburger Michel
10	Wartburg, Heidelberger Schloss, Zugspitze

Touristische Sehenswürdigkeiten – das sind im allgemeinen Verständnis große, beeindruckende und schöne Bauwerke. Obwohl Orte des Schreckens wie Konzentrationslager, Gefängnisse, Schlachtfelder oder Friedhöfe nicht zu den „Lieblingssehenswürdigkeiten" der Bundesbürger zählen, verzeichnen sie teilweise sehr hohe Besucherzahlen.[2]

Typische gelenkt wird – wenn es nur schön ist. Mit der Besichtigung einer „Drei-Sterne"-Attraktion stellt sich bei den Besuchern meistens ein Hochgefühl ein. Sie spüren, dass hier ein Hauch von abendländischer Kultur weht, denn nur kunstgeschichtlich bedeutende Bauwerke erhalten eine derartige Auszeichnung. Entsprechend eingestimmt, können sie staunend die großartigen Leistungen bewundern, die frühere Generationen zum Lobe Gottes oder zur Ehre von Herrschern erbracht haben.

Das Ranking der Reiseführer hat sich – verstärkt durch die Macht medial verbreiteter Bilder – längst in den Köpfen der Bundesbürger festgesetzt. Eine aktuelle Online-Befragung kam vor kurzem zu dem Ergebnis, dass der Kölner Dom, das Brandenburger Tor, die Dresdner Frauenkirche und das Schloss Neuschwanstein die „Lieblingssehenswürdigkeiten" der Deutschen sind.

Welcher Autor eines Reiseführers oder Verleger eines Reisemagazins wollte sich anmaßen, dieses nostalgische Bild zu zerstören, das vor allem aus schönen historischen Stätten besteht? Kein Wunder also, dass sich in der Reiseliteratur bislang nur wenige Hinweise auf Bauwerke oder Schauplätze finden, die an „dunkle" Phasen der Geschichte erinnern. Verfolgung, Terror, Totschlag und Mord – das sind doch keine heiteren, vergnüglichen oder kulturell wertvollen Ereignisse; damit sollten Touristen besser nicht behelligt werden! So gibt es z. B. in vielen München-Reiseführern zwar tolle Ausflugstipps zum Starnberger See und durch das Isartal, doch das nahegelegene Konzentrationslager Dachau findet keine Erwähnung.

Auch die Ferienregionen tun sich recht schwer, in ihrem Informationsangebot auf Orte des Schreckens, des Leids und der Trauer hinzuweisen (derartige Ausflugstipps könnten womöglich dem angestrebten positiven Image abträglich sein). So verzeichnet die offizielle Homepage der Lüneburger Heide unter dem Suchbegriff „Bergen-Belsen" nur Hinweise auf die Ferienwohnungen „Fuchsberg" und „Heideparadies", aber nicht auf das Konzentrationslager, in dem ca. 50.000 Häftlinge starben.[3]

Doch eine wachsende Zahl von Touristen gibt sich nicht mehr mit der schönen Postkarten-Idylle zufrieden: Sie wollen ihr Reiseziel auch jenseits von Heideblümchen und Heidschnucken oder von Feldherrnhalle und Floßfahrten kennenlernen. In Deutschland, aber auch in vielen anderen Ländern haben sich z. B. KZ-Gedenkstätten zu populären Sehenswürdigkeiten entwickelt – teilweise sogar mit recht fragwürdigen Begleiterscheinungen.

Organisierte Ausflugstouren ins KZ – kennt der Tourismus überhaupt keine moralischen Grenzen?

In den wenigen Jahren ihrer Herrschaft haben die Nationalsozialisten eine breite Spur der Verfolgung und Vernichtung von Juden und Angehörigen anderer religiöser, ethnischer, politischer und sozialer Gruppen durch Europa gezogen. Die Arbeit von Opferorganisationen, staatlichen Institutionen und Basisnetzwerken (z. B. der Initiative „Grabe, wo Du stehst") hat deutlich gemacht, dass es eine nahezu unüberschaubare Zahl von Gebäuden und Schauplätzen gibt, an denen unschuldige Menschen litten und starben.

Im ehemaligen Einflussbereich der Nationalsozialisten – also in Deutschland und seinen mittel-, west- und osteuropäischen Nachbarländern – finden sich gegenwärtig mehrere tausend Orte der Erinnerung. Über einhundert ständige Museen und Ausstellungen betreiben Aufklärungs- und Bildungsarbeit.[4] Bei den „Touristen" in diesen Gedenkstätten handelte es sich lange Zeit vor allem um Schüler und Studenten, die sich in ihrem Geschichtsunterricht mit dem Thema „Nationalsozialismus" beschäftigten.

Zunehmend wird das Informationsangebot der KZ-Gedenkstätten aber auch von Individualtouristen genutzt (und es gibt auch immer mehr Führungen für Einzelbesucher).[5] Dieses wachsende Interesse kommt in hohen Besucherzahlen deutlich zum Ausdruck: Die authentischen Erinnerungsstätten in Sachsenhausen, Buchenwald und Dachau verzeichnen jährlich 450.000 bis 800.000 Besucher. Einen noch größeren Zuspruch finden die Gedenkstätte Yad Vashem in Jerusalem und das United States Holocaust Memorial Museum in Washington, D. C., die jeweils 1,5 Millionen Gäste zählen.

Mit dieser massenhaften Nachfrage (und dem wachsenden zeitlichen Abstand zu den schrecklichen Ereignissen) ändert sich aber auch der Charakter der Gedenkstätten – aus den einstmals ruhigen Orten der Erinnerung werden nun stark frequentierte Besucherattraktionen, die vor neuen Herausforderungen stehen. Einerseits müssen sie dem Anspruch gerecht werden, eine ernsthafte historische Bildungsarbeit zu leisten; andererseits unterliegen sie aber auch den gleichen unbarmherzigen Gesetzen der Mediengesellschaft und des Marketing, die generell für touristische Attraktionen gelten (denn letztendlich konkurrieren sie mit anderen Einrichtungen um das knappe Zeit- und Geldbudget der Urlauber).

Die Relikte des Holocaust als touristische Attraktion: In München bieten lokale Reiseveranstalter organisierte Ausflugstouren in das KZ Dachau an. Die Teilnehmer sind begeistert: „Amazing tour! Our guide Jamie was great. He combined knowledge with passion to create a truly unforgettable experience" (Philip, Chicago, USA).[6]

Was erwarten Touristen bei der Besichtigung einer KZ-Gedenkstätte? Sicherlich sind sie vorrangig daran interessiert, seriöse und wissenschaftlich fundierte Informationen über den Holocaust zu erhalten und diese Orte des Schreckens einmal mit eigenen Augen zu sehen. Doch angesichts des unvorstellbaren Leids, mit dem sie konfrontiert werden, möchten sie auch ein Mitgefühl für die Opfer entwickeln, um deren Bedrängnis und Qualen nachvollziehen zu können.

Dieser Wunsch nach Empathie wird durch sachliche Angaben zur Zahl der Opfer oder durch die objektive Beschreibung des KZ-Alltags jedoch kaum erfüllt. Mitleid kann man nur mit Individuen entwickeln, deren tragische Lebensumstände einem hinreichend vertraut sind. Diese Tatsache wird am Beispiel der jungen Jüdin Anne Frank besonders deutlich, die sich mit ihrer Familie mehrere Jahre in einem Amsterdamer Hinterhaus vor der SS und Gestapo versteckte. Durch sie hat die massenhafte Verfolgung und Ermordung der Juden, die letztlich jede Vorstellungskraft überschreitet, einen Namen und ein Gesicht erhalten.

„Ich weiß, dass ich schreiben kann. Ein paar Geschichten sind gut, meine Hinterhausbeschreibung humorvoll, vieles in meinem Tagebuch ist lebendig, aber ob ich wirklich Talent habe, das steht noch dahin."

Anne Frank
in ihrem Tagebuch,
5. April 1944[7]

Ihre Tagebuchaufzeichnungen wurden erstmals im Jahr 1947 veröffentlicht („Het Achterhuis"); seitdem ist das Buch in mehr als fünfzig Sprachen übersetzt und von Millionen Menschen gelesen worden. Seitdem das historische Gebäude an der Prinsengracht 263 in ein Museum umgewandelt wurde, reißt der Besucherstrom nicht ab. Mit mehr als 900.000 Gästen pro Jahr ist das Anne-Frank-Haus eine der wichtigsten Sehenswürdigkeiten der Stadt – neben dem Van Gogh-Museum (1,3 Millionen) und dem Rijksmuseum (810.000). Inzwischen gibt es sogar eine Wanderausstellung zum Leben und Werk der Autorin, die in 150 Städten auf großes Interesse gestoßen ist. Außerdem wurden Anne-Frank-Zentren in Basel, Berlin, London und New York gegründet.[8]

Selbst bei den Orten des Schreckens und Leids sind also deutliche Unterschiede festzustellen, wenn es um die touristische Attraktivität geht (so zynisch das auch klingen mag): Mit der Popularität des Anne-Frank-Hauses kann z. B. der kleine Stollen in Überlingen am Bodensee nicht mithalten, der von KZ-Häftlingen in den Berg getrieben wurde, um die Rüstungsindustrie aus dem von Bombenangriffen bedrohten Friedrichshafen an einen sicheren Ort verlagern zu können (er wird jährlich nur von wenigen hundert Touristen besichtigt).[9]

Für den touristischen Erfolg einiger Erinnerungsstätten aus der NS-Zeit sind vor allem die Medien verantwortlich, die mit ihrer Bilderflut die historische Phantasie eines Massenpublikums beflügeln und damit auch den Wunsch auslösen, diese Orte selbst einmal zu besuchen. So hat z. B. der Hollywood-Film „Schindlers Liste" im Stadtviertel Kasimierz in Krakau einen Boom des Holocaust-Tourismus ausgelöst. Das Quartier mit seinen alten Häuserzeilen und kleinen Gassen diente dem Regisseur Stephen Spielberg Anfang der 1990er-Jahre als Set für mehrere Szenen seines erfolgreichen Films (der auf Platz drei der zehn besten Leinwandepen aller Zeiten rangiert).

Seitdem gehört die Besichtigung von Kasimierz zum Pflichtprogramm einer Reise nach Krakau. Inzwischen sind dort zahlreiche Restaurants eröffnet worden, die mit koscheren Gerichten und Klezmer-Musik an die jüdischen Traditionen des Viertels erinnern (aber es gibt auch japanische Sushi-Bars, argentinische Steak-Houses und italienische, mexikanische und indische Restaurants). Lokale Reiseveranstalter organisieren Rundgänge zu den Drehorten des Films und Tagesausflugstouren in das KZ Auschwitz.[10] Der kommerziellen Nutzung des Holocaust scheinen hier keine Grenzen gesetzt zu sein. Doch ein Blick in die USA zeigt, dass immer noch Steigerungen möglich sind.

So rühmt sich das „Florida Holocaust Museum" in St. Petersburg damit, einen authentischen deutschen Eisenbahnwaggon zu besitzen, der zur Deportation der jüdischen Bevölkerung eingesetzt wurde. Nach dem Rundgang durch das Museum können die Besucher im Shop ein Plastikmodell dieses Waggons kaufen. Großzügige Sponsoren wurden lange Zeit mit dem Versprechen geködert, dass sie als Gegenleistung für ihre Spende einen „Original Gleisnagel aus Treblinka" erhalten. Inzwischen müssen sich die Mitglieder des „Founder's Circle Platinum", die mindestens eine Million US-Dollar gespendet haben, mit einer goldenen Anstecknadel begnügen (die allerdings mit Saphiren, Perlen, Rubinen etc. verziert ist).[12]

Orte des Schreckens und der Trauer eignen sich also durchaus als touristische Sehenswürdigkeiten (und manchmal auch als Basis für ungehemmte Geschäftemacherei). Selbst in den seriösen KZ-Gedenkstätten ist dabei eine zunehmende Orientierung am Markt und an den Bedürfnissen der Besucher zu beobachten. So wollen z. B. alle Touristen gerne eine Erinnerung an ihren Tagesausflug mit nach Hause nehmen. Es ist also nur konsequent, dass in der niederländischen Gedenkstätte „Herinneringscentrum Kamp Westerbork" spezielle KZ-Souvenirs (!) verkauft werden, die allesamt das neue Logo der Gedenkstätte tragen (diese Form des Merchandising

Im Herzen von Berlin befindet sich das Denkmal für die ermordeten Juden Europas – die zentrale deutsche Holocaust-Gedenkstätte. Seit der Eröffnung im Jahr 2005 haben mehr als zwei Millionen Menschen das riesige Stelenfeld besichtigt.[11]

Homepages zum *dark tourism*

- www.dark-tourism.org.uk (Internetforum mit wissenschaftlichen Beiträgen, Literaturtipps, Fotos etc. zum *dark tourism*)

- www.tourism-futures. org/content/category/17/93/273/ (Homepage mit Links zu Beiträgen über *dark tourism*)

- www.grief.tourism.com (Internetforum mit Berichten und Reisetipps zum *grief tourism*)

stammt aus den USA, wo sie in den *signature shops* der Luxus- und Themenhotels bis zum Exzess betrieben wird).[13]

Die touristische Nutzung ehemaliger Konzentrationslager gehört sicherlich zu den dunkelsten Seiten des *dark tourism* oder *grief tourism* – also aller touristischen Aktivitäten, die an Schauplätzen von Gewalt, Unrecht, Verfolgung oder Tod stattfinden. Dazu zählen u. a. auch Gefängnisse, Schlachtfelder, Friedhöfe und Orte, an denen Terroranschläge, Katastrophen oder tragische Verkehrsunfälle stattgefunden haben. Einen besonderen Reiz auf Touristen üben dabei Einrichtungen aus, die normalerweise strikt verschlossen und keinem Außenstehenden zugänglich sind: die Gefängnisse. Doch Achtung – nicht alle ehemaligen Knäste haben eine Chance, Sehenswürdigkeiten zu werden; dazu müssen sie schon ganz besondere Eigenschaften mitbringen.

Urlauber hinter Gittern: Gefängnisse als touristische Sehenswürdigkeiten

Die frühere Gefängnisinsel Robben Island liegt – nur wenige Kilometer vom Festland entfernt – in der malerischen Bucht von Kapstadt. Das allein ist aber nicht der Grund, warum sich jedes Jahr mehr als 300.000 Passagiere bei hohem Seegang und steifer Brise auf das karge Eiland übersetzen lassen.

Vom berüchtigten Apartheid-Gefängnis zum UNESCO-Welterbe: Robben Island (in der Bucht von Kapstadt) verdankt seine traurige Berühmtheit vor allem Nelson Mandela, der hier 18 Jahre inhaftiert war.

Sie wollen den Ort sehen, auf dem ein berühmter Widerstandskämpfer und späterer Staatsmann mehr als 18 Jahre seines Lebens inhaftiert war (ohne Hassgefühle gegen seine Peiniger zu entwickeln und nach der Freilassung auf Rache zu sinnen). So wie Anne Frank den vielen anonymen Opfern des Holocaust ein individuelles Gesicht und eine berührende Biographie gegeben hat, so ist Nelson Mandela zur Symbolfigur des gerechten Widerstands gegen das südafrikanische Apartheid-Regime geworden, aber auch des weltweiten Kampfes für mehr soziale Gerechtigkeit.

Nach der Schließung des Gefängnisses wurde die Insel im Jahr 1997 in eine nationale Gedenkstätte umgewandelt, in der an die rassistische Politik der weißen Südafrikaner erinnert wird. Dieser Ort des Schreckens, der seit 1999 zum UNESCO-Welterbe gehört, stößt vor allem bei ausländischen Touristen auf großes Interesse; zwei von drei Besuchern stammen aus Europa, Australien oder den USA.

Robben Island verdankt seine Popularität ausschließlich Nelson Mandela, der mit seiner charismatischen Persönlichkeit und seinem besonnenen Handeln zu den *global players* der internationalen Politik zählt. Doch auch auf nationaler Ebene können sich ehemalige Gefängnisse zu touristischen Attraktionen entwickeln, wenn berühmte Politiker inhaftiert waren oder wenn die Haftanstalten in Unrechtsstaaten dazu genutzt wurden, Andersdenkende zu malträtieren:

- Eine solche nationale Ikone ist z. B. das Kilmainham Jail in Dublin, das jährlich ca. 160.000 Besucher verzeichnet. Seit seiner Errichtung im Jahr 1795 gehörten nicht nur Kriminelle, sondern auch viele politische Gefangene zu den Insassen. Die Tour durch den Zellentrakt wird deshalb zu einem Gang durch die irische Geschichte. Der lange Kampf der Iren gegen die britische Willkürherrschaft erreichte im Osteraufstand von 1916 seinen Höhepunkt. Nach dem Scheitern der Rebellion wurden 15 Aufständische im Hof des Gefängnisses hingerichtet – unter ihnen der Gewerkschaftler James Connolly, der bei den Straßenkämpfen so schwer verletzt worden war, dass er auf einen Stuhl gefesselt erschossen werden musste (für die Besucher sind solche grausamen Details besonders beeindruckend).
- In Deutschland hat sich die ehemalige DDR-Untersuchungshaftanstalt in Berlin-Hohenschönhausen zu einer populären Sehenswürdigkeit entwickelt (mit 250.000 Besuchern/Jahr). In diesem Gefängnis setzte das Ministerium für Staatssicherheit (MfS) vor allem psychische Foltermethoden ein, um die Häftlinge zu Geständnissen zu zwingen. Zu den Insassen gehörten prominente Kritiker des SED-Systems wie Rudolph Bahro, Jürgen Fuchs oder Bärbel Bohley, aber auch zahllose „Republikflüchtlinge", die gefasst worden waren. Da diese Ereignisse noch nicht lange zurückliegen, findet bei den Führungen ein regelrechter „Klassenkampf um die Erinnerung" statt.[14] Wenn ehemalige Häftlinge über ihre persönlichen Erfahrungen berichten, werden sie häufig durch Zwischenrufe von früheren MfS-Mitarbeitern unterbrochen. Einige dieser Ewig-Gestrigen haben sich in einem „Insiderkomitee" organisiert; die früheren Vernehmer und Aufseher nehmen gezielt an den Rundgängen teil, um eine kritische Bilanz des Unrechtssystems zu verhindern.

So unerfreulich derartige Konflikte für die Betroffenen auch persönlich sein mögen – dem Bekanntheitsgrad und der Attraktivität des Gefängnisses sind sie in keiner Weise abträglich. Im Gegenteil: Erst durch die breite Berichterstattung in den Medien wird der Scheinwerfer der öffentlichen Wahrnehmung auf diese ehemalige Haftanstalt gelenkt. Auch der oscarprämierte Film „Das Leben der Anderen" von Regisseur Florian Graf Henckel von Donnersmarck

Homepages von Orten des Schreckens und der Trauer

- KZ-Gedenkstätte Dachau (www.kz-gedenkstaette-dachau.de)

- Gedenkstätte und Museum Auschwitz-Birkenau (www.auschwitz.org.pl)

- Anne-Frank-Haus, Amsterdam (www.annefrank.org)

- Stollen in Überlingen (www.stollen-ueberlingen.de)

- Robben Island Museum, Kapstadt (www.robben-island.org.za)

- Kilmainham Jail, Dublin (www.kilmainham-gaol.com)

- Gedenkstätte Berlin-Hohenschönhausen (www.stiftung-hsh.de)

- Alcatraz Island, San Francisco (www.nps.gov/alca)

- Cu-Chi-Tunnel, Vietnam (www.cuchitunnel.org.vn)

- Friedhof Père-Lachaise, Paris (www.pere-lachaise.com)

Hier können Touristen das „Leben der Anderen" einmal vor Ort kennenlernen: Das ehemalige Stasi-Gefängnis in Berlin-Hohenschönhausen wurde im Jahr 1994 in eine Gedenkstätte umgewandelt. Bei Führungen berichten ehemalige Insassen über die Haftbedingungen und Verhörmethoden.

hat dazu beigetragen, dass sich immer mehr Deutsche – vor allem aus den alten Bundesländern – für die Stasi-Vergangenheit interessieren (selbst wenn nicht am Originalschauplatz in Berlin-Hohenschönhausen gedreht werden durfte).

Mediale Aufmerksamkeit, berühmte Insassen (und vielleicht noch eine spektakuläre Lage) – diese Voraussetzungen müssen also gegeben sein, damit aus ungenutzten Gefängnissen populäre Besucherattraktionen werden. Alles kein Problem für den Spitzenreiter unter den touristischen Knästen – die Gefängnisinsel Alcatraz in der San Francisco Bay. Hollywood hat ziemlich viel dafür getan, dass sie weltweit bekannt wurde. Der brutale Alltag der Häftlinge, das vergnügliche Basketballspiel im Hof und die vielen vergeblichen Fluchtversuche – das ist uns allen hinlänglich bekannt durch Filme wie „Der Gefangene von Alcatraz" (mit Burt Lancaster), „Flucht von Alcatraz" (mit Clint Eastwood) oder „The Rock – Fels der Entscheidung" (mit Sean Connery).

Was liegt also näher, als bei einem Besuch in San Francisco einen Trip auf die Gefängnisinsel zu machen, um die Zellen so berühmt-berüchtigter Ganoven wie Al Capone oder Machine Gun Kelly zu besichtigen? Auf diese Idee kommen jedes Jahr mehr als eine Million Touristen und deshalb sind die Fähren in der Hauptsaison meistens mehrere Tage im voraus ausgebucht. Der Besucherandrang auf Alcatraz ist inzwischen so groß, dass die zuständige Verwaltung darauf verzichten musste, Führungen anzubieten (stattdessen können die Besucher den Zellentrakt mit Audio-Guides individuell erkunden).

Richtige *heavy user* von Gefängnissen geben sich aber nicht mit einem Rundgang zufrieden, bei dem sie die Knastluft nur kurz schnuppern können: Seit 2008 nutzen zwei Geschäftsleute in Rheinland-Pfalz den Bekanntheitsgrad der Marke „Alcatraz" für ihr neues Gefängnishotel. In der ausrangierten Justizvollzugsanstalt Kaiserslautern können die Gäste in Originalzellen mit vergitterten Fenstern und Essensklappe übernachten; auf Wunsch erhalten sie auch einen gestreiften Sträflingsschlafanzug (zum Glück besteht das Frühstück aber nicht nur aus Wasser und Brot).[15]

Ein solcher Klamauk hat natürlich mit dem *dark tourism* nichts mehr zu tun, denn das touristische Interesse an Orten des Schreckens beschränkt sich normalerweise nicht allein auf Neugier und Sensationslust. Es umfasst immer auch den Wunsch, mehr über die Vergangenheit zu erfahren und über das eigene Leben nachzudenken. Wo kann man das intensiver tun als auf einem Friedhof und wo lässt sich die Sinnlosigkeit des „Heldentods" besser begreifen als auf einem Schlachtfeld? Doch der Fluch des Tourismus besteht darin, dass sich alle Dinge, die von ihm berührt werden, auch grundlegend verändern.

Zu Besuch im Reich der Helden und der Toten – über die Popularität von Schlachtfeldern und den Starkult auf Friedhöfen

Selbstreflexion und Bildungsanspruch auf der einen Seite vs. Kommerzialisierung und Trivialisierung auf der anderen Seite – dieser Widerspruch prägt alle „dunklen" Angebote im Tourismus. Auch wenn die Besucher von Gräbern oder Totenäckern ehrenwerte Motive haben – sobald die Zahl der Sinnsucher und der Friedliebenden eine kritische Massengrenze erreicht hat, setzt die Geschäftemacherei ein:

- So erschienen die ersten Reiseführer zu den Schlachtfeldern des Ersten Weltkriegs – die „Guides Illustrés Michelin des Champs de Bataille" – bereits im Jahre 1917 (also noch vor dem Ende der Kampfhandlungen). Innerhalb der nächsten zwanzig Jahre wurden davon mehr als zwei Millionen Exemplare verkauft.[16]

„Verdun und sein Umland leben nicht schlecht vom Militärtourismus."[17]

- Im Jahr 1921 veröffentlichten die „Basler Nachrichten" eine Anzeige, in der sie für „Schlachtfelder-Rundfahrten im Auto" warben und den Teilnehmern zum ermäßigten Preis „reichliche Verpflegung in erstklassigen Gasthäusern", „Keine Paß-Formalitäten!" und vor allem „unvergeßl. Eindrücke" versprachen. Für den österreichischen Literaten Karl Kraus waren diese Touren einfach nur geschmacklose „Reklamefahrten zur Hölle".[19]

„Today's battlefield, tomorrow's tourist attraction?"[18]

Doch die Weltgeschichte sorgt auch weiterhin für Nachschub an Kriegsschauplätzen und Soldatenfriedhöfen – z. B. mit den Schlachtfeldern des Zweiten Weltkriegs, des Korea-Kriegs, des Vietnam-Kriegs und des Kriegs im Irak. Kein Wunder also, dass „Google" zum *battlefield tourism* knapp 1,7 Millionen Einträge aufweist. Der Blick auf einige Akteure und Einrichtungen macht deutlich, wie populär dieser Bereich des *dark tourism* gegenwärtig ist:
- Die Schlachtfelder bei Verdun verzeichnen jährlich ca. 600.000 Besucher; eine vergleichbar große Zahl von Touristen besichtigt

jedes Jahr die Stadt Ypern in Westflandern (wo innerhalb weniger Monate mehr als 500.000 Soldaten den Tod fanden).

• Mehr als zwei Millionen Besucher kommen jedes Jahr an die Küste der Normandie, wo am 6. Juni 1944 – dem berühmten D-Day – die Invasion der britischen, amerikanischen und kanadischen Soldaten begann (deren dramatische Kämpfe in Filmen wie „The Longest Day" und „Saving Private Ryan" heroisiert wurden).

• Vietnam verfügt mit dem 250 Kilometer langen Cu-Chi-Tunnelsystem über eine einmalige touristische Attraktion; es war während des Kriegs (1954-1975) von den Partisanen des kommunistischen Vietcong angelegt worden, um Vorräte, Waffen und Soldaten zu verstecken.

• In Singapur erinnert „The Battle Box" – das frühere unterirdische Hauptquartier der britischen Streitkräfte – mit einer Multimedia-Show an die Kämpfe mit den angreifenden japanischen Truppen, denen sich die Stadt im Jahr 1942 schließlich ergeben musste.

Selbst einmal ein bisschen Krieg spielen – das kann man in dem Militärerlebnispark „Stalin's Line", der in der Nähe der weißrussischen Hauptstadt Minsk liegt. Die Bunkeranlagen und Gefechtsstände waren Teil einer Verteidigungslinie, die ab 1929 an der Westgrenze der UdSSR errichtet wurde.

Doch viele Touristen wollen nicht nur Bunker, Flaktürme und Soldatenfriedhöfe sehen, sondern sie wollen *action*. Der Krieg als inszeniertes Schauspiel – vor allem in den USA und Großbritannien gibt es seit langem eine breite *reenactment*-Szene von Laien, die mit großer Ernsthaftigkeit und Liebe zum Detail historische Schlachten nachspielen. In Europa gilt das „Projekt Austerlitz 2005" als erstes größeres Event dieser Art. Mit 4.000 Darstellern wurde die Schlacht von Austerlitz rekonstruiert, in der die österreichische und russische Armee am 2. Dezember 1805 durch das französische Heer unter Napoleon besiegt wurde. Die 100.000 Besucher dieser Veranstaltung waren vollkommen begeistert.[20]

Sehr viel ruhiger geht es auf den Friedhöfen zu, die zum Ziel von Touristen werden – kein lauter Kanonendonner und keine Spur von Pulverdampf. Es sind vielmehr besonders stille Orte, die zum Verweilen und Besinnen einladen. Doch warum gehen Urlauber überhaupt auf Friedhöfe, wenn sie dort nicht die Gräber ihrer Verwandten besuchen können? Wie die Gefängnisse müssen auch die Friedhöfe schon etwas Besonderes bieten, um von Touristen wahrgenommen zu werden – z. B.:

- eine spektakuläre Lage wie die Friedhofsinsel Isola di San Michele in der Lagune von Venedig, die für Verstorbene und Lebende nur mit dem Schiff zu erreichen ist, oder
- eine eindrucksvolle Natur wie der Friedhof Ohlsdorf in Hamburg, der mit einer Fläche von 400 Hektar und 30.000 Bäumen zu den größten Parkfriedhöfen der Welt zählt, oder
- eine immense religiöse Bedeutung wie der Jüdische Friedhof in Prag, der von 1439 bis 1787 genutzt wurde und als einer der größten jüdischen Friedhöfe in Europa gilt, oder
- eine kunstgeschichtliche Besonderheit wie der Stadtgottesacker in Halle an der Saale, der als geschlossene Anlage errichtet wurde, die an allen Seiten von Grufthäusern und Arkaden umgeben ist.

Doch so richtig interessant wird ein Friedhof für Touristen, wenn dort Grabstätten von Stars und Prominenten zu finden sind. Ein beeindruckendes Beispiel ist der Friedhof Père-Lachaise in Paris, auf dem mehr als zweihundert berühmte Persönlichkeiten ihre letzte Ruhe gefunden haben – darunter die Schriftsteller Honoré de Balzac, Marcel Proust und

Besichtigung von Grabstätten auf dem Pariser Friedhof Père-Lachaise (2002; in %)

Jim Morrison	52,5
Frédéric Chopin	28,0
Edith Piaf	21,0
Oscar Wilde	20,0
Honoré de Balzac	12,0
Yves Montand	12,0
Colette	10,5
Moliére	10,5
La Fontaine	8,0
Abélard und Héloise	6,0

Oscar Wilde, die Komponisten Frédéric Chopin und George Bizet, der Maler Max Ernst sowie die Sänger Yves Montand und Edith Piaf.

Bereits im 19. Jahrhundert war der Friedhof eine beliebte Sehenswürdigkeit, auf die sogar in ausländischen Reiseführern hingewiesen wurde (der penible Karl Baedeker soll sich dort mehr als 15 Stunden aufgehalten haben, um die genaue Lage der Gräber zu recherchieren).

Gegenwärtig wird der Friedhof jedes Jahr von mehr als zwei Millionen Menschen besucht. Besonders populär ist dabei das Grab von Jim Morrison – dem berühmten Sänger der Band „The Doors". Jeder zweite Friedhofsbesucher will seine letzte Ruhestätte in der 6. Division, 2. Reihe sehen (über die genaue Lage kann man sich vorab im Internet sogar auf einem interaktiven Plan informieren). Für die Friedhofsverwaltung bedeutet das prominente Grab aber vor allem Arbeit und Ärger, denn lange Zeit waren viele andere Grabsteine mit Graffiti verunstaltet, die Fans legten nicht nur Blumen, sondern auch Joints und Sektflaschen auf das Grab und die Büste von Jim Morrison wurde mehrfach gestohlen.

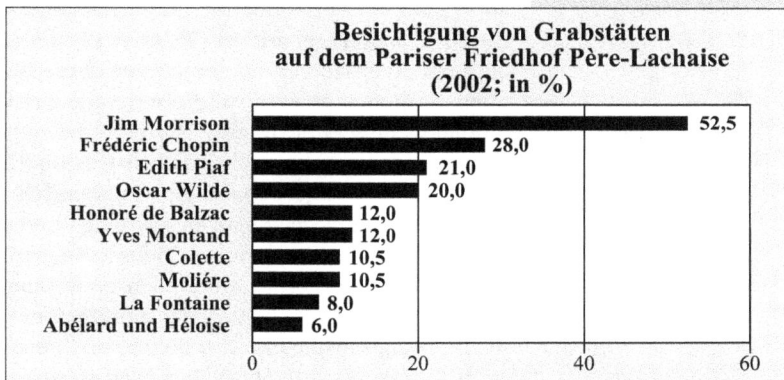

Sogar bei der letzten Ruhe gibt es noch ein Ranking: Auf dem Pariser Prominentenfriedhof Père-Lachaise rangiert das Grab des Rocksängers Jim Morrison ganz weit oben in der Beliebtheitsskala der Besucher.[21]

**Homepages von
Organisationen zur
Friedhofs- und
Sepulkralkultur**

• Association of Significant
  Cemeteries in Europe
  (ASCE) (www.significant-
  cemeteries.org)

• European Federation of
  Funeral Museums (EFFM)
  (www.outoftime.de/
  museum/effm.html)

• Arbeitsgemeinschaft Friedhof und Denkmal (AFD)
  (www.sepulkralmuseum.
  de)

• Funeral Network –
  Verein für Sterbe- und
  Funeralkultur
  (www.funeralnetwork.org)

Um diesen Vandalismus einzudämmen, steht das Grab nun zeitweise unter Bewachung; außerdem wird diskutiert, ob die sterblichen Überreste des Musikers auf einen anderen Friedhof umgebettet werden sollen.[22]

Doch der touristische Kult um die Gräber von Prominenten treibt noch seltsamere Blüten: So löste der Welterfolg des Hollywood-films „Titanic" im Jahr 1997 einen Ansturm auf den kleinen Fairview Lawn Cemetry in Halifax (Neufundland) aus, wo 150 Opfer des dramatischen Schiffsunglücks ihre letzte Ruhe gefunden haben. Die Mehrzahl der Besucher interessiert sich aber nur dafür, wo Jack Dawson seine letzte Ruhestätte gefunden hat – so hieß die Hauptperson des Films, die von dem attraktiven Leonardo di Caprio gespielt wurde. Ihr erkennbarer Nachteil besteht aber darin, dass es sich nur um eine fiktive (!) Figur handelt. Zum Glück gibt es auf dem Friedhof aber das Grab von J. (= Joseph) Dawson, der als Kohlenträger auf der „Titanic" geschuftet hat. Die Touristen kümmert das wenig; sie projizieren ihre Bewunderung für den selbstlosen Jack einfach auf diese fremde Grabstätte (sie ist immer besonders üppig mit frischen Blumen geschmückt).[23]

Über einen so augenscheinlichen Unsinn kann man sich natürlich lustig machen, doch letztlich müssen wir uns selbst eingestehen, dass wir an Schauplätzen des Leids und des Sterbens immer eine verstörende Mischung aus Sensationsgier und Entsetzen, Faszination und Mitgefühl empfinden. Wir schauen alle hin, wenn wir das Martinshorn hören oder das Blaulicht des Notarztwagens sehen. Nicht umsonst klagen Polizei und Feuerwehr darüber, dass sie bei Verkehrsunfällen oder Löscheinsätzen von Schaulustigen behindert werden.

Die Zukunft des *dark tourism* sieht also gar nicht so düster, sondern eher rosig aus, denn die Medien stürzen sich mit Live-Vor-ort-Berichten auf jede Katastrophe – von Flugzeugabstürzen und Massenkarambolagen über Terroranschläge und Epidemien bis hin zu Lawinenunglücken und Überschwemmungen. Die Schauplätze dieser dramatischen Ereignisse sind uns hinlänglich vertraut, weil sie uns eine Zeit lang in gefühlten Endlosschleifen präsentiert werden. Deshalb möchten wir sie auch einmal persönlich in Augenschein nehmen, genauso wie wir den Eiffelturm, die Tower Bridge oder das Brandenburger Tor besichtigen wollen:
• Der atomare Super-GAU in Tschernobyl im Jahr 1986 konnte die Welt nur kurzfristig erschüttern. Inzwischen wird mit dem havarierten Reaktor 4 wieder kräftig Geld verdient: Mehrere ukrainische Reiseveranstalter organisieren Ausflugstouren in die nuklear verseuchte Todeszone, die lange Zeit gesperrt war.[24]

- Auch der Terroranschlag auf das World Trade Center am 11. September 2001 hat den Tourismus in New York nur vorübergehend in eine Krise gestürzt. Bald zog die Nachfrage wieder an, denn nun gab es eine neue, wirklich einmalige Attraktion, die man gesehen haben musste: Ground Zero – der Ort, an dem mehr als 3.000 Menschen qualvoll starben.[25]

ALSO GUT, DAS ANSTEIGEN DES MEERESSPIEGELS IST NICHT SO AUFREGEND WIE ABBRECHENDE BERGE IN DEN ALPEN.

- Bei dem großen Erdbeben in der chinesischen Sichuan-Provinz kamen im Jahr 2008 fast 70.000 Menschen ums Leben. Nun planen die regionalen Behörden, die Erdrutsche und Wohnblockruinen zu vermarkten, um den internationalen Tourismus wieder in Schwung zu bringen.[26]

Orte des Schreckens und der Trauer eignen sich also durchaus für eine Karriere als touristische Sehenswürdigkeiten. Bei genauerem Hinsehen scheint es sich bei ihnen sogar um die Besucherattraktionen der Zukunft zu handeln – denn im Gegensatz zu ägyptischen Königsgräbern, griechischen Tempeln oder mittelalterlichen Burgen ist ihre Zahl nicht begrenzt, sondern steigt sogar ständig an (die Gefängnisse von Guantánamo und Abu Ghuraib stehen schon als nächste Aspiranten bereit, während Kundus und der Sudan wohl noch ein wenig warten müssen).

Ein bisschen aufregend und gruselig sollten Orte des Schreckens, des Leids und der Trauer schon sein, um eine Chance als touristische Sehenswürdigkeit zu haben.[27]

📖 Literaturtipps

Zum „dark tourism" generell:
YUILL, S. M. (2003): Dark Tourism. Understanding Visitor Motivation at Sites of Death and Desaster, College Station (Texas)
ASHWORTH, G./HARTMANN, R. (2005): Horror and Human Tragedy revisited. The Management of Sites of Atrocities for Tourism, New York/Sydney/Tokio
LENNON, J./FOLEY, M. (2007): Dark Tourism. The Attraction of Death and Desaster, 5., unveränderte Auflage London

Zum Holocaust-Tourismus:
DITTRICH, U./JACOBEIT, S. (Hrsg.; 2005): KZ-Souvenirs. Erinnerungsobjekte der Alltagskultur im Gedenken an die nationalsozialistischen Verbrechen, Potsdam/Fürstenberg
HARTMANN, R. (2007): Zielorte des Holocaust-Tourismus im Wandel – die KZ-Gedenkstätte in Dachau, die Gedenkstätte in Weimar-Buchenwald und das Anne-Frank-Haus in Amsterdam. – In: BECKER, Chr./HOPFINGER, H./STEINECKE, A. (Hrsg.): Geographie der Freizeit und des Tourismus: Bilanz und Ausblick, 3. Auflage München/Wien, S. 297-308

Zum Gefängnis-Tourismus:
STULLER, J. (1999): Alcatraz. Das Gefängnis, San Francisco
STEINECKE, A. (2007): Kulturtourismus. Marktstrukturen – Fallstudien – Perspektiven, München/Wien, S. 179-183

Zum Schlachtfeld-Tourismus:
BRANDT, S. (2003): Reklamefahrten zur Hölle oder Pilgerreisen? Schlachtfeldtourismus zur Westfront von 1914 bis heute. – In: Tourismus Journal, 7/1, S. 107-124
REICHERT, A. (2005): Kulturgut, das der Krieg schuf. Das bauliche Erbe der Befestigungs- und Verteidigungssysteme im Saar-LorLux-Raum vom 16. Jahrhundert bis zum Zweiten Weltkrieg, Trier (Universität Trier, Dissertation)

Zum Friedhofs-Tourismus:
TANAS, S. (2006): Der Friedhof als Teil der Geografie des Tourismus. – In: Ohlsdorf – Zeitschrift für Trauerkultur, 92/I und 93/II (www.fof-ohlsdorf.de/kulturgeschichte)
STEINECKE, A. (2007): Kulturtourismus. Marktstrukturen – Fallstudien – Perspektiven, München/Wien, S. 166-178

✔️ Kurz und bündig

Touristische Sehenswürdigkeiten sind eindrucksvolle, einmalige und vor allem schöne Bauwerke. Diesen Eindruck kann man gewinnen, wenn man Reiseführer durchblättert, auf den Homepages von Ferienregionen surft oder einen Blick in die Fotoalben der Bundesbürger wirft. Doch seit langem gibt es auch eine populäre Parallelwelt an „dunklen" Attraktionen: So geht selbst von Konzentrationslagern, Schlachtfeldern und Schauplätzen von Katastrophen eine verstörende Faszination aus, die archaische Gefühle bei den Besuchern anspricht und sie zur Selbstreflexion anregt. Die touristische Nutzung dieser Orte des Schreckens ist immer eine Gratwanderung zwischen historischer Aufklärungsarbeit und sensationslüsterner Kommerzialisierung.

Touristische Pilgerfahrten führen nur zu religiösen Kultstätten

Seit Urzeiten war die Grotte von Massabielle im Südwesten Frankreichs einfach nur eine Felsenhöhle – bis die 14-jährige Bernadette Soubirous am 11. Februar 1858 erzählte, dass ihr dort die Mutter Gottes erschienen sei. Bald machten Berichte über die wundersame Heilkraft des Quellwassers die Runde und inzwischen pilgern jährlich mehr als fünf Millionen Gläubige zur Grotte von Lourdes, um von ihren Krankheiten geheilt zu werden und ihr Seelenheil zu finden. Bislang war es ein Privileg der Weltreligionen, Schauplätze ungewöhnlicher Ereignisse zu solchen „heiligen Orten" zu erklären. Doch mit der zunehmenden Säkularisierung der westlichen Gesellschaften sind neue Akteure aufgetaucht: Statt Päpsten und Bischöfen haben nun auch Journalisten, Filmregisseure und Unternehmer die Macht, Kultstätten für ein Massenpublikum zu kreieren. Die Verehrung der Besucher gilt dort nicht Göttern und Heiligen, sondern Medienstars und Markenprodukten.

„Ich bin dann mal weg" – der Titel des Bestsellers von Hape Kerkeling ist längst zu einem geflügelten Wort geworden. Sein Erfahrungsbericht über die Wanderung auf dem „Camino de Santiago" in Nordspanien hat aber nicht nur unsere Alltagssprache bereichert, sondern auch erhebliche touristische Effekte ausgelöst. Durch diese Publikation wurde eine breite Öffentlichkeit auf den traditionellen Jakobsweg aufmerksam gemacht: Nach dem Erscheinen des Bandes im Jahr 2006 stieg die Zahl der deutschen Pilger (und Wanderer) um mehr als 70 %.[1]

„Eine paradoxe Situation. Während den Kirchen die Mitglieder entschwinden, haben ihre steinernen Wahrzeichen wie auch ihre Riten und Bräuche Konjunktur."[2]

Angesichts des lange anhaltenden Medienrummels um das Buch wird leicht übersehen, dass Wallfahrten – nicht nur im Christentum – auf eine lange Geschichte zurückblicken können:
- Das Grab des Apostels Jakobus des Älteren in Santiago de Compostela war – neben Rom und Jerusalem – bereits im Mittelalter das wichtigste Ziel der christlichen Pilgerreise.
- Im Islam zählt die *hadj* nach Mekka zu den fünf Pflichten eines jeden Moslems; schon im 15. Jahrhundert führten große Karawanen aus allen Teilen der arabischen Welt zu diesem wichtigen Pilgerort.

• Auch für Hindus gehört die *jatra* zur religiösen Praxis. Neben bekannten Pilgerstätten wie Benares und Varanasi gibt es Tausende von kleinen Orten, an denen seit langem die Götter im Rahmen einer Wallfahrt verehrt werden.

Gegenwärtig spielen Pilgerreisen auf dem internationalen Tourismusmarkt eine wichtige Rolle: Schätzungen gehen davon aus, dass ein Drittel der weltweiten Reiseströme auf religiöse Motive zurückzuführen ist. Ein deutlicher Beleg für diese enorme Bedeutung sind die hohen Besucherzahlen in einigen Wallfahrtsorten. So kommen z. B. jedes Jahr fünf Millionen Pilger nach Lourdes, Santiago de Compostela ist das Ziel von drei Millionen Menschen und selbst der kleine Marien-Wallfahrtsort Kevelaer am Niederrhein verzeichnet alljährlich ca. 800.000 Wallfahrer.

Natürlich unterscheiden sich die Pilgerreisen grundsätzlich von einer üblichen Urlaubsreise: Bei ihnen stehen nicht Erholung, Spaß und Entspannung im Vordergrund, sondern die Fürbitte um Befreiung von irdischen Lastern, die Danksagung für eine Heilung, der Wunsch nach religiöser Erleuchtung bzw. das Gemeinschaftserlebnis mit anderen Gläubigen.

Gleichzeitig haben sich berühmte Wallfahrtsorte aber auch zu populären touristischen Zielen entwickelt: Im bayerischen Altötting handelt es sich bei der Hälfte der 1,2 Millionen Besucher pro Jahr um Besichtigungstouristen und auch Kloster Andechs ist zu einem beliebten Ausflugsziel geworden, das sogar über mehrere Restaurants und einen eigenen Klosterladen verfügt.[3]

Für nicht-gläubige Gäste sind Klöster, Moscheen und Tempel zwar keine „heiligen Stätten", sie können aber durchaus eine spirituelle Bedeutung haben – als Orte der Ruhe und Besinnung. Nach Einschätzung von Pfarrern und Pastoren erlebt der Kirchentourismus in jüngerer Zeit sogar einen regelrechten Boom, denn Kirchen sind weit mehr als nur „Sakralimmobilien"; als „Tür zum Heiligen" bieten sie die Möglichkeit, einmal innezuhalten, Abstand zum Alltag zu gewinnen und über die eigene Existenz nachzudenken.[4]

Zukunftsforscher haben diese Suche nach dem Sinn des Lebens längst als neuen Trend ausgemacht: Ihrer Meinung nach handelt es sich bei der bisherigen „Spaß- und Erlebnisgesellschaft" um ein Auslaufmodell. Statt eines hemmungslosen Konsums und eines oberflächlichen Hedonismus spielen persönliche Werthaltungen in der neuen „Sinngesellschaft" eine zentrale Rolle: Der Wunsch nach andersartigen Erfahrungen, die Konzentration auf wirklich wichtige Dinge und die Nähe zu anderen Menschen, mit denen wir gemeinsame Interessen und Empfindungen teilen.[5]

Damit entsteht aber ein Markt für neue „Sinn-Anbieter", auf dem die großen Religionsgemeinschaften nicht länger über eine Monopolstellung verfügen. Leere Kirchenbänke in den sonntäglichen Messen und Gottesdiensten, aber auch ein dramatischer Rückgang der Mitgliederzahlen sind deutliche Belege dafür, dass die christlichen Kirchen ihre einstmals sinnstiftende Bedeutung für die gesamte Gesellschaft zunehmend verlieren (dieses Schicksal teilen sie mit den Volksparteien und den politischen Bewegungen, deren ideologische Strahlkraft ebenfalls verblasst).

Auch wenn die Urlauber weiterhin massenhaft in Kirchen und Klöster strömen und Tausende von Touristen auf den Spuren von Hape Kerkeling über den Jakobsweg wandern, so handelt es sich dabei nicht um einen traditionellen Wallfahrtstourismus. Diese neuen „Pilger" sind weniger auf der Suche nach religiöser Erbauung und Befreiung von Sünden als vielmehr nach kulturellen Erlebnissen oder körperlichen Herausforderungen – einfach nach andersartigen Lebenserfahrungen jenseits von Konsum und Unterhaltung.

„Imagine all the people, living life in peace" – im New Yorker Central Park erinnert ein Mosaik an den Pop-Musiker John Lennon, der am 8. Dezember 1980 auf der gegenüberliegenden Straßenseite von einem geistig verwirrten Attentäter erschossen wurde. Das Denkmal hat sich längst zu einer neuen Pilgerstätte für Touristen entwickelt; speziell an seinem Todestag versammeln sich hier alljährlich Beatles-Fans aus aller Welt, um ihres Idols zu gedenken.

Um sich diesen Wunsch nach Sinnhaftigkeit, Spiritualität und Gemeinschaft zu erfüllen, sind Touristen aber nicht mehr zwangsläufig auf Reliquienschreine, Heiligengräber und Lichterprozessionen angewiesen. Im 21. Jahrhundert definieren nicht alleine die christlichen Kirchen, sondern vor allem die Massenmedien, was „heilige Stätten" sind. In einer gefühlten Endlosschleife zeigen sie uns die Schauplätze kurioser Ereignisse und dramatischer Vorfälle – und verleihen diesen Orten damit eine zusätzliche, nahezu schicksalshafte Bedeutung.

So wie gläubige Katholiken im 19. Jahrhundert die unscheinbare Grotte in Lourdes sehen wollten, um der Mutter Maria nahe zu sein und an ihren Wundern teilzuhaben, so wollen Touristen heute den Tunnel in Paris sehen, in dem die beliebte englische Prinzessin Diana bei einem Verkehrsunfall ums Leben kam oder die Stelle in Berlin, an der die Menschen im Jahr 1989 auf der Mauer getanzt haben. In der Mediengesellschaft der Gegenwart hat also jeder Ort eine realistische Chance, zu einer touristischen Attraktion zu werden – er muss nur ins Scheinwerferlicht der öffentlichen Aufmerksamkeit geraten und die Ereignisse, die dort stattgefunden haben, müssen die Menschen emotional tief berühren.

„Ich freue mich, dass ich hier gestanden habe"⁶ –
zur Bedeutung von Schauplätzen als touristischen
Attraktionen

Die Geschichte vom treuen Fan

Im Jahr 1999 starb der populäre Schlagersänger und Schauspieler Rex Gildo nach dem Sturz aus einem Fenster im zweiten Stock seines Wohnhauses (es konnte nicht geklärt werden, ob es sich dabei um einen Unfall oder einen Selbstmord handelte). Bis heute hat eine Münchner Taxifahrerin noch regelmäßig einen weiblichen Fahrgast, der sich – unter Tränen – zunächst zum Ort des tragischen Geschehens fahren lässt und anschließend zum Ostfriedhof, wo Rex Gildo seine letzte Ruhe fand.

Eigentlich ist das Fußballstadion des Vereins „Hannover 96" nur ein Fußballstadion wie viele andere auch, doch im Herbst 2009 wurde es zum Schauplatz einer bewegenden Trauerfeier für den beliebten Torwart Robert Enke. Sein Selbstmord berührte nicht nur die Anhänger des Fußballvereins, sondern die ganze Nation. Im Stadion versammelten sich 35.000 Menschen, um von dem Sportler Abschied zu nehmen (so viele Besucher waren während der Saison nicht einmal zu allen Heimspielen des Vereins gekommen).[7]

Die Live-Berichterstattung in vielen TV-Sendern und die Bilder in den abendlichen Nachrichtensendungen sorgten dafür, dass das Stadion eine bundesweite Aufmerksamkeit erlangte – und zugleich eine neue, symbolische Bedeutung als Ort des Mitgefühls und der Trauer. So zynisch es auch klingen mag: Von nun an erfüllt die Arena alle Anforderungen, um künftig zu einer touristischen Kultstätte zu werden. Sie ist emotional hochgradig besetzt und bietet den Besuchern die Möglichkeit, sich gemeinsam an den prominenten Fußballer und auch an die Trauerfeier zu erinnern.

Einmal selbst an einem bedeutungsvollen Ort gestanden zu haben – dieses alte Motiv der Wallfahrer gilt auch für die touristischen „Pilger" im 21. Jahrhundert. Sie möchten ihren Stars nahe sein, familiär werden mit einem Stück der Geschichte und die Atmosphäre der Lokalität spüren. Dann können sie sich zu den Wenigen zählen, die den Schauplatz des wichtigen Ereignisses persönlich gesehen haben. Zum Beweis dokumentieren sie ihren Besuch mit zahlreichen Fotos, die bereits während der Reise per Handy verschickt oder später zu Hause den Freunden und Bekannten gezeigt werden.

Große Emotionen wie Trauer, Entsetzen, Staunen oder Freude lassen sich an vielen Orten der Welt festmachen; deshalb kommt es nur auf den persönlichen Bezug an, den jeder Einzelne zu dem jeweiligen Ereignis und Schauplatz hat:

• Wer sich für Politik interessiert, der wird bei einer Reise nach China sicherlich den Tiananmen-Platz in Peking besichtigen, der in den 1950er-Jahren für Massenaufmärsche und Parteiveranstaltungen angelegt wurde. Düstere Berühmtheit erlangte der „Platz des Himmlischen Friedens" im Jahr 1989, als dort die chinesische Demokratiebewegung blutig niedergeschlagen wurde; nach Einschätzung von Menschenrechtsorganisationen wurden dabei mehr als 2.000 Menschen getötet.[8]

• Für Beatles-Fans, die einen Kurzurlaub in New York verbringen, gehören die „Strawberry Fields" im Central Park zum Pflichtprogramm. Dort erinnert das Mosaik „Imagine" an den weltbekannten Musiker John Lennon, der am 8. Dezember 1980 vor den Dakota Apartments (auf der gegenüberliegenden Straßenseite) von einem geistig verwirrten Attentäter erschossen wurde.[9]

- Im idyllischen Kneippkurort Bad Münstereifel gibt es eine Kultstätte für die Freunde der deutschen Volksmusik. Dort betreibt der Schlagersänger Heino das bekannte „Rathaus-Café"; auf seiner Homepage wirbt er damit, dass die legendäre Haselnusstorte immer vorrätig sei (notfalls können sich die Fans das Rezept aber auch als Datei herunterladen). An manchen Tagen kommen bis zu 900 Gäste, um ihrem Star an diesem Ort einmal nahe zu sein (gelegentlich macht Heino sogar eine Runde durch das Café und begrüsst seine Verehrer/-innen).

Im Gegensatz zu den authentischen historischen Sehenswürdigkeiten wie Kathedralen oder Burgen ist der Vorrat an solchen neuen touristischen Pilgerorten unerschöpflich, denn die Weltgeschichte produziert ständig weitere Ereignisse und Schauplätze – wie ein skurriles Beispiel aus Indonesien zeigt.

In dem kleinen Ort Kepuhsari auf Java wurde am 17. September 2009 der militante Moslem Noording Mohammed Top von Polizeikräften erschossen. Er galt als Drahtzieher mehrerer Anschläge mit Hunderten von Toten und war der meistgesuchte Terrorist Südostasiens. Wenige Tage nach diesem Vorfall setzte ein enormer Besucherstrom ein: Immer mehr Menschen wollten den Ort des Geschehens einmal mit eigenen Augen sehen. Für die Einheimischen erweist sich der Tod des Islamisten inzwischen als lukratives Geschäft; mit dem Verkauf von Speisen und Getränken sowie der Vermietung von Parkplätzen können sie ihr kärgliches Einkommen ein wenig aufbessern. Bereits am Eingang des Dorfes wird auf einem Plakat deshalb gehörig Werbung für die neue Attraktion gemacht: „Location of terrorist Top's death."[11]

Vom verschlafenen Provinznest zur touristischen Kultstätte – eine solche Karriere ist nur mit Hilfe der Massenmedien möglich. Sie sorgen dafür, dass Orte wie Kepuhsari überhaupt ins Scheinwerferlicht der Öffentlichkeit geraten. Angesichts der Informationsflut in TV-Sendern, Internet, Hörfunk und Printmedien ist es also nicht verwunderlich, dass Schauplätze besonderer Ereignisse in den letzten Jahren im Tourismus einen Boom verzeichnen konnten. Dabei muss es sich nicht zwangsläufig nur um reale Orte handeln, an denen um Fußballspieler oder Popstars getrauert wird oder Schlagersänger gefeiert werden. Zu den neuen Pilgerstätten zählen zunehmend auch *locations* fiktiver Geschichten – die Drehorte bekannter TV-Serien und Filmproduktionen.

In Heinos „Rathaus-Café" in Bad Münstereifel

„Um vier ist es fast wie in Lourdes. Gelähmte im Rollstuhl teilen die Massen. Serviererinnen taumeln unter dem Gewicht von Kaiserschmarrn, dampfenden Waffeln und Sahnetorten durchs Lokal. Besucherwogen fluten nach. Lebensgeschichten schwappen über die Tische und verebben zwischen Geschirrgeklapper, Lachsalven, quietschenden Stühlen und ehernen Heimatklängen aus der Beschallungsanlage."[10]

Chefärzte, Sternenkrieger und Zauberlehrlinge – über den Boom des Film- und TV-Tourismus

„Die Schwarzwaldklinik muss wieder her" – forderte der Besitzer eines Souvenirladens im Schwarzwald vor kurzem in einem Interview mit der „Frankfurter Allgemeinen Zeitung". Sein Wunsch war durchaus verständlich, denn in den 1980er-Jahren hatte die beliebte TV-Arztserie im idyllischen Glottertal einen wahren Touristenboom ausgelöst. An Spitzentagen verstopften damals bis zu 40 Ausflugsbusse die Hauptstraße des 3.000-Einwohner-Ortes, um den Schauplatz der Handlung einmal mit eigenen Augen zu sehen.[12]

Obwohl dort nur die Außenaufnahmen gedreht worden waren und das Gebäude (ein Sanatorium für psychosomatische Krankheiten) nicht besichtigt werden konnte, hofften viele Besucher, die Hauptpersonen – den Chefarzt Professor Klaus Brinkmann und seine Oberschwester Hildegard – tatsächlich zu treffen. Die allgemeine Begeisterung ging soweit, dass sich bei der Leitung des Sanatoriums Chirurgen und Anästhesisten als Mitarbeiter bewarben (obwohl die Heilstätte nicht einmal über einen Operationssaal verfügte).[13]

Die örtlichen Hoteliers, Gastronomen und Souvenirhändler profitierten enorm von diesem TV-Tourismus: Für die Erwachsenen gab es ein buntes Sammelsurium an speziellen „Schwarzwaldklinik"-Produkten (Kugelschreiber, Feuerzeuge etc.) und für die Kinder einen kleinen Doktorkoffer aus Plastik. Obwohl der „Schwarzwaldklinik"-Fanclub mehr als 17.000 Unterschriften für die Fortführung der erfolgreichen TV-Serie sammelte, wurde sie im Jahr 1989 nach 70 Folgen eingestellt. Damit kam aber auch der massenhafte Ausflugsverkehr ins Glottertal bald wieder zum Erliegen.

Das Beispiel der „Schwarzwaldklinik" zeigt, wie die Film- und Fernsehindustrie mit ihren Bildern nicht nur unsere Sehnsüchte nach großen Gefühlen und schönen Schauplätzen bedient, sondern zugleich auch den Wunsch weckt, selbst auf den Filmsets zu stehen und die Handlung noch einmal zu erleben. Auf diese Weise entstehen hyperreale Orte – eine skurrile Mischung aus Wirklichkeit und Phantasie, bei der die alltägliche Bedeutung dieser Plätze in den Hintergrund rückt (so haben die Besucher im Glottertal einfach die Tatsache ausgeblendet, dass es sich bei dem Gebäude um ein normales Sanatorium handelt und nicht um die beliebte „Schwarzwaldklinik").

Doch richtige Filmtouristen gehen noch einen Schritt weiter: Sie wollen die Orte der fiktiven Geschichten nicht nur besichtigen, sondern selbst zum Teil des Filmes zu werden. Beispiel Tunesien: Dort hat der amerikanische Regisseur George Lucas mehrere Szenen seiner „Star Wars"-Filme gedreht. Einige Sets sind nicht abgebaut worden und haben sich nun zu neuen touristischen Attraktionen entwickelt. An diesen ehemaligen Drehorten begnügen sich überzeugte „Star Wars"-Fans nicht damit, einfach nur Erinnerungsfotos zu machen, sondern stellen bekannte Szenen selbst nach. Dazu bringen manche Besucher sogar selbst geschneiderte Kostüme mit, die sich an den Vorbildern des Films orientieren.[14]

Verlage und Tourismusorganisationen haben das große Marktpotenzial des Filmtourismus längst entdeckt; die Fans müssen nicht mehr selbst mühevoll nach Schauplätzen suchen, sondern können auf ein breites Angebot an Büchern, Pauschalreisen, Führungen und Karten zurückgreifen:

- Im Jahr 2002 erschien „Der große Filmreiseführer" von Tony Reeves, der detaillierte Beschreibungen von mehr als 15.000 Filmschauplätzen weltweit enthält.[15]
- Anlässlich der Premiere des Films „John Rabe" (mit Ulrich Tukur in der Hauptrolle) haben die Reiseveranstalter „Thomas Cook Reisen" und „China Tours" im Jahr 2009 achttägige Sonderreisen zu den Originalschauplätzen in Shanghai und Nanjing durchgeführt.[16]
- In Münster bietet „StattReisen Münster" in Zusammenarbeit mit dem Presseamt regelmäßig Stadtführungen zu den wichtigsten Drehorten der TV-Krimiserie „Wilsberg" an – u. a. zu dem „Antiquariat Solder" (das für die Dreharbeiten in „Antiquariat Wilsberg" umbenannt wird).[18]
- Bei dem „South Bank Movie Trail" in London handelt es sich um eine Themenroute (mit speziellem Stadtplan), die zu bekannten Filmschauplätzen an beiden Ufern der Themse führt. Dort wurden u. a. Szenen aus „Mary Poppins" (1964), „Mission Impossible" (1996) und „The Bourne Ultimatum" (2007) gedreht.[19]

Das Engagement von Städten und Regionen beschränkt sich aber bei weitem nicht auf Informationsbroschüren oder Themenführungen. Mit Hilfe eigener Agenturen versuchen sie, sich gezielt als *locations* von TV-Serien und Filmen zu positionieren (um auf diese Weise ins Blickfeld der öffentlichen Aufmerksamkeit zu gelangen). Aufgabe dieser „FilmCommissions" ist es, die Produzenten bei der

Die Welt als Wille und Vorstellung: Wenn Filmfans die Drehorte der bekannten „Star Wars"-Trilogie von George Lucas besichtigen, wird die tunesische Sahara für sie zum Wüstenplaneten Tatooine. Hier können sie sich selbst als Teil der Filme sehen und – teilweise kostümiert – auch Szenen nachspielen. Auf diese Weise entstehen neue, hyperreale Orte, an denen Reales und Imaginäres miteinander verschmilzt.[17]

Auswahl der Drehorte zu beraten, Drehgenehmigungen zu besorgen und die Dreharbeiten logistisch zu unterstützen.[20]

Diese dezente Form des *location placements* erweist sich als überaus sinnvoll, denn eine aktuelle britische Studie kam zu dem Ergebnis, dass 27 % der Erwachsenen und 45 % der Jugendlichen zwischen 16 und 24 Jahren bei der Wahl ihres Urlaubszieles von Filmen beeinflusst werden, die sie im Fernsehen oder im Kino gesehen haben.

Wie einst im Glottertal kommt es inzwischen vielerorts zu einem Ansturm der Besucher:
• In Alnwick Castle in Northumberland hat sich die Besucherzahl innerhalb kurzer Zeit mehr als verdoppelt. Grund dafür war die Verfilmung der „Harry Potter"-Romane von Joanne K. Rowling, denn für die Dreharbeiten wurde die Burg in die „HogwartsSchule für Hexerei und Zauberei" verwandelt. Von diesem Filmtourismus profitiert die gesamte Region: Die zusätzlich erzielten Einnahmen werden auf ca. 13 Millionen Euro geschätzt.[21]
• Seit Anfang der 1990er-Jahre hat das Zweite Deutsche Fernsehen ca. 90 TV-Filme gesendet, die auf Romanen der britischen Autorin Rosamunde Pilcher basieren. Schauplatz der Liebesgeschichten, die vor einer eindrucksvollen Landschaftskulisse spielen und natürlich immer ein Happy End haben, ist das wild-romantische Cornwall. Die zahlreichen Filmfans haben den Tourismus dort zu einer krisenfesten Branche werden lassen. Während Großbritannien im Jahr 2009 einen Einbruch der Nachfrage um 5 % befürchten musste, gab es bei den Besucherzahlen im Südwesten der Insel keine Rückgänge.[22]
• Das ferne Neuseeland konnte sich darüber freuen, dass der Regisseur Peter Jackson dort die Fantasy-Trilogie „Herr der Ringe" drehte. Allein der Filmreiseführer „The Lord of the Rings Locations Guidebook" wurde mehr als 200.000 Mal verkauft und das „Dorf der Hobbits" (das einzige vollständig erhaltene Set) wollten bereits im ersten Jahr 20.000 Besucher sehen. Die neuseeländische Regierung zog alle Marketing-Register, um die große Popularität der Filme zu nutzen: Sie produzierte nicht nur spezielle Münz- und Briefmarkenserien, sondern ließ auch die Jets der „Air New Zealand" mit Motiven des Films lackieren, um auf den internationalen Flughäfen Werbung für das Land zu machen.[23]

Allerdings handelt es sich für eine Destination bei dem Filmtourismus nicht um einen Selbstläufer – wie das Beispiel Australien zeigt. Dort knüpfte man große Hoffnungen an das monumentale Filmdrama „Australia" (mit Nicole Kidman und Hugh Jackman in den Hauptrollen). Die staatliche Werbeorganisation „Tourism Australia" gab im Jahr 2008 umgerechnet 30 Millionen Euro aus, um parallel zum Film in mehr als 20 Ländern für den fünften

Kontinent als Urlaubsziel zu werben (unter dem Slogan „See the Movie, see the Country"). Trotz des großen Aufwands ging die Zahl der ausländischen Besucher im folgenden Jahr leicht zurück.[24]

Der touristische Erfolg von Film- und TV-Schauplätzen ist also zum einen unberechenbar, zum anderen aber auch vergänglich. Wenn keine neuen *film sequels* („Spider-Man" 2, 3 etc.) oder Serien-Staffeln mehr gedreht werden, besteht die Gefahr, dass die Drehorte in Vergessenheit geraten (von Klassikern wie „Der Dritte Mann" einmal abgesehen, der in Wien bis in die Gegenwart touristisch genutzt wird).[25]

Als recht dauerhaft erweisen sich hingegen die Schauplätze von Kriminalromanen, denn ein Griff ins Regal genügt, um gemeinsam mit Sherlock Holmes oder Kurt Wallander noch einmal im nebligen London oder im kalten Ystad auf Verbrecherjagd zu gehen. So ist es nicht verwunderlich, dass nicht nur Filmsets, sondern auch literarische Tatorte längst zu neuen touristischen Pilgerstätten geworden sind.

„Airline to Middle-Earth" – mit diesem ungewöhnlichen Slogan und mit Filmmotiven auf ihren Jets machte „Air New Zealand" weltweit Werbung – nicht nur für die drei „Herr der Ringe"-Filme des Regisseurs Peter Jackson, sondern auch für das eigene Land, in dem viele Szenen gedreht wurden.[26]

Unterwegs zu Tatorten: Kriminalromane als Reiseführer

Auf den ersten Blick ist die Eifel einfach nur eine deutsche Mittelgebirgslandschaft wie die Rhön, der Teutoburger Wald oder das Fichtelgebirge, doch für viele Krimifans hat sie seit mehreren Jahren eine zusätzliche, nicht direkt wahrnehmbare Bedeutung – als Schauplatz der Krimis von Jacques Berndorf. Seine Bücher „Eifel-Blues", „Eifel-Filz", „Eifel-Müll" etc. sind inzwischen in einer Gesamtauflage von 4,5 Millionen Exemplaren erschienen.[27]

Die Regionalkrimis von Berndorf gehören zu einem Genre, das in den letzten Jahren in Deutschland generell einen Boom erlebt hat. Inzwischen gibt es eine nahezu unüberschaubare Zahl von Kommissaren, die im Ruhrgebiet, im Allgäu, in Köln, Augsburg und anderswo auf Verbrecherjagd gehen. Mit ihrem Lokalkolorit und detailreichen Ortsbeschreibungen bieten die Krimis eine neue Art der Heimatkunde – und bei der Lektüre wächst auch die Neugier, selbst einmal auf den Spuren der Romanhelden Städte und

Ihr Begleiter

auf dem

EIFEL

KRIMI

Wanderweg

Misstraue der ländlichen Idylle! Für die Fans der Regionalkrimis von Jacques Berndorf handelt es sich bei der Eifel nicht um eine schöne Mittelgebirgslandschaft, sondern um eine „mörderische" Region, in der ständig Verbrechen begangen werden. Der „Eifelkrimi-Wanderweg" führt zu den literarischen Tatorten; an mehreren Stationen erhalten Krimifans per Handy Zitate aus den Büchern und Hintergrundinformationen.[31]

Landschaften zu erkunden.[28]

Wie beim Filmtourismus haben die Tourismusmanager auch beim Krimitourismus die Zeichen der Zeit erkannt – wie das Beispiel der Eifel zeigt:

• Für die Krimifans wurde im Jahr 2004 der „Eifelkrimi-Wanderweg" eingerichtet, der aus elf Stationen besteht. Per Handy können die Besucher dort Auszüge aus den Kriminalromanen abrufen; außerdem erhalten sie Hintergrundinformationen zum Autor und zur realen Geschichte des jeweiligen Standorts.

• In Hillesheim findet in zweijährigem Rhythmus das Krimi-Festival „Tatort Eifel" statt, bei dem Lesungen von Autoren, Workshops und Podiumsdiskussionen auf dem Programm stehen. Mehr als die Hälfte der ca. 6.000 Teilnehmer sind auswärtige Gäste, die speziell wegen des Festivals in die Eifel kommen.[29]

Zu neuen touristischen Kultstätten für Krimifans sind auch Venedig und vor allem Rom geworden. Die Lagunenstadt wurde durch die Romane von Donna Leon als Tatort von Kriminalfällen berühmt; ihr Commissario Guido Brunetti hat dort inzwischen 17 Fälle erfolgreich gelöst. Mit Hilfe von speziellen Krimi-Reiseführern können sich Touristen auf die Suche nach den Schauplätzen der fiktiven Verbrechen machen.[30]

In der ewigen Stadt hat der Thriller „Illuminati" von Dan Brown seit 2003 für eine Belebung der Tourismusbranche gesorgt. Auf der Grundlage des Romans (und des erfolgreichen Films) bieten mehrere lokale Reiseagenturen Themenführungen zu den Schauplätzen von Mord und Totschlag an – u. a. die Kirche Santa Maria della Vittoria, das Pantheon und die Engelsburg. Dabei tritt die historische Authentizität der Gebäude weitgehend in den Hintergrund. Die überwiegend jungen Teilnehmer haben wenig Interesse an (trockenen) kunstgeschichtlichen Informationen zur Antike oder zum Barock, sondern betrachten die Bauten einfach nur als Kulissen der spannenden Kriminalgeschichte.[32]

Beim Krimitourismus wird (wie beim Filmtourismus) also eine emotionale Bindung zu Schauplätzen hergestellt, die mit der realen Situation kaum etwas gemein hat; sie besteht nur in der persönlichen Wahrnehmung und im „Glauben" der Touristen.[33] Damit ähneln diese Orte aber religiösen Pilgerstätten wie der Mariengrotte in Lourdes, deren spirituelle Dimension den nicht-gläubigen Besuchern ebenfalls verborgen bleibt.

Die Beispiele zeigen zugleich, dass es auch in den säkularen westlichen Gesellschaften offensichtlich das Bedürfnis nach geheimnisvollen und exklusiven „heiligen Orten" gibt, an denen man etwas Besonderes sieht, sich in illusionären Welten bewegt und dabei neue, sinnhafte Erfahrungen macht. Die Erfüllung dieses irrationalen Wunsches ist längst zu einem einträglichen Geschäft geworden – für die Massenmedien und die Tourismusbranche, aber vor allem auch für die *global player* der Konsumgüterindustrie. Um den großen Bekanntheitsgrad ihrer Produkte zu nutzen und noch zu steigern, haben sie neuartige Markenerlebniswelten geschaffen. In diesen „Kathedralen des Konsums"[34] (!) gilt die Verehrung der Besucher nicht Göttern und Heiligen, sondern Luxuslimousinen, Kristallfiguren und Schokoladenbrunnen.

Die Macht der Marken oder
Die religiöse Inszenierung von Produkten

Die Presse war einfach nur begeistert: Als „heile, strahlende Welt", „automobile Weltstadt" und „Tempelanlage der automobilen Religion" wurde die „Autostadt" in Wolfsburg gefeiert, die am 1. Juni 2000 anlässlich der EXPO ihre Tore öffnete.[35] Mit einem Investitionsaufwand von 430 Millionen Euro hatte die „Volkswagen AG" eine weitläufige Themenwelt geschaffen, in der die Marken des Konzerns in einzelnen Pavillons wie Pretiosen präsentiert werden.

Dabei war es nicht das Ziel, die aktuelle Angebotspalette – von Polo bis Phaeton oder von Audi A 3 bis A 8 – wie in einem örtlichen Autohaus einfach nur auszustellen oder Pkws zu verkaufen. Im Gegenteil: Zum Leidwesen vieler Autofreaks werden in der „Autostadt" sogar relativ wenige Fahrzeuge gezeigt und es finden auch keine Verkaufsgespräche statt.

Vielmehr geht es darum, diese austauschbaren, alltäglichen Produkte symbolisch zu überhöhen und emotional aufzuladen – ihnen also eine zusätzliche Bedeutung als Kultobjekte zu verleihen. Auf diese Weise sollen den Besuchern zentrale Unternehmenswerte wie Qualität, Sicherheit, Umweltschutz und soziale Verantwortung vermittelt werden.[36]

Um dieses Ziel zu erreichen, haben die Planer auf ein breites Instrumentarium an bewährten Inszenierungstechniken zurückgegriffen, die aus dem Fundus der Architektur, der bildenden Kunst und des Theaters stammen:

• Im VW-Pavillon stehen z. B. Lebensfreude, Vertrauen und das Streben nach Perfektion im Mittelpunkt. Diese Botschaften kommen in einer ruhigen und klaren Formensprache des Gebäudes zum Ausdruck – einem gläsernen Kubus und einer großen Kugel,

Homepages von touristischen Krimi-Attraktionen (Auswahl)

Krimi-Museen
• Kriminalhaus, Hillesheim (www.kriminalhaus.de)
• Sherlock Holmes Museum, London (www.sherlock-holmes.co.uk)

Krimi-Themenrouten
• Eifelkrimi-Wanderweg (www.eifelkrimi-wander-weg.de)
• Deutsche Krimi-Straße (www.deutsche-krimi-strasse.de)
• Agatha Christie Mile (www.torbay-online.co.uk/ agatha-christie)

Krimi-Führungen
• „Tatort", „Wilsberg" u. a. in Münster (www.statt-reisen-muenster.de)
• „Wallander"-Krimis in Ystad/Schweden (www.cineteket.se)

Krimi-Festivals
• Criminale (www.die-criminale.de)
• Tatort Eifel (www.tatort-eifel.de)
• Crime Writing Festival, Harrogate (www.harrogate-festival.org.uk)

Krimi-Dinner
• www.krimidinner.de
• www.tatort-dinner.de
• www.dinnerkrimi.de

?

**Beispiele für Markenerleb-
niswelten (*brand lands*)**

Automobile
• Audi Forum, Ingolstadt
  (www.audi.de)
• Autostadt, Wolfsburg
  (www.autostadt.de)
• BMW Welt, München
  (www.bmw-welt.com)
• Mercedes-Benz Museum,
  Stuttgart (www.mercedes-
  benz-classic.com)

Nahrungs-/Genussmittel
• Bitburger Marken-
  Erlebniswelt, Bitburg
  (www.bitburger.de)
• Cadbury World, Bourne-
  ville (GB) (www.cadbury-
  world.co.uk)
• Guinness Storehouse,
  Dublin (www.guinness-
  storehouse.com)
• World of Coca-Cola, At-
  lanta (USA) (www.world-
  ofcoca-cola.com)

*Glas-, Porzellan- und
Kristallprodukte*
• Leonardo Glass Cube,
  Bad Driburg (www.glas-
  cube.de)
• Swarovski-Kristallwelten,
  Wattens (A) (www.kristall-
  welten.swarovski.com)
• Erlebniszentrum „Villeroy
  & Boch", Mettlach
  (www.villeroy-boch.com)

in deren Kuppel in einem 360°-Kino thematisch passende Kurz-
filme gezeigt werden.
• Um die Kraft und Sportlichkeit der Marke „Lamborghini" zu
  verdeutlichen, wird der Sportwagen „Murciélago" (benannt nach
  einem bekannten Kampfstier) in einem schwarzen Pavillon wie
  ein gefangenes Tier präsentiert. Am Ende einer Show mit dramatischen Licht- und Geräuscheffekten bricht er tatsächlich aus
  diesem Gefängnis aus: Eine Wand öffnet sich und das Fahrzeug
  wird symbolisch in die Freiheit entlassen.
• Die dynamische Rundung des „Bentley"-Pavillons soll an die
  Kurven der Rennstrecke von Le Mans erinnern, auf der „Bent-
  leys" mehrere Male den Sieg errungen haben. Im Inneren signalisieren hochwertige Baumaterialien wie grüner Granit und
  luxuriöse Ausstattungselemente wie feines Leder und kostbare
  Edelhölzer den exklusiven Charakter dieser Konzernmarke.
Als wirklich „heiliger Ort" erweist sich aber das „KundenCenter":
Dort werden an 60 Stationen täglich bis zu 1.000 Neufahrzeuge in
einem aufwändig inszenierten Ritual an Selbstabholer übergeben:
• Die Kunden finden ihren Namen sowie Angaben zu Ort und Zeitpunkt der Übergabe auf großen Anzeigetafeln (wie in den Terminals von Flughäfen).
• Das jeweilige Fahrzeug wird dann vollautomatisch aus den hohen
  gläsernen „AutoTürmen" (den *land marks* der „Autostadt") in das
  „KundenCenter" transportiert.
• Ein Fotograf dokumentiert den Moment der Fahrzeugübergabe an
  die Kunden; sie dürfen das Bild als Erinnerung mit nach Hause
  nehmen.
• Von einer Empore aus können die anderen Besucher der „Autostadt" die Übergabe der Fahrzeuge beobachten – und diesen besonderen Moment gemeinsam mit den stolzen Besitzern erleben.
Das neuartige Konzept der „Autostadt" – mit seiner Mischung
aus Themenpark, Museum und Erlebniswelt – ist nicht nur bei den
Medien, sondern auch beim Publikum auf große Begeisterung gestoßen. Bereits im ersten Betriebsjahr kamen statt der erwarteten
eine Million Besucher mehr als zwei Millionen Gäste – und dieser
Erfolg hält bis in die Gegenwart an.

Zurück zu den Wurzeln – nach diesem Motto wollen sich die
Kunden offensichtlich vor Ort mehr Klarheit und Übersicht ver-
schaffen. Angesichts des Überangebots an Produkten und der Fül-
le an Informationen möchten sie mehr über die Herstellung und
die „Heimat" der Waren erfahren (das ist auch der Grund für die
Beliebtheit von TV-Sendungen wie „Planet Wissen", „Abenteuer
Wissen" etc.).

Für die *global player* bietet sich in den Markenerlebniswelten
damit die Chance, den Kunden Unternehmenswerte wie Authenti-

zität, Tradition und Glaubwür-
digkeit zu vermitteln – also
positive Eigenschaften, die im
arbeitsteilgen und standardisierten Produktionsprozess
weitgehend verloren gegangen
sind. Kein Wunder also, dass
immer mehr Branchen der
Konsumgüterindustrie dieses
Instrument der Markenkom-
munikation nutzen:

• Automobilhersteller wie
  „Audi", „BMW", „Porsche"
  oder „Daimler",

• Produzenten von Nahrungs-
  und Genussmitteln wie „Co-
  ca-Cola", „Dr. Oetker", „Guinness" oder „Cadbury",

• Firmen der Kristall-, Keramik- und Glasindustrie wie „Swarovski", „Villeroy & Boch" oder „Leonardo",

• Spielwarenhersteller wie „Lego", „Playmobil", „Steiff" oder „Ra-
  vensburger".

Nach dem Vorbild der Fahrzeugübergabe in der „Autostadt" werden die Marken in den *brand lands* – unabhängig vom jeweiligen
Produkt – immer als besonders begehrenswerte Kultobjekte präsentiert:

• In der „Niketown" des amerikanischen Sportartikelherstellers in
  Chicago wurden bereits in den 1990er-Jahren die abgetragenen
  Schuhe des damaligen Basketballidols Michael Jordan in aufwändig gestalteten Boxen ausgestellt (wie die Reliquien von Heiligen,
  die in kostbaren Schreinen zur Schau gestellt werden).

• An einer exponierten Stelle des „Schokoladenmuseums" in Köln
  steht ein ewig fließender Schokoladenbrunnen als „heiliger Ort".
  In einer langen Schlange warten die Besucher geduldig darauf,
  dass ihnen auf einer Waffel eine Probe dargeboten wird (wie den
  Gläubigen die Hostie während der Heiligen Messe).

• Im „Guinness Storehouse" in Dublin erhalten die Besucher statt
  einer normalen Eintrittskarte ein durchsichtiges Plastikobjekt, in
  dem sich ein Tropfen des dunklen Starkbiers befindet (die Assozi-
  ation einer Heiligblutreliquie in katholischen Kirchen liegt nahe).

Die Markenerlebniswelten nutzen das breite Spektrum an religiösen Ritualen und Symbolen wie einen Steinbruch, um mit diesen
Fragmenten ihren bizarren Kult um die Marke bedeutungsvoll aus-
zustaffieren.

  Nur auf den ersten Blick dienen die *brand lands* dazu, den Besuchern sachliche Informationen über Unternehmensgeschichte und

*„Werd' ich zum Augenblicke
sagen: Verweile doch! Du
bist so schön!" In der
„Autostadt" in Wolfsburg
wird der simple Kauf eines
Pkw emotionalisiert und
mystifiziert – durch über-
dimensionale Anzeigetafeln,
einen exklusiven Zugang für
die Selbstabholer und ein
Foto der Fahrzeugübergabe,
das die Kunden künftig an
diesen besonderen Moment
ihres Lebens erinnern wird.*

Wer die Erlösung sucht, muss vorher leiden: Im Kölner „Schokoladenmuseum" wird den geduldig wartenden Besuchern auf einer Waffel eine Probe aus dem ewig fließenden Schokoladenbrunnen überreicht – wie den Gläubigen die Hostie während der Heiligen Messe.

Produktionsverfahren zu vermitteln. Ihre tiefere Bedeutung liegt in der Wiederverzauberung und Mystifizierung einer Welt, deren Alltag weitgehend durch ökonomische Rationalität und technische Machbarkeit geprägt wird.[37]

In dieser Welt spielen Marken aber eine wichtige Rolle, da Religionen, Parteien und Ideologien ihre sinnstiftende Bedeutung immer mehr verlieren. In dieser offenen gesellschaftlichen Situation bieten Marken den Konsumenten die Möglichkeit, sich selbst zu definieren, den eigenen Status zu signalisieren bzw. einer bestimmten gesellschaftlichen Gruppe anzugehören (*brand community*). Damit werden die Markenerlebniswelten zu zeitgemäßen Pilgerstätten, an denen die Besucher eine Selbstbestätigung erfahren, mit dem Besonderen familiär werden und die Gemeinschaft mit Gleichgesinnten erleben – wie früher beim Besuch von Gottesdiensten in Kirchen und Kathedralen.

📖 Literaturtipps

Zum spirituellen Tourismus:
MINISTERIUM FÜR WIRTSCHAFT UND ARBEIT DES LANDES SACHSEN-ANHALT (Hrsg.; 2006): Heilige Orte, sakrale Räume, Pilgerwege, Magdeburg (Tourismus-Studien Sachsen-Anhalt; 24/ Bensberger Protokolle; 102)
MINISTERIUM FÜR WIRTSCHAFT UND ARBEIT DES LANDES SACHSEN-ANHALT (Hrsg.; 2006): Spiritueller Tourismus in Sachsen-Anhalt, Magdeburg/Wittenberg (Tourismus-Studien Sachsen-Anhalt; 19)
SOMMER, A./SAVIANO, M. (2007): Spiritueller Tourismus. Religiöses Reisen in Deutschland, Berlin (Heilbronner Reihe Tourismuswirtschaft; o. Bd.)

Zum Tourismus an Filmschauplätzen:
ZIMMERMANN, S. (2003): „Reisen in den Film". Filmtourismus in Nordafrika. – In: EGNER, H. (Hrsg): Tourismus – Lösung oder Fluch? Die Frage der nachhaltigen Entwicklung peripherer Regionen, Mainz, S. 75-83 (Mainzer Kontaktstudium Geographie; 9)
BEETON, S. (2005): Film-Induced Tourism, Clevedon/Buffalo/ Toronto (Aspects of Tourism; 25)
ESCHER, A./RIEMPP, E./WÜST, M. (2008): Auf den Spuren von Sternenkriegern und Seepiraten. Auswirkungen von Hollywoodfilmen in Tunesien. – In: Geographische Rundschau, 60/7-8, S. 42-48

Zum Literaturtourismus:
PANTELEIT, K. (2009): Literaturtourismus. Auf den Spuren der Illuminati in Rom. – In: LENZ, R./SALEIN, K. (Hrsg.): Kulturtourismus. Ethnografische Recherchen im Reiseraum Europa, Frankfurt a. M., S. 257-277 (Schriftenreihe des Instituts für Kulturanthropologie und Europäische Ethnologie der Universität Frankfurt am Main; 79)

Zum Tourismus in Markenerlebniswelten („brand lands"):
HINTERHUBER, H. H./PECHLANER, H./MATZLER, K. (Hrsg.; 2001): IndustrieErlebnisWelten. Vom Standort zur Destination, Berlin
STEINECKE, A. (2004): Zur Phänomenologie von Markenerlebniswelten. – In: BRITTNER-WIDMANN, A./QUACK, H.-D./WACHOWIAK, H. (Hrsg.): Von Erholungsräumen zu Tourismusdestinationen, Trier, S. 201-219 (Trierer Geographische Studien; 27)
HERBRANDT, N. O. (Hrsg.; 2008): Schauplätze dreidimensionaler Markeninszenierung, Stuttgart

„Wie früher die Gegenwart Gottes, so soll heute die ,Identität der Marke' unmittelbar sinnlich erfahrbar sein."[38]

?

Wie Literatur touristisch genutzt wird (Auswahl)

Literarische Gedenkstätten und Literaturmuseen
- Deutsches Literaturarchiv, Marbach (www.dla-marbach.de)
- Goethe-Nationalmuseum, Weimar (www.klassik-stiftung.de)
- Buddenbrookhaus, Lübeck (www.buddenbrookhaus.de)
- Dublin Writers Museum (www.writersmuseum.com)

Themenrouten zu Literaten und Literatur
- Europäische Goethe-Straße (www.europaeische-goethe-strasse.com)
- Deutsche Märchenstraße (www.deutsche-maerchen-strasse.de)
- Klassikerstraße (www.klassikerstrasse.de)
- Rheinischer Sagenweg (www.rheinischersagen-weg.de)

Literaturfestivals
- Eifel-Literaturfestival (www.eifel-literatur-festival.de)
- Lit.Cologne, Köln (www.litcolony.de/festival)
- Edinburgh International Book Festival (www.edbookfest.co.uk)

✅ Kurz und bündig

Die traditionellen christlichen Pilgerstätten/-wege erleben gegenwärtig einen Besucheransturm – nicht nur von Gläubigen, sondern vor allem von „neuen" Pilgern ohne religiöse Bindung, die auf der Suche nach andersartigen Lebenserfahrungen sind (jenseits von Konsum und Unterhaltung). Mit der zunehmenden Säkularisierung sind aber auch neue „heilige Orte" entstanden, die den Wunsch nach Emotionen, Sinnhaftigkeit und Gemeinschaft erfüllen – von Schauplätzen besonders dramatischer Ereignisse über die Sets bekannter Filme bis hin zu Markenerlebniswelten, in denen Produkte wie Reliquien inszeniert werden.

Künstliche Erlebniswelten sind amerikanische Erfindungen

Dieser Vulkanausbruch in der Wüste von Nevada ist weitaus berechenbarer als die Eruption des Vesuvs: Allabendlich wird er im 60-Minuten-Takt vor dem Hotel „Mirage" in Las Vegas inszeniert. Doch der naheliegende Gedanke, dass wirklich nur die Amerikaner auf eine derart verrückte Idee kommen können, ist falsch. Sie haben alles nur kopiert – und zwar von einem Deutschen!

Simulierte Vulkanausbrüche – das sind klare Symbole für die vollkommene Beherrschung der Natur durch den Menschen. Tödlicher Ascheregen und glühende Lavaströme verlieren ihren Schrecken und werden zu ästhetischen, vergnüglichen Schauspielen.

Doch der deutsche Erfinder eines künstlichen Vulkans – Fürst Leopold III. Friedrich Franz von Anhalt-Dessau (1740-1817) – hatte nicht das Freizeitvergnügen seiner Untertanen, sondern vor allem deren Erziehung im Sinn. Mit dem Nachbau des Vesuvs in seinem Gartenreich Dessau-Wörlitz wollte er sie an den Erfahrungen teilhaben lassen, die er bei seiner Grand Tour durch Italien gemacht hatte. So wurden zu besonderen Anlässen künstliche Ausbrüche mit Hilfe von Feuer und bunten Glassteinen imitiert.[1]

Einfach schrill und zugleich faszinierend – venezianische Wahrzeichen wie die Rialto-Brücke, der Dogenpalast und der Campanile am „strip" in Las Vegas. Die Botschaft der Themenwelten lautet: Alles ist machbar – überall und zu jeder Zeit.

Seitdem gehören rauchende Vulkane zum Standardrepertoire vieler (angeblich) künstlicher Erlebniswelten – nicht nur in Las Vegas, sondern auch im japanischen Mega-Spaßbad „Seagaia Ocean Dome" oder im Themenpark „Disneyland" in Tokio.

Wenn nicht genügend Platz für einen Vulkan vorhanden ist, werden gerne auch andere spektakuläre Naturereignisse simuliert. Die US-amerikanischen Themenrestaurants „Rainforest Café", von denen es weltweit 35 Filialen gibt, lassen es z. B. regelmäßig donnern und blitzen, um ihre Gäste ordentlich zu beeindrucken. Auch ihr Vorbild stammt aus Deutschland, denn bereits in den 1920er-Jahren amüsierten sich Berliner und Provinzler auf der „Rheinterrasse" im „Haus Vaterland" am Potsdamer Platz – ebenfalls bei künstlichen Gewittern, Regengüssen und Vogelstimmen.[2]

Typen von Erlebniswelten		
Aktivitäten	*Typen*	*Beispiele*
Sich vergnügen	Freizeitpark Themenpark Filmpark	Europa-Park, Rust Disneyland Resort, Paris
Kurzurlaub verbringen	Themenhotel Ferienpark Resorthotel	Venetian, Las Vegas Center Parcs Land Fleesensee
Essen gehen	Themen-restaurant	Rainforest Café Hard Rock Café
Einkaufen gehen	Urban Entertainment Center	CentrO, Oberhausen Potsdamer Platz, Berlin Mall of America (USA)
Geschichte/ Kultur erleben	Geschichts-erlebniswelt	Heritage Center (Irland)
Technik erleben	Science Center	Universum, Bremen Phaeno, Wolfsburg
Baden gehen	Spaß-/ Erlebnisbad Therme Wasserpark	Seagaia Ocean Dome (Japan) Wet 'n' Wild (USA)
Sport treiben	Indoor-skianlage Indoor-sportanlage	Alpincenter, Bottrop Skibaan Casablanca, Antwerpen (B)
Veranstaltungen besuchen	Arena	Kölnarena, Köln Auf Schalke, Gelsen-kirchen
Musik erleben	Musical-Center	Starlight Express, Bochum SI-Centrum, Stuttgart
Ins Kino gehen	Multiplex-Kino IMAX-Kino	Cinemaxx Cinestar UCI Kinowelt
Sich über die Herstellung von Produkten informieren	Marken-erlebniswelt	Autostadt, Wolfsburg BMW-Welt, München Swarovski-Kristall-welten, Innsbruck
Tiere/Pflanzen betrachten	Zoo Aquarium Botanische Indoor-erlebniswelt	Erlebniszoo, Hannover Zoom, Gelsenkirchen Sea Life Center Biosphäre, Potsdam

Andere Erlebniswelten beschränken sich einfach darauf, die widrigen Wetterbedingungen vor Ort auszugleichen. So herrscht in der „Mall of America" in Minneapolis/ St. Paul (dem größten Urban Entertainment Center der USA) immer eine angenehme Temperatur von 22° Celsius – unabhängig davon, ob draußen die Sonne brennt oder Winterstürme toben.[3]

Dieser Mythos der Naturbeherrschung ist eines der Erfolgsrezepte von Erlebniswelten: Sie bieten ihren Gästen einen sicheren, sauberen und berechenbaren Ort – und zugleich eine vergnügliche und manchmal aufregende Gegenwelt zur alltäglichen Routine (nach dem Motto „Much fun, no risk").

Der ganze technische Aufwand dient – früher wie heute – einem einzigen Ziel, das allerdings geschickt verschleiert wird: Die Kunden sollen sich wohlfühlen, lange in der Erlebniswelt aufhalten und möglichst viel konsumieren (und zu Hause sollen sie durch ihre begeisterten Berichte auch Freunde und Bekannte zu einem Besuch animieren).

Dazu greifen Themenparks, Urban Entertainment Center, Themenhotels, Markenerlebniswelten und sogar Zoologische Gärten weltweit immer wieder in die gleiche Trickkiste: Sie nutzen Techniken der Illusionierung, die bereits seit dem 17. Jahrhundert im guten, alten Europa entwickelt worden sind – von französischen Königen, englischen Landschaftsgärtnern und deutschen Innenarchitekten.

Illusionen blüh'n im Sommerwind oder
Wie werden Traumwelten produziert?

Künstliche Vulkanausbrüche und Gewitter sind nur *eine* Möglichkeit, die Besucher zu verblüffen und sie eine Zeit lang in eine völlig andere Welt zu versetzen. Um perfekte Illusionen zu schaffen, müssen alle menschlichen Sinneswahrnehmungen beeinflusst werden: das Sehen, das Hören, das Fühlen, das Riechen und das Schmecken.

Dabei zählt der erste Eindruck – und deshalb protzen Erlebniswelten meist mit einer signalartigen Architektur. Nach dem „Larger-than-life"-Prinzip ist alles ein wenig größer und schöner als in der Realität. Auf dem Dach des „Walt Disney World Swan and Dolphin Resort" in Florida stehen z. B. riesige Schwan-Figuren, bei denen es sich um vielfach vergrößerte Nachbildungen der barocken Schwäne des italienischen Bildhauers Giovanni Lorenzo Bernini in Rom handelt.[4] Häufig werden auch berühmte historische Gebäude als Nachbauten an anderen Standorten errichtet: So gibt es in den Themenhotels am *strip* in Las Vegas Replika einer ägyptischen Pyramide („Luxor"), einer überdimensionierten mittelalterlichen Burg („Excalibur") und des Eiffelturms („Paris, Paris").

Diese Technik ist nicht neu (und auch keine amerikanische Erfindung), denn bereits auf den Weltausstellungen im 19. Jahrhundert wurden exotische Themenwelten errichtet – z. B. der ägyptische Tempel von Edfu (Paris 1867) oder ein kongolesisches Dorf samt seinen Bewohnern (Antwerpen 1894).[5]

Um die Illusion zu vervollständigen, kommen aber auch Bäume, Büsche und Hecken zum Einsatz. Sie dienen vor allem dazu, die hässliche Umgebung mit ihren Hochhäusern, Schnellstraßen und Supermärkten zu verbergen, denn schließlich sollen die Besucher ihren Alltag für einige Stunden vergessen. Außerdem wird der Blick auf die eindrucksvollen Attraktionen innerhalb der Erlebniswelten gelenkt (*forced perspective*).

Historische Vorbilder sind dabei die Landschaftsparks des 19. Jahrhunderts: Geschickt nutzten sie Baumstreifen, Haine und geschlungene Wegesysteme, um den Spaziergängern das idealisierte Bild einer scheinbar unberührten Natur zu vermitteln (dabei lag den

Illusionär gestaltete Gebäude gehören seit mehr als 200 Jahren zum Fundus der europäischen Architektur: Die Magdalenenklause im Schlosspark Nymphenburg wurde im Jahr 1725 als idyllische Ruine errichtet.

Gartenanlagen eine exakte Planung zugrunde: Teilweise wurden umfangreiche Geländemodellierungen vorgenommen und sogar Dörfer abgerissen, um diesen Effekt zu erreichen).

Die Untertanen als Komparsen

Im Jahr 1782 besuchte das russische Großfürstenpaar den württembergischen Herzog Carl Eugen. Da er seine Gäste beeindrucken wollte, ließ er auf Gut Hohenheim ein „Englisches Dorf" aus Kulissen errichten. Um die Illusion perfekt zu machen, mussten dort 2.000 Untertanen drei Wochen lang leben und Wirtsleute, Bauern und sogar Häftlinge spielen.[6]

„If this is fantasy, how impoverished are our dreams."[8]

Wenn die Besucher nun – von Architektur und Gartenanlagen bereits schwer beeindruckt – die Erlebniswelten betreten, fängt die Inszenierung erst richtig an. Kulissen, Geräusche, Lichteffekte, Simulationen und Animateure sorgen (perfekt miteinander kombiniert) für die totale Illusion. Ein eindrucksvolles Beispiel ist das Themenhotel „Venetian" in Las Vegas: Zu den Attraktionen zählen nicht nur Replika der Rialto-Brücke und des Dogenpalastes, sondern auch ein Canale Grande, auf dem venezianische Gondeln mit singenden Gondolieren fahren. Selbst die typischen Tauben vom Markusplatz dürfen nicht fehlen: Zu festgelegten Zeiten umrunden sie den Campanile vor dem Hotel.

Auch hier konnten die Planer auf den Fundus europäischer Vorlagen zurückgreifen. Am Ende des 19. Jahrhunderts herrschte beim wohlhabenden Bürgertum eine große Begeisterung für den sagenumwobenen Orient. In Kurorten wie Spa, Wiesbaden und Karlsbad entstanden prächtige Palasthotels, deren Interieur deshalb gern mit Diwanen, Mosaiken und Palmen dekoriert wurde. Bei seinem Besuch in Baden-Baden war Sultan Abdul-Medjid davon so begeistert, dass er die Architekten beauftragte, Teile seines Palastes in diesem neo-orientalischen Stil zu gestalten (der die Wirklichkeit in Istanbul bei weitem übertraf).[7]

Bis heute sorgt speziell die Innenarchitektur dafür, dass die Besucher das Gefühl bekommen, in eine völlig fremde Welt einzutauchen. Diese Illusion wird noch durch Musik und Geräusche verstärkt: In den Gängen der „Mall of America" läuft ständig eine dezente Hintergrundmusik (*muzak*); sobald die Gäste den Indoorfreizeitpark betreten, hören sie das Geräusch zirpender Grillen, und in den Shops kann jeder Besitzer sein eigenes Musikprogramm abspielen (der Verkauf dieser CDs erweist sich inzwischen bei Ketten wie „Victoria's Secret" oder „Tommy Bahama" sogar als einträgliches Geschäft).[9]

„Musik wird störend oft empfunden, dieweil sie mit Geräusch verbunden" – diese skeptisch-realistische Einschätzung von Wilhelm Busch gilt aber nicht für die Lichteffekte in den Erlebniswelten, da sie von den Besuchern meistens nicht wahrgenommen werden. So simuliert das Themenhotel „Caesars Palace" in Las Vegas ständig die Tageszeiten. Sonnenaufgang, Dämmerung und Sternenhimmel werden in rascher Abfolge auf die Decken der Innenräume projiziert, die im Stil der bayerischen Lüftl-Malerei blau-weiß gestrichen sind. Der Effekt: Die Konsumenten verlieren jegliches Gefühl für Raum und Zeit. Sie halten sich viel länger als geplant in den Casinos, Restaurants und Shops auf – und konsumieren mehr.

Exotische Länder, der Wilde Westen und immer wieder Venedig – das Themenrepertoire von Erlebniswelten

Ob Themenpark, Urban Entertainment Center oder Markenerlebniswelt – alle Einrichtungen ähneln mit ihrer Mischung aus Shops, Restaurants, Kinos, Fahrgeschäften, Musical-Theatern etc. einem großen Büfett, von dem sich die Besucher nach Lust und Laune ihr persönliches Konsum-, Erlebis- und Vergnügungsmenü zusammenstellen können.

Allerdings erweisen sich Vielfalt und Abwechslungsreichtum bei genauerem Hinsehen oft als Schimären, denn die Erlebniswelten werden nach einem Baukastensystem überwiegend aus standardisierten Elementen montiert: Soweit das Auge reicht – ausschließlich Filialen, Filialen und nochmals Filialen (denn nur große Restaurant-, Laden- und Kinoketten können sich die hohen Mieten in einem Urban Entertainment Center wie dem „CentrO" in Oberhausen leisten).

Edle Ritter, treue Knappen und schöne Burgfräulein – mit solchen Protagonisten erfüllt das Mittelalter alle Bedingungen eines Top-Themas. Im „Europa-Park" in Rust wird es mit Erfolg im Themenhotel „Castillo Alcazar" inszeniert.

Um bloß nicht den Eindruck der Austauschbarkeit und Eintönigkeit aufkommen zu lassen, nutzen die Erlebniswelten zwei Tricks: Zum einen betrachten sie ihr Gebäude als eine Bühne, auf der immer wieder neue Stücke gespielt werden – von Koch-Shows über Wikinger-Ausstellungen bis hin zu Halloween-Partys. Damit schaffen sie Anlässe für Wiederholungsbesuche.

Zum anderen stülpen sie ein spannendes Thema über ihr (eigentlich banales) Konsum- und Freizeitangebot. Mit einem solchen Dachthema lässt sich Aufmerksamkeit erzeugen: Nun wird man als Anbieter in dem gesättigten Konsumgütermarkt überhaupt wahrgenommen. Weltweit gibt es (zu) viele Hotels, aber ein Hotel im Stil einer ägyptischen Pyramide: So etwas Außergewöhnliches und Einmaliges muss man gesehen haben!

Für eine erfolgreiche Thematisierungsstrategie von Hotels, Einkaufszentren oder Freizeitparks benötigt man natürlich attraktive Themen, die zwei Voraussetzungen erfüllen müssen:
• Bedingung 1: Sie sollten einem breiten Publikum bereits hinlänglich bekannt sein – z. B. durch Märchen, Romane, Spielfilme oder

TV-Serien.
- Bedingung 2: Sie müssen bei den Besuchern heftige Emotionen wie Neugier, Staunen oder Sehnsucht auslösen.

Ein Blick auf die Themenhotels in Las Vegas oder die Themenparks in den USA, Asien und Europa macht deutlich, dass das Repertoire ziemlich begrenzt ist. Gängige Top-Themen sind:[10]
- die exotische Ferne (Karibik, Orient, Ferner Osten),
- der Wilde Westen (Cowboys, Indianer),
- die klassische Zivilisation (Ägypten, Rom, Mittelalter),
- die urbane Kultur (Paris, Venedig, New York),
- die Zukunft der Menschheit (Raumfahrt, technischer Fortschritt),
- die traditionellen Reiseziele (Italien, Seebadeorte).

Diese wenigen Themen scheinen in den Köpfen der Konsumenten tief verankert und auch positiv besetzt zu sein. Sie werden in Erlebniswelten immer wieder aufgegriffen und geringfügig variiert. Absoluter Spitzenreiter ist dabei Venedig: Aber auch hier waren es nicht die Amerikaner, die als erste auf die Idee eines Nachbaus der Stadt kamen. Bereits im Jahr 1895 gab es im Wiener Prater die Attraktion „Venedig in Wien": Unter den Klängen italienischer Arien konnte das vergnügungssüchtige Großstadtpublikum damals auf Gondeln an den Kulissen bekannter venezianischer Gebäude entlang gleiten.

Thematisierung		Theater	Museum/Ausstellung	Platz/Plaza
Shops	Gastronomie	Theater	Museum/Ausstellung	Platz/Plaza
Multiplexkino	Musicaltheater	Sporteinrichtung	Kunstgalerie	Sauna
Tiere	Hotel/FeWo	Arena	Produktionseinrichtung	Therme/Wellness
Events	Architektur	Rides/Fahrgeschäfte	Hochzeitskapelle	Info-Center

Erlebniswelten sind Mixed-Use-Center, die nach einem Baukastensystem aus einigen Standardelementen montiert werden. Für die Besucher entsteht dadurch eine Art von Büfett, aus dem sie sich ihr persönliches Menü zusammenstellen können.[11]

Es dauerte mehr als 100 Jahre, bevor diese Idee ihren Weg in die USA fand (das „Venetian" wurde 1999 in Las Vegas eröffnet). Seitdem ist allerdings weltweit ein wahrer Venedig-Boom ausgebrochen: So fand im Jahr 2003 die Eröffnung des Themenhotels „Venezia Palace" an der türkischen Riviera statt und vier Jahre später öffnete das „Venetian Macao Resort" in China seine Tore – ein riesiger Hotel-, Freizeit- und Shoppingkomplex mit dem größten Spielcasino der Welt.

Venedig in Asien, in der Türkei, in Nevada oder in Wien – dieser krasse Gegensatz zwischen dem Thema der Erlebniswelt und dem Standort ist ein klassisches Erfolgsrezept der Erlebniswelten. Die simple Botschaft lautet: Alles ist an jedem Ort der Welt machbar

– und die Besucher kommen und staunen. Ähnlich erging es den Amerikanern, als sie vor mehr als 50 Jahren die wunderbare Welt des Walt Disney betraten.

No Sex, no Drugs, no Rock 'n' Roll – die Themenparks von Walt Disney

Die Eröffnung des „Disneyland" in Anaheim (Kalifornien) am 17. Juli 1955 war eine Sensation: Mehr als 30.000 Besucher strömten am ersten Tag in diesen neuartigen Themenpark und waren begeistert. Dabei waren stationäre Vergnügungungseinrichtungen damals überhaupt nichts Neues:

„We believe in our idea: A family park where parents and children have fun – together."

Walt Disney

- Bereits im Jahr 1661 hatte es außerhalb Londons die „Vauxhall Pleasure Gardens" gegeben – mit nächtlichen Iluminationen und der Aufführung berühmter historischer Seeschlachten (*reenactment*).[12]
- Seit 1843 vergnügten sich die Kopenhagener im „Tivoli" (mit seiner großen chinesischen Pagode)[13] und Anfang des 20. Jahrhunderts wurden die Berliner im „Lunapark" mit Ballonfahrten, singenden Hunden und Rollschuh laufenden Bären unterhalten.[14]

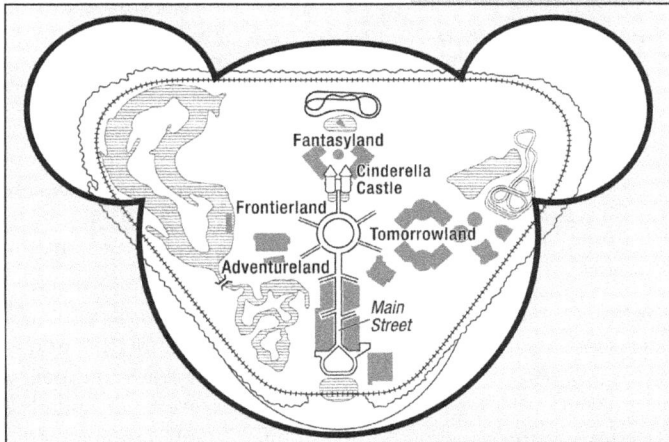

- In den USA war Coney Island (südlich von New York) zum *world's largest playground* geworden. Holzachterbahnen, *free-fall*-Türme, Riesenräder und eine simulierte Reise zum Mond begeisterten ein Millionen-Publikum.[15]

Worauf basierte also der große Erfolg des „Disneyland", der bis heute anhält? Hier herrschte keine schmuddelige, halbseidene Rummelplatzatmosphäre mit Losverkäufern, Boxbudenbesitzern und betrunkenen Gästen. Walt Disney schuf vielmehr eine saubere, sichere und alkoholfreie Traumwelt, in der Familien für einige Stunden ihren Alltag vergessen und sich sorgenfrei unterhalten lassen konnten.

Die schrecklichen Zeiten der wirtschaftlichen Depression und des Zweiten Weltkriegs waren vorbei, doch der rasche wirtschaftliche Wandel und die zunehmende berufliche Mobilität stellten die amerikanische Mittelschicht vor neue Herausforderungen. Umso größer war die Sehnsucht, an nostalgisch verklärte Orte der Vergangenheit

Themenparks sind keine amerikanische Erfindung, doch Walt Disney schuf mit dem „Disneyland" erstmals einen klar gegliederten Themenpark, der aus mehreren „Welten" besteht. Bei der Anlage orientierte er sich an barocken Vorbildern (z. B. dem Schlosspark von Versailles).

?

Imageneering **oder Die Kunst, Illusionen zu bauen**

Um den Besuchern eine perfekte Traumwelt bieten zu können, arbeiten Bühnenbildner, Techniker, Maler und Architekten bei der Konzeption der „Welten" eng zusammen. Walt Disney schuf dazu sogar eine eigene Berufsbezeichnung: den *imageneer* (der Begriff setzt sich aus *imagination*/Vorstellungskraft und *engineer*/Ingenieur zusammen). Oberste Maxime seiner Arbeit sind die sorgfältige Planung und die detaillierte Gestaltung der Attraktionen: Als z. B. die neue Achterbahn „Expedition Everest" entwickelt wurde, reisten *imageneers* mehrere Male nach Nepal, denn das landschaftliche Umfeld sollte möglichst authentisch gestaltet werden (u. a. mit Bambuspflanzen und knorrigen Bäumen, die im warmen Klima Floridas gedeihen, aber die Illusion einer Himalaya-Vegetation vermitteln).

zurückzukehren und auch einen Blick in eine bessere Zukunft zu werfen.

Walt Disney bot seinen Gästen beides: In der „Main Street" entwarf er das idyllische Bild einer amerikanischen Kleinstadt (die es in dieser Form nie gegeben hatte). Um eine besonders gemütliche Atmosphäre zu schaffen, wurden die Fassaden in hellen, freundlichen Farben gestrichen und die Gebäude geringfügig verkleinert (bei den oberen Stockwerken handelt es sich nur noch um Kulissen). Die glänzende Zukunft bekamen die Besucher im „Tomorrowland" präsentiert – vom technischen Fortschritt im Haushalt über neue Formen der Mobilität (Monorail) bis hin zur Eroberung des Weltalls.

Eine revolutionäre Neuerung war aber die gesamte Anlage des „Disneyland": Es handelte sich nicht um eine Ansammlung aus einzelnen, unverbundenen Attraktionen und Fahrgeschäften (wie das bei einer Kirmes heute noch der Fall ist). Vielmehr gliederte Walt Disney den Park in mehrere thematische „Welten": Neben der „Main Street" und dem „Tomorrowland" gab es noch das „Adventureland", das „Frontierland" und das „Fantasyland".

Das jeweilige Thema wird mit Hilfe von Kulissen, Pflanzen, Musik, Gerüchen und Animateuren perfekt – wie ein Theaterstück – inszeniert. Dabei stimmt jedes Detail: Um Illusionsbrüche bei den Besuchern zu vermeiden, können die kostümierten Mitarbeiter ihre jeweilige „Welt" durch unterirdische Gänge direkt erreichen, ohne sich durch andere Bereiche des Parks bewegen zu müssen.

Bei der Anlage des Parks bediente sich Walt Disney recht freizügig aus dem Fundus der europäischen Geschichte:
• Vorbild 1 war der französische „Sonnenkönig" Ludwig XIV., der im 17. Jahrhundert im Park von Versailles seine Herrschaft über die Natur und den Adel eindrucksvoll demonstrierte, indem er das gesamte Wegesystem mit seinen vielen Alleen, Plätzen und Brunnen auf einen Punkt hin ausrichtete – das Schloss als Symbol der absolutistischen Macht. Bei Walt Disney läuft die „Main Street" als Sichtachse direkt auf das phantasievolle Dornröschenschloss zu; es dient als Blickfang (*point de vue*) und als praktischer Orientierungspunkt für die Besucher.
• Vorbild 2 war der bayerische „Märchenkönig" Ludwig II., der sich mit Schloss Neuschwanstein im 19. Jahrhundert eine private mittelalterliche Traumwelt schuf. Walt Disney nutzte – recht unverfroren – die unverwechselbare Silhouette des Schlosses für sein „Sleeping Beauty Castle" in den Themenparks in Anaheim, Paris und Hongkong (inzwischen dient es auch als Logo der „Walt Disney Pictures" und der „Buena Vista Motion Picture Group").
Im Westen also gar nichts Neues? Sicherlich hat Walt Disney die Freizeitparks nicht erfunden, aber revolutioniert – durch die Glie-

derung des Parks in einzelne „Welten", die perfekte Illusionen vermitteln. Dieses Konzept löste nicht nur in den USA enorme Begeisterung aus, sondern hat inzwischen auch weltweit Furore gemacht: Freizeitparks, Hotels, Restaurants und Einkaufszentren haben es übernommen – und sogar öffentliche Kultureinrichtungen.

So ist z. B. der traditionelle Zoologische Garten in Hannover, der lange Zeit unter einem Besucherschwund litt, mit großem Erfolg in einen „Erlebniszoo" umgebaut worden. Statt einzelner Tiergehege und Käfige gibt es nun mehrere Themenwelten: „Gorillaberg", „Dschungelpalast", „Meyers Hof" und „Sambesi" (mit einer Flusstour, auf der das Boot wie in einem Themenpark auf unsichtbaren Schienen durch das Wasser gesteuert wird).[16] Mit „Tatzi Tatz" verfügt der Zoo sogar über ein Maskottchen – wie das „Disneyland": Dort treten die lustigen Comic-Figuren Mickey Mouse, Donald Duck, Goofy und Co. als real existierende Personen auf (*characters*) und geben Autogramme (eine ziemlich surrealistische Situation).

Die befürchtete „Disneyfizierung der Welt" scheint also munter voran zu schreiten – doch keine Sorge: Schrille Themenwelten haben eine lange Tradition. Der preußische König Friedrich Wilhelm III. zog sich im 19. Jahrhundert gern in seine private exotische Traumwelt auf der Pfaueninsel bei Berlin zurück. Sie wurde nicht nur von Bären, Lamas und Känguruhs bevölkert, sondern auch von ungewöhnlichen Menschen (u. a. einem Riesen, einem Liliputaner und einem Südseeinsulaner).[17]

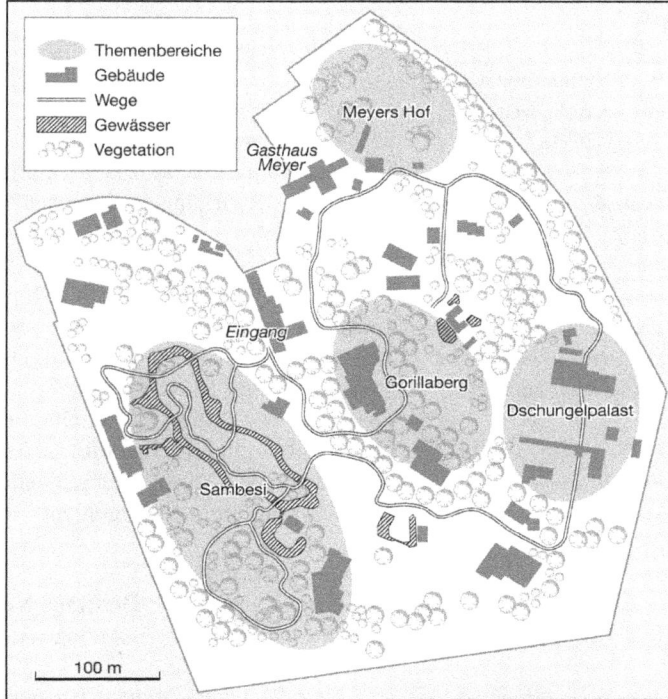

„Disneyland" als Vorbild: Auch Zoologische Gärten werden weltweit nach dem amerikanischen Vorbild zu Themenparks mit einzelnen „Welten" umgebaut (wie der „Erlebniszoo" in Hannover).

🛈 Wichtige Informationsquellen zu Freizeit- und Themenparks

Deutschsprachige Fachzeitschrift
Euro Amusement Professional – Internationale Fachzeitschrift für die Führungskräfte der Freizeitwirtschaft
(www.eap-magazin.de)

Interessenvertretung der Freizeitbranche
Verband der Deutschen Freizeitsparks und Freizeitunternehmen (VDFU)
(www.freizeitparks.de/ vdfu_verband)

Monatlicher Branchendienst mit Daten zu Projekten und Planungen
Themata – Freizeit- und Erlebniswelten Services, Potsdam
(www.themata.com)

Aktuelle Daten zu Themenparks in den USA und anderen Ländern
International Association of Amusement Parks and Attractions (IAAPA)
(www.iaapa.org)

Fachliteratur zu Erlebniswelten (speziell in den USA)
Urban Land Institute
(www.uli.org)

📖 Literaturtipps

Zu Erlebniswelten generell:
THOMAS-MORUS-AKADEMIE (Hrsg.; 1995): Kathedralen der Freizeitgesellschaft. Kurzurlaub in Erlebniswelten. Trends, Hintergründe, Auswirkungen, Bergisch Gladbach (Bensberger Protokolle; 83)
HENNINGS, G./MÜLLER, S. (Hrsg.; 1998): Kunstwelten. Künstliche Erlebniswelten und Planung, Dortmund (Dortmunder Beiträge zur Raumplanung; 85)
HERWIG, O./HOLZHERR, F. (2006): Dream Worlds. Architecture and Entertainment, München u. a.
KÖHLER, S. (2007): Künstliche Erlebniswelten. Eine kommentierte Bibliographie, Frankfurt a. M. u. a.
STEINECKE, A. (2009): Themenwelten im Tourismus. Marktstrukturen – Marketing-Management – Trends, München/Wien

Zu Coney Island:
KOOLHAAS, R. (2006): Delirious New York. Ein retroaktives Manifest für Manhattan, 3. Auflage Aachen, S. 29-74

Zu Walt Disney und seinen Themenparks:
DUNLOP, B. (1996): Building a Dream. The Art of Disney Architecture, New York
MARLING, K. A. (Hrsg.; 1998): Designing Disney's Theme Parks, Paris/New York
GIRVEAU, B./DIEDEREN, R. (Hrsg.; 2008): Walt Disneys wunderbare Welt und ihre Wurzeln in der europäischen Kunst, München

Zu Las Vegas:
VENTURI, R./SCOTT BROWN, D./IZENOUR, S. (1979): Lernen von Las Vegas. Zur Ikonographie und Architektursymbolik der Geschäftsstadt, Braunschweig/Wiesbaden
GOTTDIENER, M./COLLINS C. C./DICKENS, D. R. (2000): Las Vegas. The Social Production of an All-American City, Malden/Oxford
JASCHKE, K./ÖTSCH, S. (Hrsg.; 2003): Stripping Las Vegas. A Contextual Review of Casino Resort Architecture, Weimar

☑ Kurz und bündig

Künstliche Erlebniswelten sind keine amerikanische Erfindung des 20. Jahrhunderts, sondern haben ihren Ursprung in Europa. Historische Vorläufer waren die französischen Barockgärten, die englischen Landschaftsparks, die Weltausstellungen und die Palasthotels am Ende des 19. Jahrhunderts. Um illusionäre Räume zu schaffen, wurden bereits damals Techniken der Inszenierung entwickelt, die gegenwärtig in Themenparks und -hotels, Urban Entertainment Centern und Zoologischen Gärten zum Einsatz kommen (*forced perspective*, Kulissen, Innenarchitektur, Pflanzen, Licht- und Toneffekte etc.).

„Indem ich dem Gemeinen einen hohen Sinn, dem Gewöhnlichen ein geheimnisvolles Ansehen, dem Bekannten die Würde des Unbekannten, dem Endlichen einen unendlichen Schein gebe, so romantisiere ich es."

Novalis
(1772-1801)

Der Tourismus zerstört zwangsläufig die Umwelt

„Sind die Geschworenen zu einem Urteil gekommen?" „Ja, Euer Ehren. Unser Urteil lautet: Schuldig im Sinne der Anklage." Dieser Dialog ist uns aus zahllosen Hollywood-Gerichtskrimis hinlänglich bekannt – und er scheint auch im Fall „Tourismus gegen Umwelt" zuzutreffen. Selbst für Laien sind die Beweise eindeutig: Zu Recht verweisen die Vertreter der Anklage auf die riesigen Betonburgen an ehemals verträumten Buchten, auf die vielen Seilbahnen an alpinen Hängen und auf die hohen Schadstoffemissionen von Flugzeugen. Doch mit der Bedrohung der Natur steigt (paradoxerweise) auch ihr Wert. Immer mehr Reiseveranstalter und Ferienregionen setzen deshalb auf einen nachhaltigen Tourismus – und manchmal tragen Urlauber mit ihrem Konsum sogar dazu bei, die Natur zu erhalten.

„Der Tourismus ist ein Feuer, mit dem man seine Suppe kochen, aber auch sein Haus abbrennen kann" – dieses weise asiatische Sprichwort bringt die Sache auf den Punkt: In jedem Zielgebiet kommt es vor allem auf die angemessene Dosierung des Tourismus an und auch auf den richtigen Umgang mit den Besucherströmen. In der Vergangenheit sind dabei vielerorts gravierende Fehler gemacht worden; verantwortlich waren ein kurzfristiges Denken und die Gier nach möglichst hohem Profit (bei den touristischen Unternehmen), aber auch Unkenntnis und Gedankenlosigkeit (bei den Urlaubern).

Wie in der Bibel gibt es im Tourismus sieben Todsünden: Statt Hochmut, Völlerei, Faulheit etc. handelt es sich jeweils um den rücksichtslosen Umgang mit der Natur (diese unentgeltliche Nutzung vorhandener Ressourcen wird in der betriebswirtschaftlichen Rechnung einfach unter „externe Kosten" gebucht):

Sünde 1: Landschaftszersiedelung. Mit seinem provozierenden Buch „Die Landschaftsfresser" machte der Schweizer Tourismusexperte Jost Krippendorf bereits in den 1970er-Jahren auf den unersättlichen Flächenbedarf des Tourismus aufmerksam.[2] Zu diesem Zeitpunkt hatten kleine Fischerdörfer und ländliche Regionen an der italienischen Adria, an der spanischen Costa Brava und auf Mallorca bereits die leidvolle Erfahrung gemacht, was es heißt, „touristisch erschlossen" zu werden. Planlos und hastig waren vielerorts pseudourbane Siedlungen entstanden – eine austauschbare Melange aus einfachen Hotels, internationalen Restaurants, billigen Souvenirshops und lieblos gestalteten Minigolfplätzen. Diese Nicht-Orte erlebten nur während der Sommersaison eine kurze Blüte, im Winter streunten herrenlose Hunde und Katzen durch die leeren Straßen.

„Den Urlaubern ist die Landschaft egal. Wenn sie kaputt ist, fahren sie woanders hin. Uns Einheimischen ist die Landschaft egal. Wenn wir sie kaputt gemacht haben, fahren wir in Urlaub."

Harald Grill, bayerischer Kabarettist[1]

„Dich will ich loben:

Hässliches,

Du hast so was

Verlässliches.

Das Schöne schwindet,

scheidet, flieht – fast tut es

weh, wenn man es sieht.

Wer Schönes anschaut,

spürt die Zeit,

und Zeit meint stets:

Bald ist's soweit.

Das Schöne gibt uns Grund

zur Trauer.

Das Hässliche erfreut durch

Dauer. "

Robert Gernhardt

(1937-2006)[4]

Sünde 2: Landschaftzerstörung. Auf das Konto des Tourismus geht aber auch die rigorose Umgestaltung und Zerstörung natürlicher Freiflächen. So wurden in vielen Berggemeinden seit den 1970er-Jahren Seilbahnen und Skilifte gebaut, um den lukrativen Wintersporttourismus anzukurbeln. Gegenwärtig gibt es in den Alpen mehr als 7.000 Aufstiegshilfen, mit denen stündlich ca. 8,2 Millionen Skifahrer transportiert werden können.[3]

Um diesen touristischen Massen eine schnelle und sichere Abfahrt ins Tal zu ermöglichen, mussten breite Pisten angelegt werden; dazu waren häufig umfangreiche Felssprengungen und Erdplanierungen notwendig. Die Pistenbauer haben gründliche Arbeit geleistet: Inzwischen beläuft sich die Gesamtlänge der Skipisten auf mehr als 21.000 Kilometer (diese Strecke entspricht etwa dem halben Erdumfang). Die ständige Präparierung des Schnees mit Raupenfahrzeugen führt zu einer Verdichtung des Oberbodens. Dadurch können die Pisten im Frühjahr relativ wenig Wasser speichern und die Pflanzen verwelken in sommerlichen Trockenphasen schneller als auf einem Wiesen- oder Waldboden. Bei starken Regenfällen kann das Wasser ungebremst abfließen; deshalb kommt es zu Erosionserscheinungen wie tiefen Rinnen oder großflächigen Hangrutschungen.

Sünde 3: Landschaftsverschmutzung. Auch wenn das Umweltbewusstsein in den letzten Jahrzehnten deutlich gestiegen ist – wo viele Menschen wandern, Ski laufen oder Mountainbike fahren, dort bleiben Unmengen von Müll und Fäkalien zurück. So verbringen z. B. jedes Jahr ca. 100 Millionen Urlauber und Tagesausflügler ihre Freizeit in den Alpen. Der „Deutsche Alpenverein" (DAV) schätzt, dass allein in den Ostalpen jährlich mehr als 6.000 Lkw-Ladungen an Müll abtransportiert werden müssen.[5] Doch die Landschaftsverschmutzung ist nicht nur ein europäisches Problem: Mit 350.000 Touristen/Jahr zählt der Uluru-Kata Tjuta National Park zu den wichtigsten Sehenswürdigkeiten Australiens. Jeder dritte Besucher besteigt den 348 Meter hohen Uluru (Ayers Rock), obwohl auf großen Schildern darauf hingewiesen wird, dass es sich für die Aborigines um einen heiligen Ort handelt, der nicht betreten werden soll (so wie man auch den Altarraum einer Kathedrale als sakrale Stätte zu respektieren hat). Da es auf dem Berg keine Toiletten gibt, verrichten viele Wanderer dort ihre Notdurft.[6]

Sünde 4: Wasserverschmutzung. In zahlreichen spanischen Zielgebieten war es bis vor kurzem noch üblich, die Abwässer von Ho-

tels und Ferienanlagen unge-
klärt ins Meer zu leiten. Doch
auch gegenwärtig kommt es
noch zu einer Schadstoffan-
reicherung im Wasser – vor
allem in Binnenseen. Durch
Ausscheidungen und Kosme-
tika tragen die Badeurlauber
dazu bei, dass der Phosphat-
gehalt deutlich ansteigt. Damit wird eine Eutrophierung
des Wassers ausgelöst: Ein
vermehrtes Algenwachstum
und eine schlechte Wasser-
qualität sind die Folgen –
deutlich erkennbar an einer
geringen Sichttiefe. Auch der
unsachgemäße Betrieb von Motorbooten kann zu einer Wasserverschmutzung führen (z. B. in Form von Ölverseuchung).

Sünde 5: Luftverschmutzung. Um in den Urlaub zu fahren, nutzen
83 % der Bundesbürger den Pkw oder das Flugzeug – also Verkehrsmittel, die im Vergleich zu Bahn oder Bus nicht nur besonders
viel Energie verbrauchen, sondern auch durch hohe Schadstoffemissionen zu einer erheblichen Verschmutzung der Luft und zur
Verstärkung des Treibhauseffekts beitragen. So sind Flugreisen bis
zu elf Mal schädlicher für die Atmosphäre als Bahn- oder Busreisen; allein durch einen Flug von Deutschland nach Mallorca werden
pro Passagier ähnliche Umweltbelastungen ausgelöst wie durch die
jährliche Nutzung eines privaten Pkw.[7]

Sünde 6: Tiergefährdung. Abseits der ausgetretenen Touristenpfade ist es doch am schönsten – und deshalb verlassen viele Wanderer, Mountainbike-Fahrer oder Langläufer die ausgeschilderten
Wege, Routen und Loipen. Vielen Outdoor-Enthusiasten ist nicht
bewusst, dass sie dabei in Rückzugs- und Ruheräume wild lebender
Tiere vordringen. Wasservögel werden bei ihrer Bruttätigkeit gestört, Hirsche und Gemsen verlieren auf der Flucht wichtige Ener-
giereserven, die sie für ihr Überleben in den kargen Wintermonaten
dringend benötigen. Aus tropischen Ländern gibt es zahlreiche Berichte über die unachtsame (und sogar mutwillige) Zerstörung von
Korallenriffen durch Taucher, Schnorchler und ankernde Ausflugs-
boote.[8]

Sünde 7: Pflanzengefährdung. Unzureichende Information, aber
teilweise auch bewusst umweltschädigende Aktivitäten sind auch
die Ursachen für die Gefährdung der Fauna. Im Nationalpark
Berchtesgaden wusste z. B. – einer Studie zufolge – nur jeder zweite

*Formel 1 in eisigen Höhen:
Um die Saison für die Skifahrer zu verlängern, sind in
den Alpen mehrere Gletscher
touristisch erschlossen
worden (am „Glacier 3000"
im Berner Oberland ist
u. a. auch Bernie Eccle-
stone finanziell beteiligt).
Naturschutzorganisationen
kritisieren, dass es durch
die Präparierung der Pisten
sowie den Betrieb von Liftanlagen und Restaurants zu
einer erheblichen Umweltbe-
lastung dieser einzigartigen
Naturräume und wichtigen
Trinkwasserreservoirs
kommt.*

„Take nothing but pictures,
leave nothing but footprints,
kill nothing but time."
Society of Earth Savers[9]

Besucher, dass er sich in einem Schutzgebiet aufhielt (in dem besondere Verhaltensregeln gelten). Es kann deshalb nicht verwundern, dass immerhin 36 % der Wanderer ohne jegliche Hemmung dort Beeren und Pilze sammelten oder Blumen pflückten. Zwei von drei Touristen haben die Wege verlassen, um Rast zu machen, ihre Tour abzukürzen oder die Natur besser beobachten zu können. Dadurch entstehen Tritt- und Lagerschäden, durch die Pflanzen – speziell in ökologisch sensiblen Zonen – erheblich gefährdet werden können.[10]

Angesichts dieses langen Sündenregisters kommt man wohl nicht darum herum, dem Votum der Naturschützer zuzustimmen: „Der Tourismus zerstört die Umwelt." Doch wieder einmal erweist sich ein genauerer Blick als sinnvoll, denn nicht in jedem Fall ist der Tourismus der Täter, sondern manchmal auch das Opfer.

„Sag mir, wo die Flyer sind. Wo sind sie geblieben?" Wer Touristen zu einem umweltbewussten Verhalten anregen will (wie hier im „Parc Natural de Mondragó" auf Mallorca), der sollte schon dafür sorgen, dass genügend Informationsmaterialien zur Verfügung stehen.

Robbensterben, Algenpest und Riesenwellen – der Tourismus als Opfer von Umweltschäden

Die Sommersaison 1988 war für die Kurdirektoren an der Nordsee eine einzige Katastrophe: Statt fröhlicher Urlauber lagen täglich Hunderte von toten Seehunden an den Stränden. Schätzungen gehen davon aus, dass ca. 8.500 Tiere an der Seehundstaupe zugrunde gingen. Obwohl diese Krankheit eine natürliche Ursache hatte, waren sich viele Experten sicher, dass das Robbensterben erst durch die Meeresverschmutzung ein derart katastrophales Ausmaß erreichen konnte.[11]

Doch für die Belastung des Wassers durch Nitrate, Phosphate und Kohlenwasserstoffe war in diesem Fall weniger der Tourismus verantwortlich als vielmehr die umweltschädlichen Abwässer von Landwirtschaft, Industrie und privaten Haushalten. In einer medienwirksamen Aktion versuchte der „Fremdenverkehrsverband Schleswig-Holstein" damals, mit einem „Urlauberparlament" die Öffentlichkeit zu mobilisieren. In einer Resolution wurde an die Verantwortlichen in Politik und Wirtschaft appelliert, „alle weiteren Belastungen von Nord- und Ostsee wirksam zu reduzieren oder zu vermeiden".[12]

Zum Opfer von Umweltschäden, die Andere verursacht haben, wurden ein Jahr später auch die Feriengebiete an der italienischen

Adria. An den Stränden breitete sich von Grado im äußersten Norden bis nach Porto Recanati ein riesiger, braun-gelber Algenteppich aus. Für die enorme Blüte der Mikroalgen waren die ungeklärten Abwässer verantwortlich, die vom Po ins Meer transportiert wurden – u. a. Fäkalien von 17 Millionen Menschen, Gülle von 10 Millionen Stück Mastvieh und 100 Millionen Hühnern sowie große Mengen an Klärschlamm, Industrieabfällen und Düngemitteln.

Während Fachleute noch darüber stritten, ob der Schleim gesundheitsgefährdend sei, fanden die Touristen die stinkende Brühe einfach nur ekelerregend – und fuhren in andere Urlaubsregionen (da half es auch wenig, dass ihnen gigantische Wasserparks wie der „Acquafan" als Alternative zum Strand angepriesen wurden). Die großen deutschen Reiseveranstalter reagierten rasch auf die Algenpest und boten ihren Kunden kostenlose Umbuchungsmöglichkeiten an.[13]

Die Wasserverschmutzung aufgrund geringer Umweltstandards ist jedoch kein historisches oder europäisches Problem: Auch im Jahr 2000 wurden in Italien Strände auf einer Länge von 416 Kilometern gesperrt, da dort gesundheitliche Risiken für die Badeurlauber bestanden. Illegal eingebrachte Abwässer führten im September 2008 in Dubai dazu, dass sich das Wasser vor dem schicken „Dubai Offshore Sailing Club" schwarz färbte; auch hier warnten die Behörden davor, Schwimmen zu gehen.[14]

Touristen sind zwar generell hart im Nehmen und die Berichte über solche ökologischen Schäden werden auch bald wieder durch andere Schlagzeilen verdrängt, doch regionale Untersuchungen zeigen, dass es bei „massiven Umweltbeeinträchtigungen" zu einem deutlichen Rückgang der Nachfrage kommt – zwischen 3 % (beim Robbensterben an Nord- und Ostsee) und 20 % (bei der Algenpest an der Adria).[15]

Weitaus dramatischer sind die Folgen von „Umweltkatastrophen" wie tropischen Wirbelstürmen, Erdbeben, Vulkanausbrüchen oder Überschwemmungen; in den betroffenen Feriengebieten ist zumindest für kurze Zeit mit Rückgängen von 50 % bis 100 % zu rechnen. Ein besonders eindrucksvolles Beispiel ist der Tsunami im Dezember 2004, von dem vor allem einige küstennahe Landesteile in Indonesien, Thailand, Südindien, Sri Lanka sowie die Malediven betroffen waren.

Der Flutwelle fielen ca. 280.000 Menschen zum Opfer, Hunderttausende wurden verletzt und Millionen obdachlos. Angesichts dieser schrecklichen Bilanz mag die Beschäftigung mit den touristischen Effekten zunächst banal erscheinen, doch in manchen betroffenen Küstenregionen war der Tourismus ein wichtiger Wirtschaftszweig, in dem viele Menschen Arbeit fanden. Die breite Berichterstattung in den internationalen Medien löste zwar einerseits

Homepages von touristischen Umweltzeichen (Auswahl)

Internationale/europäische Umweltsiegel
- „Blaue Flagge" für Marinas und Strände (www.blaue-flagge.de/ www.blueflag.org)
- „Blaue Schwalbe" für Unterkünfte (www.vertraeglich-reisen.de)
- „BioHotels" für Hotels (www.biohotels.info)
- „EU-Blume" für Unterkünfte (www.eco-label.com)
- „Ecocamping" für Campingplätze in D, A, CH (www.ecocamping.net)

Nationale Umweltsiegel
- „Viabono" für nachhaltige Tourismusangebote in Deutschland (www.viabono.de)
- „Österreichisches Umweltzeichen" für Unterkünfte und Restaurants (www.umweltzeichen.at)
- „Schweizer Steinbock-Label" für Hotels (www.steinbock-label.ch)

i

**Auszeichnungen für nach-
haltige Tourismusprojekte**

• „Ecotrophea – Der internationale Umweltpreis" des
Deutschen ReiseVerbandes
(DRV) (www.drv.de/drv/
fachbereiche/umwelt/eco-
trophea.html)

• „Tourism of Tomorrow
Awards" des World
Travel & Tourism Council
(www.tourismfortomor-
row.com)

• „Grüne Palme" der Reise-
zeitschrift „Geo Saison"
(www.geo.de)

• „Toura d'Or – Filmwett-
bewerb Zukunftsfähiger
Tourismus"
(www.tourador-contest.
org)

• „To Do! – Internationaler
Wettbewerb Sozialverant-
wortlicher Tourismus"
(www.todo-contest.org)

eine Welle der Hilfsbereitschaft aus; andererseits führten die immer wieder gezeigten Bilder der dramatischen Ereignisse aber auch
dazu, dass die Urlauber ausblieben und in andere tropische Ferienregionen fuhren.[16]

Obwohl die Schäden z. B. im thailändischen Phuket relativ rasch
behoben werden konnten, verzeichnete der Ort einen starken Rückgang der Übernachtungszahlen (im Juli 2005 lag die Auslastungs-
rate der Hotelbetten um 50 % unter dem üblichen Wert). Große Ein-
brüche gab es auch in Sri Lanka, wo die Zahl der Übernachtungen
ausländischer Gäste auf ein Drittel des Vorjahres zurückging.[17]

Gegen Riesenwellen und Hurrikans können weder die Verantwortlichen der Tourismusbranche noch die Urlauber etwas ausrich-
ten, doch durch die Algenpest und das Robbensterben ist vielen
Menschen deutlich geworden, dass unser Urlaub in einem komple-
xen Ökosystem stattfindet – zu dessen Erhalt auch der Tourismus
selbst beitragen kann. Seit den 1980er-Jahren haben sich viele Touristen und Tourismusmanager deshalb mit der Frage beschäftigt:
Wie kann man die zusätzlichen Belastungen der Natur reduzieren,
die durch Urlaubsreisen zwangsläufig entstehen? Als hilfreich
bei der Beantwortung erweist sich ein Blick in den schwäbischen
Volksalmanach: „Ein jeder kehre vor seiner Tür und sauber ist das
Stadtrevier."

Was zuviel ist, ist zuviel:
Umweltschutz durch Ökomanagement

Der Tourismus ist eine Querschnittsbranche, an der viele Akteure
beteiligt sind – von Reisebüros und Reiseveranstaltern über Hotels
und Gaststätten bis hin zu Themenparks und Ausflugsschiffen. Jedes touristische Unternehmen ist letztlich auf eine intakte Umwelt
angewiesen, denn für 84 % der bundesdeutschen Urlauber hängt
die Urlaubszufriedenheit wesentlich vom Zustand der Natur in ihrer Ferienregion ab. Aus betriebswirtschaftlicher Sicht ist es also
sinnvoll und notwendig, einen eigenen Beitrag zur nachhaltigen
und behutsamen Nutzung der Umwelt zu leisten.

Allerdings fällt vielen Geschäftsführern und Vorständen die Einsicht in diese simple Tatsache recht schwer: Sie können nicht in langen Zeiträumen denken, sondern müssen den Erfolg ihrer Tätigkeit
jedes Jahr in den Gesellschafter- oder Hauptversammlungen unter
Beweis stellen – aber dort zählen nur steigende Übernachtungs-
bzw. Umsatzzahlen, hohe Renditen etc. Wenn es dennoch in den
letzten Jahren zu einem Umdenken in Richtung Umweltschutz gekommen ist, so gab es hierfür zwei Gründe:

* Zum einen mussten die Unternehmen auf den Druck des
Marktes reagieren: Inzwischen
erwarten zwei von drei deutschen
Touristen, dass sie im Reisebüro
kompetent über die Umweltsi-
tuation in ihrer Urlaubsregion
informiert werden. Jeder zweite
Urlauber legt Wert auf umwelt-
freundliche Unterkünfte bzw.
Urlaubsorte und 71 % empfinden
Ferienorte mit einer verbauten
Landschaft als abschreckend.[18]
* Zum anderen bietet ein umwelt-
orientiertes Management den Betrieben aber auch direkte wirtschaftliche Vorteile. Technische Einrichtungen wie Stopp-/Spül-
tasten an Toiletten, Energiesparlampen oder zentral gesteuerte
Beleuchtungssysteme mit Bewegungsmeldern tragen z. B. dazu
bei, den Wasser- und Stromverbrauch zu reduzieren. Als extrem
preiswerte (und deshalb besonders populäre) Maßnahme haben
sich die kleinen Hinweisschilder in den Hotels erwiesen, auf denen
die Gäste gebeten werden, ihr Handtuch oder ihre Bettwäsche nicht
mehr täglich wechseln zu lassen, um die Belastung der Umwelt
durch schädliche Waschmittel zu verringern (→ *Irrtum 1*).

*Jeder will die putzigen Bril-
lenpinguine am Boulder's
Beach in Südafrika mög-
lichst aus nächster Nähe
sehen – und deshalb müssen
sie auch vor dem großen
Besucherandrang geschützt
werden. Im Brutgebiet der
Vögel wurden dazu mehrere
Stege angelegt, von denen
man die Tiere gut beobachten kann, ohne sie zu stören.*

Inzwischen ist der Handwerkskasten des touristischen Umwelt-
managements prall gefüllt und gut sortiert. Im Kern geht es dabei
jeweils um intelligente Verfahren bzw. Produkte, durch die ein Beitrag zum Naturschutz geleistet werden kann – wie einige Beispiele
zeigen:
* Bereits seit 1996 führt der Reiseveranstalter „TUI" unter seinen konzerneigenen Hotels jährlich den Wettbewerb „Umwelt
Champion" durch. Mit einer langen Checkliste wird das Ökomanagement der Betriebe gründlich analysiert – von der Abwasser-
behandlung über die Abfallvermeidung/-trennung bis hin zur um-
weltorientierten Einkaufspolitik. In die Gesamtbewertung fließen
außerdem noch die Ergebnisse von Gästebefragungen ein.[19]
* Um den Urlaubsreiseverkehr zu steuern, die Schadstoffemis-
sion zu minimieren und die Erholungsqualität zu steigern, gibt
es mehrere Feriendestinationen, in denen der Pkw-Verkehr eingeschränkt wird – wie das Modellvorhaben „Autofreies Oberst-
dorf" oder die Initiative „Gemeinschaft Autofreier Schweizer
Tourismusorte" (GAST).[20]
* Zur Reduzierung des Verkehrsaufkommens und zum Ressour-
censchutz tragen aber auch regionale Netzwerke bei, in denen Hoteliers und Gastwirte eng mit Landwirten und Handwerkern aus

der Umgebung zusammenarbeiten. Durch solche „kleinen Kreisläufe" werden nicht nur lange Transportwege vermieden, sondern auch wichtige wirtschaftliche Impulse ausgelöst – das zeigen Projekte wie „Aus der Rhön – für die Rhön" oder „Eifel: Qualität ist unsere Natur" (→ *Irrtum 7*).[21]

• Zum Umweltmanagement gehört schließlich auch die Aufklärung der Touristen über die ökologischen Folgen ihres Reisens. In einer entspannten Urlaubssituation darf diese Information natürlich nicht mit dem berüchtigten pädagogischen Zeigefinger erfolgen (der uns aus der Schulzeit in unguter Erinnerung ist). Eine zeitgemäße *environmental interpretation* sollte die Besucher vielmehr dazu anregen, die Natur zu verstehen, zu erleben, zu genießen – und eben zu schützen. Nach dem Vorbild der amerikanischen Nationalparks organisieren z. B. die *ranger* auf dem „Rothaarsteig" im Sauerland spezielle Erlebniswanderungen für Kinder, Jugendliche und Erwachsene.[22]

Die Beispiele zeigen: Jeder touristische Akteur kann mitmachen, wenn es darum geht, Landschaft und Umwelt etwas weniger zu belasten. Doch neben dieser defensiven Vermeidungsstrategie kann der Tourismus auch offensiv dazu genutzt werden, Naturlandschaften zu erhalten – und gleichzeitig zusätzliche Einnahmen zu erzielen und neue Jobs zu schaffen.

Ökotourismus oder Naturschutz aus Eigennutz

?

Was ist Ökotourismus?
„Ökotourismus ist ein verantwortungsbewusster Urlaub in Naturräumen, der zum Schutz der Umwelt beiträgt und die wirtschaftliche Lage der örtlichen Bevölkerung verbessert."
Definition der „International Ecotourism Society"[23]

„Guten Abend, meine lieben Freunde" – mit diesen Worten begrüßte der Direktor des Frankfurter Zoos, Prof. Dr. Bernhard Grzimek, in den 1960er- und 1970er-Jahren die Zuschauer seiner beliebten TV-Sendung „Ein Platz für Tiere" (die damals traumhafte Einschaltquoten von 70 % erreichte). In mehr als 175 Folgen gelang es ihm, ein breites Fernsehpublikum für die Belange des Tierschutzes zu interessieren und zugleich große Spendensummen zu akquirieren. Darüber hinaus gilt er aber auch als Wegbereiter des Ökotourismus – also einer Form des Reisens in Naturräumen, bei der die Ausgaben der Touristen dafür genutzt werden, die Umwelt zu erhalten und die wirtschaftliche Lage der einheimischen Bevölkerung zu verbessern.

Grzimek lag besonders die ostafrikanische Serengeti-Steppe am Herzen, deren Fauna und Flora er zum Hauptdarsteller seines Oscar-prämierten Films „Serengeti darf nicht sterben" machte. Für die eindrucksvollen Luftaufnahmen, aber auch für die Zählung der Tiere benutzte er eine Dornier Do 27, die er medienwirksam in Zebrastreifen lackieren ließ. Mit seinen Filmen und Büchern lenkte er das öffentliche Interesse auf die bedrohte afrikanische Tierwelt und setzte sich mit großem Engagement und finanziellen Mitteln für den Erhalt der Natur in Tansania ein.[24]

Die Serengeti ist gerettet worden, sie war das Vorbild für weitere Parks und wurde schnell zu einer beliebten touristischen Destination. Mit 1,2 Millionen Gnus und 900.000 Zebras hat sich der Tierbestand seit Grzimeks Zeiten fast verdoppelt – und statt eines Nationalparks gibt es in Tansania inzwischen 16 Großschutzgebiete. Zu dieser positiven Entwicklung hat der Tourismus wesentlich beigetragen, denn Grzimeks TV-Auftritte (bei denen er stets ein Tier mit ins Studio nahm) weckte bei den Bundesbürgern die Lust darauf, die exotischen Tiere selbst einmal vor Ort zu beobachten. Reisebüros und Reiseveranstalter konnten sich bald über eine unerwartet große Nachfrage nach Pauschalreisen in die ostafrikanischen Länder Tansania und Kenia freuen.

Der Tourismus als Verbündeter des Naturschutzes: Das Modell der Serengeti hat inzwischen international Schule gemacht. Zu Beginn des 21. Jahrhunderts finden sich weltweit mehr als 12.000 Schutzgebiete, deren Erhalt ohne die Eintrittsgelder und sonstigen Ausgaben der zumeist ausländischen Besucher häufig nicht zu finanzieren wäre – hier einige Beispiele:

• In Mittelamerika gilt Costa Rica als Vorreiter in Sachen Ökotourismus; mit seinen vulkanischen Bergketten und seiner großen biologischen Vielfalt verfügt es über ideale Voraussetzungen für ein naturnahes Reisen. Der Staat hat dafür gesorgt, dass diese Ressourcen erhalten bleiben: Inzwischen steht ca. ein Viertel der Landesfläche unter Naturschutz; mit Hilfe einer Ökosteuer wird der Schutz der tropischen Wälder finanziert. Darüber hinaus gibt es ein nationales Zertifizierungssystem, um ökologisch arbeitende Tourismusbetriebe auszuzeichnen. Diese Maßnahmen haben einen wahren Boom des Ökotourismus ausgelöst: Innerhalb weniger Jahre verdoppelte sich die Zahl der ausländischen Touristen. Bei der Mehrzahl der zwei Millionen Besucher handelt es sich um Ökotouristen, die in kleinen Hotels übernachten und an naturkundlichen Ausflügen teilnehmen. Mit 2,2 Milliarden US-Dollar

Noch so klein – und doch schon richtige Meeresschildkröten! Wenn sie den Weg aus ihrem Nest über den Strand ins Meer schaffen und dort alle Widrigkeiten überleben, werden sie in 20 bis 30 Jahren auf die Seychellen zurückkommen, um an der gleichen Stelle ihre Eier zu legen – und damit die nächste Touristengeneration zu erfreuen.

?

**Typen von Großschutz-
gebieten in Deutschland**

Nationalparks
Ziel: Erhaltung bzw. Rekon-
struktion der Naturlandschaft
Aufgaben: Schutz der
Artenvielfalt (auch durch
regulierende Eingriffe),
Naturbeobachtung und
Umweltbildung
Anzahl in D: 14

Biosphärenreservate
Ziel: Erhaltung von (Kultur-)
Landschaften, die ein
bestimmtes Ökosystem
repräsentieren
Aufgaben: Schutz der
Landschaft und Vegetation,
Monitoring von Verände-
rungen und zonale Öffnung
für den Tourismus
Anzahl in D: 15

Naturparks
Ziel: Erhaltung von besonderen Kulturlandschaften, die
durch das Zusammenspiel
von Mensch und Natur
entstanden sind
Aufgaben: Schutz der
Landschaft und behutsame
Erschließung für Erholungs-
zwecke
Anzahl in D: 101

ist der Tourismus längst zum wichtigsten Wirtschaftszweig geworden; er beschert dem Land inzwischen mehr Deviseneinnahmen als der traditionelle Handel mit Kaffee und Bananen.[25]

• Im Nordwesten von Madagaskar waren 130.000 Hektar eines
besonders artenreichen Regenwalds von der unkontrollierten
Abholzung durch die lokale Bevölkerung bedroht. Im Jahr 2002
wurde das Gebiet von Ankarafantsika zum Nationalpark erklärt
und für Touristen erschlossen; damit konnten 50 neue Jobs für
arme Kleinbauern geschaffen werden, die nun in der Parkverwal-
tung oder als Touristenführer arbeiten.[26]

• In Deutschland wurde der erste Nationalpark im Jahr 1970 im
Bayerischen Wald eröffnet. Nach anfänglichen Diskussionen
und Streitigkeiten hat sich der Park inzwischen mit ca. 1,5 Millionen Gästen pro Jahr zu einem Besuchermagneten entwickelt;
im benachbarten Landkreis Freyung-Grafenau stieg die Zahl der
Übernachtungen seit der Eröffnung um das Hundertfache (in der
strukturschwachen Region wurden mehr als 3.000 zusätzliche
Arbeitsplätze geschaffen).[27]

• Auch der Schutz der gefährdeten Meeresschildkröten hat sich vielerorts als lukratives touristisches Geschäft erwiesen. Nach Be-
rechnungen des „World Wide Fund For Nature" (WWF) lässt sich
mit Beobachtungstouren für Urlauber zu Land und zu Wasser
drei Mal mehr Geld verdienen als durch den Handel mit Schild-
krötenprodukten wie Fleisch, Eiern oder Schildplatt.[28]

Die Finanzierung von Umweltschutzmaßnahmen durch eine behutsame touristische Nutzung – mit diesem Prinzip kann der Ökotourismus durchaus einen Beitrag zum Erhalt der Natur leisten.[29]
Noch einen Schritt weiter gehen aber einige touristische Projekte,
in denen landwirtschaftlich genutzte Flächen wieder in ihren ursprünglichen Naturzustand zurückversetzt werden.

Die Rekonstruktion der Paradiese:
Nachhaltiger Tourismus in naturnahen Luxusresorts

Für den amerikanischen Präsidenten Theodore Roosevelt und den
Schriftsteller Ernest Hemingway waren die *big five* noch begehrte
Trophäen: Die Jagd auf Löwen, Leoparden, Büffel, Nashörner und
Elefanten galt als besonders schwierig und gefährlich. Inzwischen
geht es in der Savanne meistens weniger blutig zu – die Tiere sind
nicht länger das Ziel von großkalibrigen Repetierbüchsen, sondern
von Teleobjektiven mit einer langen Brennweite.

Fotosafaris und Tierbeobachtungen haben sich in mehreren afrikanischen Ländern längst zu einem lukrativen Wirtschaftszweig
entwickelt: In Kenia werden ca. 70 % der Einnahmen aus dem in-

ternationalen Tourismus durch die *wildlife viewing industry* erwirtschaftet und in Botswana ca. 50 %.[30] Das wachsende Interesse an wilden Tieren folgt dabei – paradoxerweise – den Gesetzen der Marktwirtschaft: Angesichts einer fortschreitenden Zerstörung der „letzten Paradiese" durch Raubbau, Rodungen und Siedlungen ist der Bestand vieler Tierarten bedroht – entsprechend kostbar und damit sehenswert sind Flusspferde, Nilkrokodile und Spitzmaulnashörner (aus betriebswirtschaftlicher Sicht verfügen sie damit über eine sogenannte *unique selling proposition*).

Wildtiere als touristische Attraktionen in ihrer natürlichen Umgebung zu präsentieren (und nicht in Zoologischen Gärten) – diese Aufgabe war in Afrika zunächst eine uneingeschränkte Domäne der staatlichen Nationalparks, bei deren Arbeit lange Zeit allein der Naturschutz im Vordergrund stand (entsprechend einfach waren auch die Unterkünfte). In den letzten Jahren ist in diesem Bereich jedoch eine zunehmende Kommerzialisierung zu beobachten:

Coming home again – die afrikanischen Büffel sind seit Jahrhunderten von den weißen Siedlern gejagt worden, um Rindern und Schafen Platz zu machen. Inzwischen wurden sie in den „private game reserves" wieder angesiedelt, denn Fotosafaris sind in manchen Regionen lukrativer als Viehzucht.

• Zum einen haben private Unternehmen die Erlaubnis erhalten, in den Nationalparks eigene Lodges zu betreiben (z. B. das „Gorah Elephant Camp" im südafrikanischen „Gorah Elephant National Park").

• Zum anderen finden sich vor allem im südlichen Afrika zahlreiche *private game reserves* – kommerzielle Unternehmen, die weitläufige private Tierschutzgebiete einrichten und dort über luxuriöse Unterkünfte für Touristen verfügen.

Das Grundprinzip dieser *private game reserves* besteht darin, in großem Umfang unrentables Farmland aufzukaufen und einzuzäunen (das Schutzgebiet „Sanbona Wildlife Reserve" in Südafrika ist mit einer Fläche von 54.000 ha so groß wie der Bodensee). Die bisherigen Nutztiere werden verkauft und stattdessen findet eine Ansiedlung einheimischer Wildtiere statt (die von den Farmern ausgerottet waren). Zu den Rekultivierungsmaßnahmen gehört auch die Entfernung der früheren agraren Vegetation und die Neuanpflanzung lokaler Gräser, Büsche und Bäume. Das Ziel ist es, die Landschaften wieder in ihren ursprünglichen Zustand

*Hemingway lässt grüßen:
In den südafrikanischen
„private game lodges" wird
für die Gäste eine kolo-
niale Safari-Atmosphäre
inszeniert. Beim Betrieb der
Lodges stehen die Prinzipien
einer nachhaltigen Ent-
wicklung im Vordergrund:
Alte Farmgebäude werden
restauriert, in der Küche
kommen überwiegend lokale
Produkte zum Einsatz und
die meisten Beschäftigten
stammen aus der Umgebung.*

– vor der Nutzung durch die weißen Siedler – zurückzuversetzen. Auf diese Weise entstehen neuartige Habitats für Tiere und Pflanzen, bei denen schwer zu entscheiden ist, ob es sich um künstlich geschaffene Naturräume oder natürlich wirkende Kunstwelten handelt.

Um die Illusion für die Touristen perfekt zu machen, werden in den *private game reserves* komfortable Unterkünfte gebaut, in denen ein koloniales Großwildjäger-Ambiente inszeniert wird. Als ästhetische Vorbilder für die Restaurierung alter Farmhäuser oder den Bau von Zeltcamps dienen dabei die Sets bekannter Hollywood-Filme wie „Hatari!" (mit John Wayne und Elsa Martinelli) oder „Out of Africa" (mit Robert Redford und Meryl Streep).

Die nostalgische Reise in die Zeit der *big game hunter* hat ihren Preis: So kostet z. B. eine Übernachtung in der südafrikanischen „Kwandwe Great Fish River Lodge" ca. 660 Euro/Person. Dafür wird den Touristen nicht nur die Unterkunft in einem großen Bungalow geboten, der überwiegend aus lokalen Baumaterialien errichtet ist (mit Badewanne und Außendusche unter dem afrikanischen Sternenhimmel); sie können auch an morgendlichen und abendlichen Pirschfahrten im Jeep teilnehmen, bei denen sie – begleitet von einem einheimischen *tracker* und einem kundigen *ranger* – die wilden Tiere aus nächster Nähe sehen können (*animal encounter*).

Gut situierte Touristen als Financiers von Artenerhalt und Naturschutz – dieser Gedanke mag vielen Umweltaktivisten und Tourismuskritikern nicht behagen, doch weltweit gibt es inzwischen mehrere Beispiele eines ökologischen Luxustourismus (der manchmal sogar mit sozialer Verantwortung einhergeht):

• Die Unternehmen „Wilderness Safaris" und „&Beyond" betreiben in zahlreichen afrikanischen Ländern, aber auch in Indien und Südamerika eine Reihe von *private game reserves*, in denen ein hoher Komfort, der Erhalt der Natur und soziales Engagement miteinander verknüpft werden (also die klassischen Ziele einer nachhaltigen Entwicklung). Die Firmen haben z. B. spezielle Fonds eingerichtet, um lokale Schulen zu unterstützen und die Kinder aus der Nachbarschaft über die Bedeutung einer intakten Umwelt zu informieren (besonders begabte Schüler erhalten

Stipendien für ein Hochschulstudium). Zur Verbesserung der Lebensverhältnisse werden in den umliegenden Dörfern Wasserpumpen und Solaranlagen installiert.[31]

- Für den Natur- und Umweltschutz engagieren sich auch die Luxusresorts „Frégate Island" und „North Island" auf den Seychellen. Bereits beim Bau der Bungalows und Villen wurde darauf geachtet, die seltene heimische Tierwelt nicht zu stören. Anschließend kümmerten sich Biologen und *ecological manager* um das Abholzen der importierten Kokospalmen und die Rekonstruktion der natürlichen Flora (allein auf „Frégate Island" wurden mehr als 100.000 Bäume angepflanzt). Dadurch hat sich der Bestand an bedrohten Vogelarten (Magpie Robin, White Eye u. a.), die durch Katzen und Ratten nahezu ausgerottet waren, wieder so vergrößert, dass sie auch auf andere Inseln des Archipels umgesiedelt werden können. Die aufwändigen Naturschutzmaßnahmen werden durch die wohlhabenden Touristen aus aller Welt finanziert, die in den üppig ausgestatteten Bungalows übernachten (zum Preis von 1.745 Euro/Person/Nacht). Für sie wird auf dieser „Arche Noah mit Silberlöffel" ein komfortables Robinson-Crusoe-Ambiente in Szene gesetzt – mit Lunch am Strand, eigenem Pool und persönlichem Butler.[32]

Luxus kann also nicht nur schön, sondern auch umweltfreundlich und sogar sozialverträglich sein. Selbst wenn diese „neuen Paradiese" nur wenigen Urlaubern offenstehen und damit kein Modell für den Massentourismus sein können, so zeigen sie doch, dass man sich am Feuer des Tourismus nicht unbedingt verbrennen muss, sondern durchaus auch wärmen kann.

ℹ

Zeitschriften und Bibliographien zum nachhaltigen Tourismus

- Verträglich reisen. Magazin für Reisen und Umwelt, Bonn (www.vertraeglich-reisen.de)

- Integra. Zeitschrift für Integrativen Tourismus und Entwicklung, Wien (www.respect.at)

- Oesterreichischer Alpenverein (Hrsg.; 1990-2005): Sanfter Tourismus. Bibliographie, Innsbruck (www.alpenverein.at/naturschutz/Publikationen/Bibliographien)

- Journal of Sustainable Tourism, Abingdon, Oxon (www.tandf.co.uk/journals/rsus)

- Journal of Ecotourism, Abingdon, Oxon (www.tandf.co.uk/journals/reco)

📖 Literaturtipps

Zu Tourismus und Ökologie:
MÜLLER, H. (2007): Tourismus und Ökologie. Wechselwirkungen und Handlungsfelder, 3., völlig überarbeitete Auflage München

Zu Auswirkungen von Naturkatastrophen auf den Tourismus:
HAMMER, S. (2007): Touristische Auswirkungen von Naturkatastrophen. Hazardforschung – Tsunami 2004, Saarbrücken

Zum Tourismus in Großschutzgebieten:
REVERMANN, Chr./PETERMANN, T. (2003): Tourismus in Großschutzgebieten. Impulse für eine nachhaltige Regionalentwicklung, Berlin (Studien des Büros für Technikfolgenabschätzung beim Deutschen Bundestag; 13)
INSTITUT FÜR INTEGRATIVEN TOURISMUS UND ENTWICKLUNG (Hrsg.; 2007): Tourismus und Schutzgebiete, Wien (Integra; 2)
EILZER, Chr./EISENSTEIN, B./ARLT, W. G. (Hrsg.; 2008): National Parks and Tourism. Answers to a Global Question from the International Competence Network of Tourism Management (ICNT), München (Schriftenreihe des Institut für Management und Tourismus; 3)

Zur nachhaltigen Tourismusentwicklung:
BECKER, Chr./JOB, H./WITZEL, A. (1996): Tourismus und nachhaltige Entwicklung. Grundlagen und praktische Ansätze für den mitteleuropäischen Raum, Darmstadt
WÖHLER, K. (2001): Tourismus und Nachhaltigkeit. – In: Aus Politik und Zeitgeschichte, B 47, S. 40-46

Zum Ökotourismus:
RAUSCHELBACH, B. (Hrsg.; 1998): (Öko-)Tourismus: Instrument für eine nachhaltige Entwicklung? Tourismus und Entwicklungszusammenarbeit, Heidelberg

Zum Ökomanagement im Tourismus:
HOPENBECK, W./ZIMMER, P. (1993): Umweltorientiertes Tourismusmanagement. Strategien, Checklisten, Fallstudien, Landsberg
VIEGAS, A. (1998): Ökomanagement im Tourismus, München/Wien (Touristik-Taschenbücher; o. Bd.)
VIEGAS, A. (1998): Ökodestinationen, München/Wien (Touristik-Taschenbücher; o. Bd.)

✅ Kurz und bündig

Für radikale Umweltschützer steht fest: Wer Natur und Landschaft wirklich schonen will, der sollte zu Hause bleiben – denn Reisen belasten natürlich die Umwelt (wie jede Form der räumlichen Mobilität). Da Urlaubsreisen aber für die Mehrzahl der Bundesbürger längst zu einem unverzichtbaren Standardkonsumgut geworden sind, muss es darum gehen, möglichst umweltschonend unterwegs zu sein und dafür zu sorgen, dass Naturräume erhalten bleiben und die einheimische Bevölkerung einen angemessenen Nutzen aus dem Tourismus ziehen kann.

Durch den Tourismus kommt es immer zu einem Ausverkauf der Kultur

Für elitäre Schöngeister wie den österreichischen Künstler André Heller ist die Sache klar: „Der Einfall touristischer Horden führt zur Ausrottung alles Schönen." Nur halb-ironisch hat er deshalb die Einführung eines kulturellen Führerscheins für Urlauber gefordert: Erst nach erfolgreich bestandener Prüfung sollte es ihnen erlaubt sein, andere Länder mit fremdartigen Kulturen zu bereisen.[1] Angesichts pseudo-folkloristischer Tänze der Massai in Kenia oder massenhaft produzierter „airport art" in den Duty Free Shops der internationalen Flughäfen scheint er durchaus Recht zu haben. Doch bei genauerem Hinsehen zeigt sich, dass der Tourismus die traditionelle Kultur eines Landes nicht unbedingt zerstören muss, sondern sogar erhalten und beleben kann.

Der Tourismus bewegt die Welt – und zugleich verändert er sie. Im Jahr 2008 sind ca. 922 Millionen Menschen auf Reisen gegangen und haben dabei andere Länder besucht.[2] Ein derartiges Massenphänomen kann nicht ohne Folgen für die Zielgebiete bleiben: Die vielen Urlauber lösen allein durch ihre physische Anwesenheit, aber auch durch ihr Verhalten – gewollt oder ungewollt – vielerorts gravierende gesellschaftliche und kulturelle Veränderungen aus.

Zu einer Belastung der Bevölkerung und einer Schädigung von Kulturdenkmälern kommt es allerdings nicht überall, sondern nur dort, wo besonders schwierige Bedingungen bestehen.

Ungunstsituation 1: Eine extreme räumliche und zeitliche Konzentration der Besucherströme. Als Touristen tragen wir kulturelle Scheuklappen, denn wir interessieren uns nicht in einer umfassenden und systematischen Weise für die Kultur unserer Ferienregion, sondern suchen nur das Außergewöhnliche und das Einmalige – schlichtweg den Superlativ. Diese selektive Sichtweise hat zur Folge, dass sich die touristische Nachfrage auf wenige, besonders bekannte und eindrucksvolle Sehenswürdigkeiten konzentriert (→ *Irrtum 3*). Durch den großen Ansturm von Besuchern können diese Kulturdenkmäler nachhaltig geschädigt werden:

* Unter den vielen historischen Gebäuden in Potsdam zählt speziell Schloss Sanssouci zu den Besuchermagneten, während das Neue Palais oder das Orangerieschloss als Sehenswürdigkeiten weitaus weniger beliebt sind. Bereits vor 30 Jahren wurde deshalb eine Begrenzung der täglichen Besucherzahl und der Gruppengröße eingeführt. Dennoch kommt es weiterhin zu einer Beschädigung der zahlreichen Bilder, die an den seidenbespannten Wänden hängen. Die vergoldeten Türschnitzereien gelten als begehrte Souvenirs

„Sehenswürdigkeiten sind Dinge, die man gesehen haben muss, weil andere sie auch gesehen haben."
Hans Söhnker, Schauspieler (1903-1981)

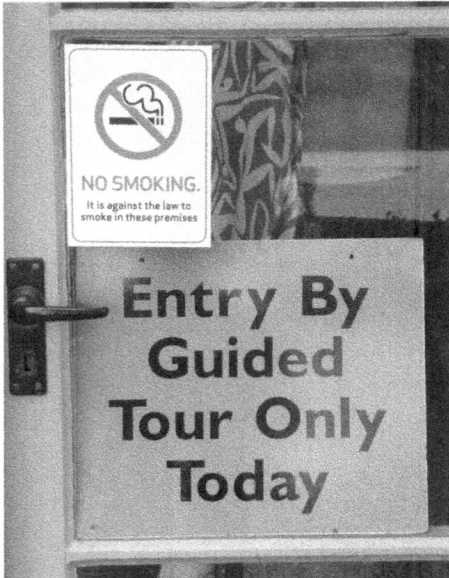

Wer heftig begehrt wird, kann sich schon einmal spröde geben – wie das „Charleston Farmhouse" in Südengland. Um mögliche Schäden an den berühmten Kunstwerken der „Bloomsbury Group" zu vermeiden, ist die Besichtigung bei großem Besucherandrang nur im Rahmen von organisierten Führungen möglich.

„Der Tourismus zerstört das, was er sucht, indem er es findet."
Hans Magnus Enzensberger

und gelegentlich gehen auch wertvolle Konsoltische zu Bruch (wenn sie von erschöpften Ausflüglern als Sitzgelegenheiten benutzt werden).[3]

• Die romanische Kirche St. Martin in Zillis (Schweiz) verfügt über eine der ältesten und am besten erhaltenen Kassettendecken der Welt – mit wunderschönen Darstellungen von Engeln, Fabelwesen und Szenen aus dem Leben Jesu. Da das kleine Dorf mit seinen 340 Einwohnern zudem recht verkehrsgünstig liegt, kommen jedes Jahr ca. 250.000 Touristen, um die Kirche zu besichtigen. Durch diese großen Besuchermassen werden nicht nur die Gläubigen bei Gottesdienst und Gebet gestört; das häufige Öffnen der Türen und die Ausdünstungen der Touristen führen auch dazu, dass sich das Raumklima verändert und die Deckengemälde beschädigt werden.[4]

• Unter ähnlichen Belastungen leiden auch die Königsgräber in Luxor (Ägypten); außerdem zerstören die Besucher mit unachtsam gehaltenen Rucksäcken und Kerataschen die jahrtausendealten Wandmalereien (die „Internationale Gesellschaft der ägyptischen Königsgräber" hat deshalb bereits vor einigen Jahren den Nachbau der bedeutendsten Gräber von Luxor gefordert, um die authentischen Stätten zu schützen).[5]

Sicherlich können derartige physische Schäden für viele populäre Kulturdenkmäler zu einem großen Problem werden, dennoch steht den Museumsdirektoren, Pastoren oder Archäologen ein breites Instrumentarium zur Verfügung, um den Besucherandrang optimal zu steuern. Zum klassischen Handwerkszeug des *visitor managements* gehören u. a.:

• zeitliche Maßnahmen – z. B. Tickets, die nur für ein bestimmtes Zeitfenster gültig sind, aber auch längere Öffnungszeiten, um den Besucherstrom besser über den Tag zu verteilen;

• räumliche Maßnahmen – z. B. separate Eingänge in Kirchen, um den Gläubigen einen ungestörten Zugang zu Beichtstühlen oder Gebetskapellen zu ermöglichen;

• organisatorische Maßnahmen – z. B. die Pflicht zur Voranmeldung größerer Besuchergruppen oder zur Teilnahme an einer organisierten Führung.

Die Massenhaftigkeit des Tourismus und seine Konzentration an wenigen kulturellen Brennpunkten lässt sich also durch eine geschickte und konsequente Besucherlenkung einigermaßen gut in den Griff bekommen. Auf diese Weise kann eine nachhaltige Zerstörung der Kultur durchaus vermieden werden.

Doch Touristen beschränken sich nicht darauf, Sehenswürdigkeiten wie Schlösser, Kirchen und Gräber zu besichtigen. Auf ihren Reisen haben sie auch zahlreiche Kontakte zur einheimischen Bevölkerung und lösen damit einen umfassenden Akkulturationsprozess aus – speziell in den Entwicklungsländern mit ihren andersartigen Kulturen und ihren schwierigen Lebensverhältnissen.

Ungunstsituation 2: Ein krasser ökonomischer bzw. kultureller Kontrast zwischen den Urlaubern und der lokalen Bevölkerung. Wenn arabische Touristen – in landestypische *dishdashas* und *burkas* gehüllt – eine ausgiebige Shopping Tour auf der Maximilianstraße in München machen, werden die bayerischen Großstädter vielleicht ein wenig über die ungewöhnlich gekleideten Gäste aus dem Nahen Osten granteln. Die langfristigen Wirkungen auf ihr kulturelles „Mir-san-mir"-Selbstverständnis sind hingegen gering.

Ganz anders verhält es sich, wenn Touristen aus den Industrieländern nach Kenia, Sri Lanka oder Mexiko reisen. Im Vergleich zur Masse der einheimischen Bevölkerung sind die ausländischen Urlauber einfach „reich" (unabhängig von ihrer persönlichen wirtschaftlichen Lage im Heimatland). Ihr großer Wohlstand ist für Jedermann offensichtlich: Da sie längere Zeit auf Reisen sind, müssen sie anscheinend überhaupt nicht arbeiten. Außerdem tragen sie teure Sonnenbrillen, Polohemden und Shorts (deren Marken selbst den ärmsten Bevölkerungsschichten hinlänglich bekannt sind). Obendrein demonstrieren sie ihren ökonomischen Status eindrucksvoll mit teuren Uhren, wertvollem Schmuck und den neuesten Digitalkameras.

In armen Ländern weckt ein derart zur Schau gestellter Reichtum natürlich vielfältige Begehrlichkeiten – viele Menschen möchten daran partizipieren, die meisten auf legale Art als Händler, *guides,* Zimmermädchen oder Kellner. Touristen stellen für sie eine zusätzliche Einnahme- oder Trinkgeldquelle dar – und manchmal dienen sie auch als Vorbild, wie man sich zu kleiden hat oder welche Konsumgüter man (angeblich) besitzen sollte.

Doch jenseits solcher simplen Nachahmungseffekte kann der Tourismus auch fragwürdigere „kulturelle" Begleiterscheinungen mit sich bringen – illegale Aktivitäten wie Kriminalität, Bettelei und Prostitution (→ *Irrtum 14*). Für Kriminelle handelt es sich bei den Urlaubern um ideale Opfer, da sie die Landessprache kaum beherrschen und auch nicht über genaue Ortskenntnisse verfügen. So landen Touristen schnell einmal in *no go areas*, die von den Einheimischen gemieden werden, und geraten in kritische Situationen.

Gelegentlich machen Morde an Touristen Schlagzeilen – z. B. im Jahr 1993, als in Miami innerhalb kurzer Zeit sechs ausländische Besucher umgebracht wurden. In der Mehrzahl werden Urlauber jedoch eher Opfer von Handtaschendieben, Produktpiraten oder Hüt-

?

Was ist Akkulturation?
Darunter versteht man die Veränderungsprozesse, die beim länger andauernden, direkten Kontakt von Menschen aus unterschiedlichen Kulturen stattfinden. Es kann einerseits zu emotionalen Reaktionen wie Zufriedenheit oder Stress kommen; andererseits können kognitive Veränderungen ausgelöst werden (wie die Bestätigung oder der Abbau von Vorurteilen). Schließlich kann sich das soziale Verhalten ändern, da von den Beteiligten konkrete Alltagsprobleme bewältigt werden müssen. Der Verlauf des Akkulturationsprozesses hängt von vielen Faktoren ab: Dazu zählen kulturelle, soziale, wirtschaftliche und politische Bedingungen in der Gast- und der Herkunftsgesellschaft, aber auch die jeweilige Kontaktsituation sowie unterschiedliche Persönlichkeitsmerkmale.[6]

chenspielern. Generell sollte die Sicherheitslage nicht allzu dramatisch eingeschätzt werden: Beim Karneval in Rio de Janeiro wurden z. B. im Jahr 2008 mehr als 1.300 Raubüberfalle gezählt, doch nur in 117 Fällen waren ausländische Touristen die Geschädigten.[7]

Zu den illegalen Aktivitäten, die durch den Tourismus begünstigt werden, zählt auch der Verkauf von Antiquitäten. Unrühmliche Beispiele gibt es seit langem in Sri Lanka, Nepal und Kambodscha, wo den Urlaubern unter der Hand buddhistische oder hinduistische Kultgegenstände als Souvenirs angeboten werden.[8] Erst vor kurzem haben einige Länder – wie die Türkei – strenge Gesetze erlassen, um diesen ungehemmten Ausverkauf der eigenen Kultur zu unterbinden.

Als lukrative Einkommensquelle erweisen sich die Touristen auch für Bettler. Angesichts des großen Elends sind viele Touristen emotional überwältigt; in einer Geste der spontanen Hilfsbereitschaft verteilen sie eine Handvoll Münzen – ohne zu bedenken, welche Wirkungen diese scheinbar kleinen Beträge vor Ort haben:

- So gehen z. B. Schätzungen davon aus, dass die 11.000 Bettler in der indonesischen Provinzhauptstadt Medan auf der Insel Sumatra täglich umgerechnet vier Euro nach Hause tragen (das ist deutlich mehr als der Durchschnittslohn in der Stadt).[10]
- In Kambodscha und Thailand setzen verarmte Eltern und kriminelle Banden gezielt Kinder ein, um an den Almosen der gutherzigen und großzügigen Touristen zu partizipieren (so zynisch es auch klingen mag: Kleine oder verkrüppelte Kinder sind dabei als Bettler besonders erfolgreich).[11]
- In Marokko verbringen viele Straßenkinder die Sommermonate in den touristischen Zentren – in der winterlichen Nebensaison ziehen sie hingegen in die großen Städte wie Marrakesch, Tanger oder Casablanca.[12]

Allerdings ist der Tourismus wohl kaum der alleinige Verursacher von Bettelei und Kriminalität; er trägt eher zur Verschärfung bestehender sozialer Probleme bei – und bietet neue, bislang ungeahnte Möglichkeiten des illegalen oder informellen Broterwerbs.

So offenkundig diese negativen Begleiterscheinungen einer touristischen Erschließung auch sein mögen, es sind nicht die einzigen. Der Akkulturationsprozess hat weitaus subtilere Dimensionen: Um den Geschmack der wohlhabenden Urlauber aus der Ersten Welt zu treffen, wird die fremdartige Kultur der Entwicklungsländer für sie vielerorts mundgerecht aufbereitet – wie ein Fastfood-Gericht, das die eiligen Gäste bequem und schnell konsumieren können.

„Der ahnungslose Tourist, der mit dem Portemonnaie voller Geldscheine durch Lima oder Tananarive bummelt, ist für die heillos verarmten Einwohner keine Person, er ist eine goldene Gans. Ob er will oder nicht, der Tourist präsentiert sich als Herold der Überflussgesellschaft."

Duccio Canestrini[9]

Wess' Brot ich ess', dess' Lied ich sing!
Zur Kommerzialisierung der Kultur durch den Tourismus

Zierliche junge Frauen, die zu exotisch klingender Musik grazil ihre Finger und Hände kreisen lassen, oder große Gruppen bunt gekleideter Männer, die sich zu rhythmischen Klängen in Trance bewegen – solche Bilder prägen das Image der indonesischen Insel Bali auf dem internationalen Tourismusmarkt. Sie ist berühmt für ihre vielen hinduistischen Tempel, die bei religiösen Anlässen zum Schauplatz farbenfroher Feste werden. Die Zeit scheint dabei keine Rolle zu spielen; so ziehen sich die Tempeltänze, Opferprozessionen und Gamelan-Konzerte meistens über mehrere Tage hin.

Doch das Zeitbudget der Touristen ist knapp: Man will zwar einmal die berühmten Tänze erleben, doch man möchte auch andere Sehenswürdigkeiten besichtigen und einige Tage am Strand verbringen. Um diese Interessen zu befriedigen (und Einnahmen aus dem Tourismus zu erzielen), muss das langatmige religiöse Ritual in ein marktgängiges touristisches Produkt umgewandelt werden:[13]

- Die Tänze finden nun nicht mehr in unregelmäßigen Abständen in den abgelegenen Tempelbezirken statt, sondern zu vorab festgelegten Zeiten auf großen, offenen Bühnen, die an den Hauptverkehrsstraßen liegen (die Zuschauer müssen auch nicht mehr stehen, sondern können die Vorführung von bequemen Sitzen aus verfolgen).
- Da die ausländischen Gäste den zeremoniellen Sinngehalt der Tänze ohnehin nicht verstehen, beschränken sich die Veranstaltungen auf ein buntes Medley von kurzen Tänzen; anschließend bleibt noch genügend Zeit, Souvenirs zu kaufen und weitere Ausflugsziele auf der Insel zu besuchen.
- Viele Touristen mögen es gern einfach und unterhaltsam: Deshalb werden nicht nur die (recht komplizierten) traditionellen Tänze vorgeführt, sondern vor allem auch neue Kreationen mit einprägsamen Namen wie *monkey dance* oder *fire dance*, bei denen es besonders lebhaft und spektakulär zugeht.

Wie ein Magnet scheint der Tourismus also die einheimische Kultur zu beeinflussen: Der symbolische Gehalt, die regionale Vielfalt, die unterschiedlichen Interpretationen – alles wird nun auf *einen* Anziehungspunkt hin ausgerichtet: die Erwartungshaltung

Unser touristisches Bild der Welt besteht aus grobmaschigen Klischees. Bei einem Besuch im Orient wollen wir z. B. unbedingt stolze Araber, tief verschleierte Frauen und dressierte Jagdfalken sehen. Dieser selektive Blick hat weitreichende Folgen: Um uns zu gefallen (und Einnahmen zu erzielen), wird die vielfältige regionale Kultur auf wenige, marktgängige Elemente reduziert und dabei häufig auch musealisiert.

?

Praktische Tipps für ein sozialverträgliches Reisen

INSTITUT FÜR INTEGRATIVEN TOURISMUS UND ENTWICKLUNG (Hrsg.; 2006): Armut und Bettelei, Wien (Infocheck; 1)

EVANGELISCHER ENTWICKLUNGSDIENST (Hrsg,; 2007): Fair Reisen mit Herz und Verstand. Tipps für verantwortungsvolles Reisen, Bonn

BROT FÜR DIE WELT/EVANGELISCHER ENTWICKLUNGSDIENST (Hrsg.; 2009): Tourismus. Eine Arbeitshilfe für die Gemeindearbeit zur Studie „Zukunftsfähiges Deutschland in einer globalisierten Welt", Stuttgart/Bonn

der konsumkräftigen Gäste.

Wo es nicht zum (kommerziell motivierten) Wandel der Kultur kommt, findet stattdessen häufig eine Musealisierung von Traditionen statt, durch die eine lebendige Weiterentwicklung von Architektur, Musik oder Literatur erschwert oder sogar verhindert wird. Beispiele für eine derartige Festschreibung des kulturellen Erbes (*heritage*) finden sich nicht nur in der Dritten Welt, sondern auch in Europa: So steht z. B. in der Republik Irland das *national heritage* im Mittelpunkt des Tourismus-Marketing, aber auch der Stadtentwicklung. Geschäfte, Pubs und sogar städtische Quartiere (wie das Kultur- und Vergnügungsviertel Temple Bar in Dublin) werden nicht in einer zeitgenössischen Architektur errichtet, sondern in einem historisierenden Stil, der von den ausländischen Urlaubern als „typisch irisch" angesehen wird.[14]

Ist der Tourismus also wirklich der kommerzielle Totengräber der authentischen Kultur? Auch wenn die Beweislage erdrückend zu sein scheint, ist die Angelegenheit wieder einmal etwas komplizierter. Pessimistische Tourismuskritiker wie André Heller oder Hans Magnus Enzensberger benutzen ein allzu einfaches und starres Konzept von Kultur. Aus ihrer Sicht gibt es einen idyllischen Zustand *vor* der Stunde Null der touristischen Erschließung, in dem anscheinend paradiesische Verhältnisse herrschten (die dann durch die „touristischen Horden" zerstört wurden).

Dabei wird die Tatsache vernachlässigt, dass die Touristen im Verlauf der Geschichte erst recht spät auf der globalen Bildfläche erschienen sind (speziell in den Entwicklungsländern) – lange nach den ersten spanischen und portugiesischen Entdeckern, den niederländischen Händlern oder den britischen Kolonialbeamten. Kultur und Gesellschaft der tropischen „Urlaubsparadiese" (wie Bali, Sri Lanka oder Samoa) sind deshalb bereits seit mehreren hundert Jahren von Europäern beeinflusst worden.

Außerdem ist der Tourismus gegenwärtig nur *ein* Agent der Modernisierung unter vielen (TV, Holly- und Bollywoodfilme, Internet etc.). Bereits in den 1980er-Jahren hörte man in balinesischen Dörfern wie Kuta oder Ubud abends den typischen Klingelton US-amerikanischer Telefone – wenn nebenan in den TV-Geräten der Dorfältesten beliebte Fernsehserien wie „Dallas" oder „Denver Clan" über die Bildschirme flimmerten. Zur gleichen Zeit wurde in der Inselhauptstadt Denpasar auf überdimensionalen Filmplakaten für Weltkrieg-II-Dramen Werbung gemacht, in denen die feigen und bösen Nazis zum wiederholten Male von tapferen und mutigen Amerikanern besiegt wurden.

Ein kultureller Wandel findet also nicht allein durch den Tourismus statt – und außerdem haben sich manche Gesellschaften längst auf den selektiven Blick der Urlauber eingestellt: Wie auf

einer Bühne präsentieren die Einheimischen in der Öffentlichkeit
das klischeeartige Bild der Kultur, das den Touristen aus der
Werbung vertraut ist und das sie
bei ihrem Besuch gerne sehen
wollen: den typisch balinesischen
Tempeltanz, die typisch irische
folk music, die typisch arabische
Falkendressur. Doch hinter dieser Bühne der professionellen
Dienstleistung findet das wirk-
liche Leben der lokalen Bevölkerung statt – mit einer lebendigen
Alltagskultur, die aus einer Kom-
bination von traditionellen und modernen Elementen besteht.[15]

Mocha Frappuccino und Ca-
ramel Macchiato allerorten:
Der Tourismus ist bei weitem
nicht der einzige Agent einer
Modernisierung traditio-
neller Gesellschaften. Die
„global player" der
Systemgastronomie
wie „Starbucks" oder
„McDonald's" gehören
genauso dazu wie TV-Serien,
Holly- und Bollywoodfilme
oder das Internet.

Allerdings kommt dieses praktische Bühnen-Prinzip zunehmend
unter Druck, da findige Touristen auch gerne einmal einen Blick
auf das *real life* hinter den Kulissen werfen wollen (manche The-
ater setzen z. B. auf diesen Trend, indem sie neben den generellen
Führungen auch spezielle *Backstage*-Führungen anbieten). Für Regionen mit einer außergewöhnlichen, besonders unberührt erschei-
nenden Kultur scheint es da nur konsequent zu sein, die Kulisse zu
einer neuen Bühne zu machen: Statt eines standardisierten *sightseeing* bieten sie ein – angeblich – authentisches *lifeseeing* an (aber
vielleicht gibt es selbst in den Hütten der Himba in Namibia oder
in den Kasbahs der marokkanischen Berber noch ein heimliches
Hinterzimmer, das den Touristen verborgen bleibt).

Ethnotourismus oder
Zu Besuch bei den „edlen Wilden"

Das Zerstampfen von Mais in hölzernen Mörsern, das Weben von
Stoffen auf simplen Webstühlen oder die Zubereitung von Käse auf
hoch gelegenen Almen – für Touristen aus den hoch technisierten
Industrieländern ist das (scheinbar) einfache und ursprüngliche
Leben längst zum Mythos geworden. Wer in einer Welt lebt, in
der traditionelle Landkarten durch sprachgesteuerte Navigationssysteme ersetzt worden sind, Kühlschränke mit unterschiedlichen
Klimazonen produziert werden und der ständige Informationsfluss
per SMS, Twitter und E-Mail gewährleistet ist, der sehnt sich – zumindest im Urlaub – nach den guten, alten Zeiten, als alles über-
schaubarer und verständlicher war.

?

Was ist Ethnotourismus?
Darunter versteht man
Urlaubsreisen zu fremdar-
tigen, „indigenen" Völkern,
die in Rückzugsräumen
wie Wüsten, Regenwäldern
bzw. Gebirgsregionen leben.
Aufgrund dieser isolierten
geographischen Lage sind
sie von der westlichen
Zivilisation bislang nur in
geringem Maße beeinflusst
worden. Diese (angeblich)
unberührte Kultur stellt die
Hauptattraktion für die Ethnotouristen dar, die entweder
als Individualurlauber oder
in kleinen Reisegruppen unterwegs sind. Im Unterschied
zum Kulturtourismus geht es
beim Ethnotourismus nicht
um das *sightseeing*, sondern
das *lifeseeing*.[16]

Lange Zeit konnten die Touristen aus den Industrieländern ihre archaischen Wünsche nach Gemeinschaft, Gastfreundschaft und Exotik auf ferne Länder projizieren; doch mit der zunehmenden Globalisierung von Produktion und Konsum treffen sie selbst in arabischen Provinzstädten und im australischen Outback auf die üblichen Verdächtigen, die ihnen aus den Fußgängerzonen ihrer Wohnorte hinlänglich vertraut sind: Filialen von Hamburger-Restaurants oder Coffee-Shops.

Inzwischen muss man schon besonders entlegene und siedlungsfeindliche Gebiete wie Wüsten, Bergländer oder Urwälder aufsuchen, um nicht auf diese unvermeidbaren Begleiterscheinungen der westlichen Zivilisation stoßen zu müssen und einen direkten Eindruck vom einfachen, ländlichen Leben der Menschen zu bekommen. Damit rücken aber zunehmend „indigene" Völker in den Fokus der touristischen Aufmerksamkeit – also ethnische Gruppen, die als Sammler, Jäger oder Viehzüchter in traditionellen Stammesgesellschaften leben.

Bislang fand dieser Ethnotourismus häufig in Form von Tagesausflügen statt, bei denen kleine Gruppen von Touristen sich für kurze Zeit in den Dörfern aufhielten, um einen Blick in Hütten oder Zelte zu werfen, Fotos zu machen und typische handwerkliche Souvenirs zu kaufen. Inzwischen wollen einige „indigene" Völker in stärkerem Maß an den Ausgaben der Urlauber partizipieren und ihnen auch einen tieferen Einblick in ihre Kultur vermitteln:

• An der Nordwestküste Kanadas öffnen immer mehr Indianer, Inuit und Métis ihre Tipis, um Touristen als Übernachtungsgäste zu empfangen und sie an ihren Stammeszeremonien teilhaben zu lassen. So können Touristen z. B. auf Manitoulin Island im Huron-See den neu geschaffenen „Great Spirit Circle Trail" entlang wandern, abends am Lagerfeuer den alten Geschichtenerzählern lauschen und in den traditionellen alten Jagdcamps schlafen. Inzwischen hat sich der Ethnotourismus in Kanada zu einem wichtigen Wirtschaftszweig entwickelt: Im Jahr 2003 erzielten die Tourismusunternehmen der Ureinwohner einen Umsatz von fünf Millliarden Dollar und sicherten 13.000 Arbeitsplätze.[17]

• Im nördlichen Niger nutzen die Tuareg – die in TV-Sendungen und Bildbänden aufgrund ihrer farbigen Kleidung zu „Blauen Rittern der Wüste" verklärt werden – die Neugier der Touristen an ihrer traditionellen Lebensweise: Sie führen ihre Reitkünste vor, bieten Kamel-Trekking-Touren durch die Wüste an und verkaufen Silberschmuck, Lederwaren und bestickte Kleidung. Die Ausgaben der ca. 3.000 Gäste, die das Stammesgebiet der Kel Ewey in jeder Saison besuchen, tragen wesentlich zur wirtschaftlichen Stabilisierung und Entwicklung der regionalen Wirtschaft bei. Deshalb reagiert die Mehrzahl der Tuareg auch recht gelassen auf die angeblich unangemessenen Verhaltensweisen der Urlauber, die von Kritikern des Dritte-Welt-Tourismus gern angeführt werden: Nur wenige „Bereiste" fühlen sich durch unpassende Kleidung, respektloses Fotografieren oder willkürliches Verteilen von Geschenken belästigt ($\rightarrow$ *Irrtum 7*). Vielmehr betrachten sie den Tourismus – durchaus realistisch – als zusätzliche Einnahmequelle und als Abwechslung von ihrem monotonen Leben als Hirten (auch gegen das Fotografieren gibt es erstaunlicherweise kaum Vorbehalte, aufgrund der vermuteten Werbeeffekte wird es sogar eher positiv gesehen).[18]

Lifeseeing statt Sightseeing – so lautet das Motto des Ethnotourismus. Bei Touren durch die südafrikanischen Townships stehen deshalb u. a. die Besichtigung eines Kindergartens auf dem Programm, aber auch das Gespräch mit einem traditionellen Naturheiler und der Besuch in einer typischen Shebeen (in diesen illegalen Kneipen trinken die Gäste das selbst gebraute Bier aus großen Plastikeimern).

- Ein *lifeseeing* findet auch in den südafrikanischen Townships statt – also den Wohngebieten, in denen die schwarze Bevölkerung bis zum Ende der Apartheid im Jahr 1994 zwangsweise wohnen musste. Seitdem bieten zahlreiche lokale Reiseveranstalter Touren an, bei denen die Teilnehmer lokale Geschäfte, Wohnhäuser sowie soziale Einrichtungen besichtigen und zum Schluss in einer typischen Shebeen einkehren (in diesen illegalen Kneipen wird selbst gebrautes Bier in großen Plastikeimern serviert). Dieser Township-Tourismus hat sich inzwischen zu einem Millionengeschäft entwickelt. In Johannesburg ist Soweto (South Western Township) die wichtigste Attraktion: Der ehemalige Wohnort von Nelson Mandela und Desmond Tutu wird jährlich von mehr als 200.000 Touristen besucht; populärstes Ziel ist dabei das Wohnhaus des ehemaligen Präsidenten, das in ein Museum umgewandelt wurde. Die Touristen können im Township auch übernachten – in kleinen Pensionen und seit 2008 auch in einem „Holiday Inn". In Kapstadt bucht schätzungsweise jeder vierte ausländische Tourist eine Tour durch Quartiere wie Khayelitsha, Gugulethu oder Langa.[19]

Wie diese Beispiele zeigen, kann der Ethnotourismus also recht positive wirtschaftliche Effekte auslösen – doch diese touristische Rose hat auch Dornen. Dabei spielt wiederum die Erwartungshaltung der Touristen eine zentrale Rolle, denn wer zu „armen", „unterentwickelten" oder „primitiven" ethnischen Gruppen reist, der

?

Acht Leitsätze für einen fairen Tourismus[21]

• Menschen begegnen und die vielfältigen Realitäten im Gastland kennen lernen

• Lokale Angebote bevorzugen

• Faire Preise zahlen

• Die Gastgeber und ihr Anliegen respektieren

• Die Erwartungen an lokale Verhältnisse anpassen

• Die Natur und Lebensräume der Gastgeber schonen

• Zuhören und nachfragen

• In Verbindung bleiben

erwartet einfache Lebensverhältnisse, das Fehlen jeglicher Art von westlicher Zivilisation und eine allgemeine Rückständigkeit. Wenn Dörfer oder Stadtteile dann über asphaltierte Straßen und einen Stromanschluss verfügen, die Häuser nicht mehr aus Flechtwerk, sondern aus Wellblech bestehen und die Geräusche von TV- und Radiosendungen zu hören sind, dann haben sie ihren Reiz als unverfälschte und authentische Attraktionen rasch verloren.[20]

So besteht auch im Ethnotourismus die Gefahr, dass die einheimische Bevölkerung wiederum auf das Bühnen-Prinzip zurückgreift: Für die Gäste wird dieses Mal die Vorstellung „Wir sind primitive Naturvölker" gegeben. In Marokko greifen findige einheimische Händler in den Bazaren z. B. den geheimnisumwitterten Mythos der Berber auf, die als besonders stolz, traditionsverbunden und freundlich gelten (dieses positive Bild wird den Touristen vor der Reise in Reiseführern und Urlaubskatalogen vermittelt). Die Erfahrung zeigt, dass besonders *die* heimischen Produkte und Souvenirs reißenden Absatz bei den ausländischen Gästen finden, die als „typisch berberisch" gelten. Viele Händler verwenden deshalb bewusst falsche Etikettierungen, um sich diese Erwartungshaltung der Urlauber zu Nutze zu machen. Zu einer gelungenen Inszenierung gehört natürlich auch die passende Kleidung: Vor dem Gang in den Basar werden die praktischen Jeans gegen die traditionelle *djellaba* (als Arbeitskleidung) getauscht – nur wer wie ein richtiger Berber aussieht, kann auch echte Berber-Produkte verkaufen.[22]

Auch der Ethnotourismus ist also Teil des komplizierten Akkulturationsprozesses, der in den Ländern der Dritten Welt stattfindet. Dennoch bietet er die Chance einer tieferen interkulturellen Begegnung – mit wirtschaftlichem Nutzen für die „Bereisten" und emotionalem Gewinn für die Touristen. Auf Seiten der Urlauber spielt dabei die gute Vorbereitung auf Land und Leute eine wichtige Rolle (es muss nicht gleich der kulturelle Führerschein à la André Heller sein).

Mehr wissen – anders reisen?
Aufklärungs- und Qualifizierungsmaßnahmen für Urlauber

„Wir ertrinken in Informationen, aber wir hungern nach Wissen" – mit diesen Worten hat der amerikanische Trendforscher John Naisbitt den *information overload* beschrieben, dem wir als Konsumenten (und damit auch als Touristen) ausgesetzt sind. Auf allen Kanälen wetteifern Reiseveranstalter, Tourismusdestinationen und Verlage um unsere Aufmerksamkeit – von Urlaubskatalogen und Ortsprospekten über Direktmailing-Aktionen und Zeitungsanzeigen bis hin zum Internet und TV-Reiseshopping-Sendern. In den

Regalen der Buchhandlungen steht ein nahezu unüberschaubares Angebot an Reiseführern (bereits Ende der 1990er-Jahre umfasste das Sortiment ca. 4.500 Titel).

Sind diese kommerziell geprägten Informationsquellen aber wirklich in der Lage, uns einen Einblick in den Alltag anderer Menschen zu vermitteln, den Respekt vor anderen Kulturen zu fördern und Verständnis für fremde Reiseländer zu wecken? Der gemeinnützige „Studienkreis für Tourismus" (Starnberg) war bereits im Jahr 1974 der Meinung, dass es dazu einer anderen Art von Publikation bedurfte. Er entwickelte das Konzept der „SympathieMagazine" – einer Art Journal, in denen die menschliche Dimension der bereisten Länder im Mittelpunkt steht. In kurzen, gut lesbaren Beiträgen kommen die Einheimischen zu Wort, um den Urlaubern einen anschaulichen Einblick in ihr Leben zu geben.

Längst haben sich diese „SympathieMagazine" zu einer Erfolgsgeschichte entwickelt: Inzwischen sind mehr als 60 Titel zu einzelnen Ländern und auch zu Themen wie Islam, Buddhismus und Judentum erschienen. Für den Absatz der mehr als sechs Millionen Exemplare haben u. a. auch viele Reiseveranstalter gesorgt, die ihren Kunden bei der Buchung einer Urlaubsreise kostenlos ein „SympathieMagazin" zur Verfügung stellen.[23]

Regelmäßige Leserbefragungen zeigen, dass diese leichthändige Art der länderkundlichen Informationsvermittlung sehr gut ankommt: Die „SympathieMagazine" gelten als unterhaltsam und zugleich glaubwürdig, das Kennenlernen fremder Kulturen wird erleichtert und die Leser werden zu einem angepassten Reiseverhalten angeregt.

Generell kommen aktuelle Markuntersuchungen zu dem Ergebnis, dass die Mehrzahl der Dritte-Welt-Urlauber weitaus interessierter und sensibler ist, als sie in den Massenmedien und von Tourismuskritikern dargestellt werden: Nur jeder fünfte Fernreisende hat keinerlei Interesse am Kennenlernen von Land und Leuten; er will sich einfach nur erholen. 80 % der Touristen möchten hingegen – in unterschiedlichem Maße – mehr über ihr Reiseland erfahren und auch Kontakt zur einheimischen Bevölkerung haben.[25] Mit Hilfe der „SympathieMagazine" lässt sich dieses Informationsbedürfnis der Urlauber direkt befriedigen.

Darüber hinaus haben entwicklungspolitische Organisationen (wie der „Studienkreis für Tourismus und Entwicklung", Ammer-

Andere Kulturen und Menschen besser verstehen und ihnen im Urlaub respektvoll begegnen – diese Ziele verfolgen die „Sympathie Magazine". Auf unterhaltsame Weise erhalten die Leser einen Einblick in das Alltagsleben fremder Länder und werden zu einem verantwortlichen Reisen angeregt (zum Glück ohne den berüchtigten pädagogischen Zeigefinger).[24]

**Homepages zum
sozialverantwortlichen
Tourismus**

• www.studienkreis.org
(Informationen zu
„SympathieMagazinen",
„Motivationsseminaren
für Tour Guides", „Toura
d'Or – Filmwettbewerb
Zukunftsfähiger Touris-
mus" und „To Do! – In-
ternationaler Wettbewerb
Sozialverantwortlicher
Tourismus")

• www.fairunterwegs.org
(Homepage mit Daten,
Fakten und Hintergrund-
informationen zum sozial-
verantwortlichen Reisen)

• www.tourism-watch.de
(vierteljährlicher Infodienst
zum nachhaltigen Ferntou-
rismus)

• www.forumandersreisen.de
(Marketingorganisation
von mehr als 150 Reiseveranstaltern, die umwelt- und
sozialverträgliche Urlaubsreisen anbieten)

• www.responsibletravel.
com (internationales Bu-
chungsportal mit nachhal-
tigen Reiseangeboten von
mehr als 300 Veranstaltern
und 600 Unterkünften)

land) auch Instrumente für Multiplikatoren entwickelt worden, um Touristen auf indirekte Weise für die Probleme der Urlaubsländer zu sensibilisieren und sie zu einem fairen Reisen anzuregen:

• Nach dem Prinzip *„train the trainers"* werden Reiseleiter in „Interkulturellen Motivationsseminaren für Tour Guides" dazu ausgebildet, ihren Gästen nicht nur Informationen über historische Sehenswürdigkeiten zu vermitteln, sondern auch Einblicke in das Alltagsleben des Gastlandes zu ermöglichen.

• Mit Hilfe des „Toura d'Or – Filmwettbewerb Zukunftsfähiger Tourismus" werden Produzenten dazu angeregt, den Zuschauern in Dokumentationsfilmen, Werbespots oder Magazinbeiträgen einen anderen Blick auf den Tourismus in den Entwicklungsländern zu ermöglichen und ihnen Mut zur Begegnung mit Einheimischen zu machen.

• Der „To Do! – Internationaler Wettbewerb Sozialverantwortlicher Tourismus" dient dazu, lokale Tourismusprojekte in der Dritten Welt auszuzeichnen und damit international bekannt zu machen, in denen die Prinzipien eines umweltverträglichen und sozialverantwortlichen Tourismus beispielhaft umgesetzt worden sind (häufig mit großem persönlichen Engagement aller Beteiligten).

Man sieht nur, was man weiß – und mit dem entsprechenden Wissen verhält man sich anders: Nach diesem Prinzip sollen die touristischen Qualifizierungsmaßnahmen das Konfliktpotenzial verringern, das beim Reisen westlicher Urlauber in Ländern mit fremdartigen Kulturen durchaus besteht.

Doch mit dem Tourismus sind für die Entwicklungsländer nicht nur kulturelle Risiken verbunden, sondern auch recht handfeste Chancen. Speziell das traditionelle Kunsthandwerk erlebt vielerorts eine neue Blüte, denn schließlich wollen nahezu alle Touristen ein landestypisches Souvenir aus dem Urlaub mit nach Hause nehmen.

Weben, Schnitzen und Töpfern:
Die Wiederbelebung des traditionellen Kunsthandwerks durch den Tourismus

Afrikanische Masken, indonesische Handpuppen oder mexikanische Papierblumen – für uns als Touristen sind solche kunsthandwerklichen Erzeugnisse ein kleines Stück vom Urlaubsglück: Sie erinnern uns immer wieder symbolisch an die unbeschwerten und schönen Tage, die wir in fernen Ländern verbracht haben. Die Produzenten dieser Souvenirs und die Finanzminister der Entwicklungsländer haben eine vollkommen andere Sichtweise: Für sie bedeutet der Verkauf dieser Produkte vor allem, dass neue Arbeitsplätze geschaffen und zusätzliche Einnahmen erzielt werden können. Seriöse Schätzungen gehen davon aus, dass 10-25 % aller touristischen Deviseneinnahmen aus dem Verkauf von landestypischen Souvenirs stammen; in Marokko ist das Handwerk sogar der wichtigste Zweig der Tourismusbranche – es rangiert noch vor dem Hotelgewerbe.[26]

Der Mangel an Kapital – dieses grundsätzliche Problem unterentwickelter Gesellschaften stellt beim Töpfern von Vasen, beim Weben von Teppichen oder beim Nähen von Blusen und Röcken kein unüberwindbares Hindernis dar, um in das Souvenirgeschäft einsteigen zu können. Diese handwerklichen Tätigkeiten können bereits mit recht einfachen Mitteln ausgeübt werden und erweisen sich zudem als besonders arbeitsintensiv. Ein weiterer Vorteil besteht darin, dass die Handwerker über langjährige eigene Erfahrungen verfügen und deshalb nicht auf den Rat ausländischer Experten angewiesen sind (wie das bei modernen Produktionstechniken zwangsläufig der Fall ist). Schließlich lassen sich Souvenirs auch in entlegenen Dörfern herstellen, die abseits der typischen Touristenrouten liegen und deshalb keine Chance haben, an den Ausgaben der Urlauber direkt zu partizipieren.

Kein Wunder, dass immer mehr Länder der Dritten Welt (und auch Entwicklungshilforganisationen) das Handwerk als zukunftsträchtigen Wirtschaftszweig entdecken:

- Im ägyptischen „Wissa Wassef Art Center" in Harrania werden bereits seit mehreren Jahrzehnten farbenfrohe Wandteppiche auf einfachen Webrahmen hergestellt – jeweils ohne Vorgaben von professionellen Designern, sondern ausschließlich nach den Ideen der einheimischen Weber. Zwei Mal jährlich findet mehrere Tage lang ein buntes Fest der Farben statt, bei dem die Wolle gefärbt wird – zum großen Teil mit Extrakten von Pflanzen, die vor Ort angebaut werden. Die Werkstätten sind längst zu einem beliebten Ausflugsziel geworden und das kleine Dorf, in dem ursprünglich 1.000 Familien lebten, hat sich mittlerweile zu einer staatlichen Siedlung mit mehr als 10.000 Familien entwickelt.[27]
- In Tansania wurde im Jahr 1996 das „Mikono"-Projekt gegründet, in dem traditionelle Keramik, Holzarbeiten, Schmuck und Textilien hergestellt werden; dabei steht die Verwendung lokaler

Allen Grund zum Lachen haben diese freundlichen Näherinnen in Namibia, denn die Herstellung von Souvenirs erweist sich als lukratives Geschäft. Schätzungsweise 10-25 % der Deviseneinnahmen in den Entwicklungsländern stammen aus dem Verkauf von handwerklichen Produkten.

i

**Fachzeitschriften und
Bibliographien zum
Heritage- und Kultur-
tourismus**

• Journal of Heritage
  Tourism, Abingdon, Oxon
  (www.tandf.co.uk/jour-
  nals/rjht)

• Journal of Tourism and
  Cultural Change,
  Abingdon, Oxon (www.
  tandf.co.uk/journals/rtcc)

• WEISSENBORN, B. (1997):
  Kulturtourismus, Trier
  (Trierer Tourismus Biblio-
  graphien; 10)

Rohstoffe im Mittelpunkt. Die Werkstätten und Ateliers können von Besuchern bei organisierten Rundgängen besichtigt werden. Für die örtlichen Handwerker und Künstler finden Fortbildungskurse zum Produktdesign sowie zur Material- und Werkzeugkunde statt. Die Produkte werden auf dem inländischen Markt verkauft (u. a. in Geschäften in Dar es Salaam), aber auch – im Rahmen des fairen Handels – nach Übersee exportiert. Dabei erhalten die Handwerker jeweils einen Lohn, der 40 % über dem Mindestlohn in Tanzania liegt.[28]

• Im Mantaro-Tal (Peru) hat die kunstvolle Verzierung von kleinen Kürbissen eine lange Tradition; mit einem scharfen Eisenstichel werden Darstellungen von Themen des ländlichen Lebens wie Geburt, Hochzeit etc. sorgfältig in die obere Schicht eingeritzt. Die Kürbisse werden gerne von Einheimischen und Touristen gekauft und als Trinkgefäße, Vasen oder Musikinstrumente benutzt. Für viele Dorfbewohner stellt der Verkauf der „Mates burilados" die einzige Einnahmequelle dar. Im Jahr 2006 hat die peruanische Generaldirektion für Außenhandel und Tourismus den Wettbewerb „Niño Artesano" für Kinder ins Leben gerufen; dabei ging es jedoch nicht nur um die Förderung der handwerklichen Fähigkeiten, sondern auch darum, diesem traditionellen Handwerk ein neues Ansehen zu verleihen.[29]

Stolz auf die eigene Kultur zu sein – angesichts der wirtschaftlichen Übermacht der Industrieländer spielt dieser psychologische Aspekt in den Ländern der Dritten Welt sicherlich eine ebenso große Rolle wie die wirtschaftlichen Wirkungen, die durch den Verkauf von Souvenirs ausgelöst werden.

Tourismus und Kultur – dieses Thema gleicht also einem weiten Feld, auf dem es einige stachelige Pflanzen gibt (wie Kriminalität, Bettelei und Prostitution), aber auch viele nützliche Gewächse (wie den Ethnotourismus oder den Kauf traditioneller Produkte); schließlich sind dort noch einige Gärtner tätig, die dieses empfindliche Biotop behutsam pflegen (mit „SympathieMagazinen", Filmen und Informationsmaterialien).

Diese Artenvielfalt macht eine Tatsache hinreichend deutlich: Das grelle Bild, das Kulturkritiker von den „touristischen Horden" zeichnen, die zur Ausrottung alles Schönen beitragen, mag zwar recht medienwirksam sein – die touristische Realität spiegelt es aber nur in verzerrter Weise wider.

📖 Literaturtipps

Zu den gesellschaftlichen und kulturellen Wirkungen
des Tourismus:
PETERMANN, T. (1998): Folgen des Tourismus. Bd. 1: Gesellschaftliche, ökologische und technische Dimensionen, Berlin (Studien des Büros für Technikfolgen-Abschätzung beim Deutschen Bundestag; 5)
STEINECKE, A. (2007): Kulturtourismus. Marktstrukturen – Fallstudien – Perspektiven, München/Wien, S. 20-25

Zu den Akkulturationseffekten des Tourismus:
THIEM, M. (1994): Tourismus und kulturelle Identität. Die Bedeutung des Tourismus für die Kultur touristischer Ziel- und Quellgebiete, Bern/Hamburg
THOMAS-MORUS-AKADEMIE (Hrsg.; 1998): Tourismus – Gewinn oder Verlust von Identität? Die Wechselwirkungen von Kultur und Tourismus, Bergisch Gladbach (Bensberger Protokolle; 88)

Zum Ethnotourismus:
ROTHFUSS, E. (2004): Ethnotourismus. Wahrnehmungen und Handlungsstrategien der pastoralnomadischen Himba (Namibia), Passau (Passauer Schriften zur Geographie; 20)
BARTHA, I. (2006): Ethnotourismus in Südmarokko. Touristische Präsentation, Wahrnehmung und Inszenierung der Berber, Bayreuth (Maghreb-Studien; 15)
TRUPP, C./TRUPP, A. (2009): Ethnotourismus. Interkulturelle Begegnung auf Augenhöhe? Wien

Zum Township-Tourismus:
ROLFES, M./STEINBRINK, M./UHL, Chr. (2009): Townships as Attraction: An Empirical Study of Township Tourism in Cape Town, Potsdam (Praxis Kultur- und Sozialgeographie; 46)

Zu Qualifizierungsmaßnahmen für Touristen:
ADERHOLD, P. u. a. (2006): Tourismus in Entwicklungsländer. Eine Untersuchung über Dimensionen, Strukturen, Wirkungen und Qualifizierungsansätze im Entwicklungsländer-Tourismus, Ammerland, S. 161-207

Zur Kommunikation mit Touristen aus anderen Kulturen:
BAYERISCHER HOTEL- UND GASTSTÄTTENVERBAND (Hrsg.; 2006): Ratgeber Andere Länder, andere Sitten. Interkulturelle Kommunikation für Hoteliers, Gastronomen und Touristiker, München

„Alles Unglück des
Menschen kommt daher,
dass er nicht ruhig in einem
Zimmer verweilen kann."
Blaise Pascal
(1623-1662)

☑ Kurz und bündig

Der pauschale Vorwurf, dass der Tourismus zwangsläufig zum
Ausverkauf der traditionellen Kultur führen muss (speziell in
Ländern der Dritten Welt), ist falsch; vielmehr ist er nur *ein*
Agent der Modernisierung und des kulturellen Wandels unter
vielen (TV, Filme, Internet etc.). Im Sinne einer Völkerverständi-
gung erweisen sich die Fernreisenden in der Mehrzahl als aufge-
schlossene und interessierte Touristen: Sie wollen mehr über ihr
Reiseland erfahren und suchen auch den Kontakt zur einheimischen Bevölkerung. Dabei können besonders die Ethnotouristen
mit ihren Ausgaben einen Beitrag zur wirtschaftlichen Stabilisierung entlegener Regionen und „indigener" Völker leisten.

Wer in der Tourismusbranche arbeitet, ist immer auf Reisen

Arbeiten, wo andere Urlaub machen – dieser Gedanke klingt doch recht verführerisch. Was liegt also näher, als in der Tourismusbranche zu arbeiten – in den „Traumhotels" an weißen Stränden oder auf den „Traumschiffen", die in TV-Serien unsere Sehnsucht nach der sonnigen Ferne wecken. Allerdings sieht die Berufsrealität im Tourismus ganz anders aus: Statt Koffer oder Kompass gehören Computer oder Kochlöffel zu den wichtigsten Utensilien – und die Arbeitsbedingungen sind hart.

„Reisen ist mein größtes Hobby, ich bin gerne unterwegs und möchte andere Länder und Kulturen kennenlernen" – diese typischen Motive nennen viele junge Menschen, wenn sie sich für eine Tätigkeit in der Tourismusbranche interessieren. Ihre Vorstellung scheint vor allem durch das Bild der freundlichen Reiseleiterin im schicken blauen Kostüm geprägt zu sein, die auf Busreisen kurzweilige Erklärungen zu beeindruckenden Sehenswürdigkeiten gibt oder entspannt in der Hotellobby sitzt, um die Urlaubsgäste bei ihrer Freizeitgestaltung zu beraten.

Doch das Jobangebot im Tourismus beschränkt sich nicht auf Reiseleiter, die in den Zielgebieten arbeiten oder auf Studienreisen tatsächlich viel unterwegs sind. In der Mehrzahl wird es durch klassische Büroarbeitsplätze geprägt, wie man sie auch in anderen Dienstleistungsbranchen findet (Banken, Versicherungen etc.). So beschränkt sich die Aussicht der Reisebüromitarbeiter auf den Bildschirm und die örtliche Fußgängerzone – die exotischen Ferienziele können sie nur in den Katalogen oder bei eigenen Urlaubsreisen bewundern. In der Hotellerie müssen viele unattraktive Serviceleistungen erbracht werden – wie das Zubereiten und Servieren von Speisen oder das Putzen von Zimmern, Bädern und Toiletten.

Wenig Glanz also, kaum Palmen – und dazu recht unübersichtlich, so lässt sich der touristische Arbeitsmarkt schlagwortartig beschreiben. Er umfasst ein breites Spektrum an unterschiedlichen Berufen, die alle einen gemeinsamen Bezugspunkt haben: den Gast mit seinen ganz speziellen Bedürfnissen und Ansprüchen. Für eine erfolgreiche Tätigkeit im Tourismus muss jeder Berufseinsteiger deshalb zunächst einen grundsätzlichen Perspektivwechsel vom Konsumenten zum Produzenten vollziehen: Es geht nicht um die Verwirklichung persönlicher Urlaubsinteressen („Ich reise gerne"), sondern ausschließlich darum, professionelle Dienstleistungen für andere Menschen zu erbringen („Ich sorge dafür, dass die Gäste zufrieden sind") – denn Touristen sind recht hilflose Wesen:

Animation – ein Traumjob?

„... das mit der weiten Welt sehen, ist relativ, denn hauptsächlich sieht man Tag und Nacht den Club, bei den meisten Veranstaltern arbeitet man 6 Tage die Woche, Urlaub steht einem zwar zu, ihn aber zu bekommen gestaltet sich oft aufgrund der vielen Arbeit und des knappen Personals schwierig. Also sicherlich kein Job für Urlaubsfanatiker oder Leute mit Beamtenmentalität."[1]

- Um überhaupt eine Reiseentscheidung treffen zu können, benötigen sie Informationen über Zielorte, Reisemöglichkeiten etc.;
- um ihren Urlaubsort erreichen zu können, müssen sie (öffentliche) Transportmittel benutzen;
- vor Ort benötigen sie Unterkunft und Verpflegung, da sie – fern der Heimat – über keine eigene Wohnung und Küche verfügen;
- wenn sie zum ersten Mal eine Ferienregion bereisen, müssen sie sich vor Ort orientieren und sind auf Beratung angewiesen (zu Öffnungszeiten, Ausflugsmöglichkeiten etc.).

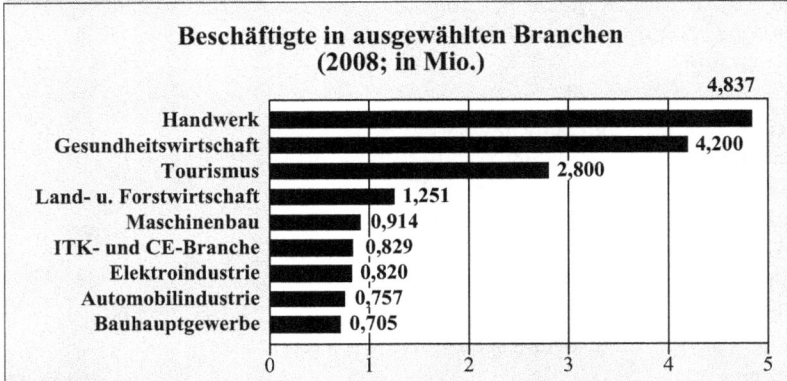

Beschäftigte in ausgewählten Branchen (2008; in Mio.)

Branche	Wert
Handwerk	4,837
Gesundheitswirtschaft	4,200
Tourismus	2,800
Land- u. Forstwirtschaft	1,251
Maschinenbau	0,914
ITK- und CE-Branche	0,829
Elektroindustrie	0,820
Automobilindustrie	0,757
Bauhauptgewerbe	0,705

Auf diese Bedürfnisse von Urlaubern haben sich viele Unternehmen spezialisiert, die zusammenfassend als Tourismuswirtschaft bezeichnet werden. Allerdings ist unklar, welche Branchen tatsächlich dazu zählen:

Da es in der Tourismuswirtschaft viele kleine und mittelständische Betriebe gibt (und nur wenig große Marken-Namen), wird ihre Bedeutung für den bundesdeutschen Arbeitsmarkt oft unterschätzt. Doch in der „Weißen Industrie" arbeiten weitaus mehr Beschäftigte als im Bauhauptgewerbe oder in der Automobilindustrie.[2]

- Bei Hotels, Reisebüros, Reiseveranstaltern, Kureinrichtungen, Kongresszentren und Tourist-Informationsstellen ist die Sache noch ziemlich klar, da sie hauptsächlich von Touristen genutzt werden.
- In den Feriengebieten profitieren aber auch Gaststätten und Banken, Einzelhandelsgeschäfte und branchenfremde Dienstleister wie Reinigungen oder Friseursalons von den Gästen – also Betriebe, die überwiegend von der lokalen Bevölkerung genutzt werden.
- In den Heimatregionen der Urlauber hängen viele Arbeitsplätze indirekt von der touristischen Nachfrage ab – z. B. bei Versicherungen, Automobilclubs und Verlagen, aber auch in der Souvenirindustrie und bei Bekleidungsherstellern (Outdoor-Ausrüster).

Angesichts dieser diffusen Situation erweist es sich als schwierig, die Tourismuswirtschaft exakt abzugrenzen. Auch die Aussagen zu ihrer Bedeutung für die Volkswirtschaft und speziell für den Arbeitsmarkt sind durchaus mit Skepsis zu betrachten. Seriöse Schätzungen gehen davon aus, dass in Deutschland ca. 2,6-3,0 Millionen Arbeitsplätze direkt oder indirekt durch den Tourismus geschaffen werden (= 6-8 % aller abhängig Beschäftigten).[3]

Doch wer sich für einen Job in der Tourismusbranche interessiert, denkt sicherlich zunächst nicht daran, Kreditkartenumsätze abzurechnen, Koffer zu verkaufen oder Souvenirs herzustellen. Er sucht vielmehr den direkten Kontakt mit dem Urlauber – ob im Hotel, im

Reisebüro, beim Reiseveranstalter, bei Transportunternehmen oder in Tagungs- und Kongressorganisationen. Wie sehen diese Tätigkeiten genau aus, welche Ausbildungsgänge werden angeboten und was muss man an persönlichen Fähigkeiten mitbringen, um die Anforderungen der Arbeitgeber zu erfüllen?

Schnuppern – Ackern – Studieren: Qualifikationsmöglichkeiten und Berufschancen im Tourismus

Weltweit gilt der Tourismus als eine der Leitindustrien des 21. Jahrhunderts mit langfristig stabilen Wachstumsperspektiven. Selbst gegenüber Terroranschlägen, Unwetterkatastrophen oder wirtschaftlichen Rezessionen hat er sich bislang als ziemlich robust erwiesen; nach einem kurzen Rückgang der Nachfrage stiegen die Gästezahlen bald wieder an.

Im Branchenvergleich bietet die Tourismuswirtschaft jedoch nicht nur gute bis sehr gute Job-Perspektiven, sie weist vor allem auch niedrige Zugangsbarrieren auf. Jeder kann mitmachen – so scheint das Motto dieser Branche zu lauten. Da schwingt immer noch ein wenig von dem Pioniergeist mit, der die erste Generation von Unternehmern beflügelt hat, die bereits wenige Monate nach Ende des Zweiten Weltkriegs wieder Reisebüros eröffneten und bald erste Pauschalreisen organisierten (→ *Irrtum 4*).

Auch wenn Akademiker in den Zentralen der Reiseveranstalter und Reisebüroketten eine immer größere Rolle spielen (werden), herrscht in vielen Betrieben dieses traditionell mittelständischen Wirtschaftszweiges noch eine extreme Praxisorientierung – und damit auch Skepsis gegenüber Universitätsabsolventen und wissenschaftlichen Studien. Damit bietet sich die Tourismusbranche vor allem für Menschen an, die

- ohne ein lange Ausbildung oder ein Studium rasch in verantwortliche Managementpositionen aufsteigen wollen,
- theoretische Kenntnisse und praktische Erfahrungen – auch aus anderen Tätigkeiten – miteinander kombinieren wollen,
- sich in jungen Jahren nicht sofort festlegen wollen und auch bereit sind, häufiger einmal ihren Arbeitsplatz und Wohnort zu wechseln,
- eigene Unternehmensideen haben und sich in einer Marktnische selbstständig machen wollen.[5]

Was sollten Interessenten nun mitbringen, um in diesem Berufsfeld glücklich zu werden? Angesichts der Vielzahl an Tätigkeiten im Tourismus ist es schwierig, allgemeine Anforderungen zu nennen, die für alle Mitarbeiter gelten – vom Zimmermädchen bis zum Ho-

?

Der Multiplikatoreffekt des Tourismus

Von jedem Euro, den wir als Touristen ausgeben, landet nur ein Teil bei der Tourismuswirtschaft (also bei Hotels, Reisebüros oder -veranstaltern etc.). Da die Unternehmen Produkte und Dienstleistungen bei anderen Betrieben einkaufen müssen, profitieren indirekt auch Handwerk, Einzelhandel und Industrie vom touristischen Konsum. Dieser Multiplikatoreffekt des Tourismus kann mit einem Stein verglichen werden, der in einen Teich geworfen wird, wo er zahlreiche, immer kleiner werdende Wellen auslöst. Weltweit führt *ein* Job in der Tourismuswirtschaft dazu, dass ca. 1,5 Jobs in anderen Branchen geschaffen werden.[4]

?

Eigenschaften eines idealen Touristikers

- ausgeprägtes Dienst-
  leistungsbewusstsein
- Teamfähigkeit
- Kooperationsvermögen
- Kommunikationsstärke
- Eigeninitiative
- Selbstbewusstsein
- Selbstmotivation
- logisch-analytisches
  Denken
- Flexibilität
- hohes Engagement

Ausschreibung für ein
Traineeprogramm der
Deutschen Zentrale für
Tourismus (DZT)[7]

teldirektor, vom Animateur bis zum Vorstandschef eines Reiseveranstalters. Doch der typische „Touristiker", der einen direkten Kontakt zu den Gästen hat, sollte unbedingt über folgende Fähigkeiten verfügen:[6]

- die Bereitschaft zum Umgang mit anderen Menschen (Kommunikationsfähigkeit, Verständnis, Humor, Geduld etc.),
- eine hohe physische und psychische Belastbarkeit in Stresssituationen,
- Flexibilität und Kreativität bei der Gestaltung von Arbeitsabläufen,
- ein großes persönliches Engagement und die Bereitschaft, Dienstleistungen für andere zu erbringen.

Wer nach eingehender Selbstanalyse der Meinung ist, „Hab' ich – kann ich – mach' ich", der muss sich zwischen drei Toren entscheiden, die in die Tourismusbranche führen:

- Tor 1: ein Job ohne Ausbildung (bzw. mit kurzen Crash-Kursen),
- Tor 2: eine mehrjährige Ausbildung in einem staatlich anerkannten Tourismusberuf,
- Tor 3: eine tourismusbezogene Hochschulausbildung an einer Berufsakademie, einer Fachhochschule oder einer Universität.

Zum ersten „Schnuppern" empfiehlt es sich, zunächst einmal Tor 1 zu wählen. Hier finden sich vor allem Berufe, die man als junger Mensch eine Zeit lang ausüben möchte oder – in einer späteren Lebensphase – einmal als Nebentätigkeit. Dazu zählen z. B. Jobs als Reiseleiter oder Animateur, die von Außenstehenden häufig als typische Tourismusberufe betrachtet werden:

- Die Beschäftigten arbeiten vor Ort in den Ferienregionen – entweder in Hotels, auf Ausflügen oder in Clubanlagen. Dabei kümmern sie sich um die Organisation von Reisen, verkaufen Zusatzleistungen bzw. sind für die Beratung oder Unterhaltung der Gäste zuständig.
- Von den Arbeitgebern werden meist keine umfassenden Fachkenntnisse oder besonderen Fähigkeiten vorausgesetzt (mit Ausnahme des erwähnten Idealprofils für „Touristiker").
- Die Job-Interessenten erhalten vom Unternehmen eine kurze, betriebsinterne Schulung bzw. ein *training-on-the-job*, bei dem sie Tipps von erfahrenen Kollegen bekommen.
- Da die Bewerber nicht über besondere formale Qualifikationen verfügen, sind auch Vergütung und soziale Absicherung relativ schlecht.

Für einen kurzen Lebensabschnitt sind diese Berufe sicherlich attraktiv, spannend und lehrreich (nicht zuletzt, um etwas über den Menschen als solchen zu erfahren). Auch für eine weitere touristische Karriere kann es durchaus sinnvoll sein, auf praktische Erfahrungen bei der „Arbeit am Gast" verweisen zu können. Allerdings bieten diese Tätigkeiten keine großartigen beruflichen Perspektiven oder Aufstiegschancen. Unter den langen Arbeitszeiten – auch abends und am Wochende – leiden nicht nur die Beschäftigten selbst, sondern auch die Partner und Familien. Obwohl Animateure und Reiseleiter viele soziale Kontakte mit den (ständig wechselnden) Gästen haben, fühlen sie sich einsam und allein, da ihnen gleichrangige Gesprächspartner fehlen – manche flüchten sich in einen selbstgefälligen Zynismus oder einen übermäßigen Alkoholkonsum.[8]

Viel solider, aber auch unspektakulärer geht es bei den touristischen Ausbildungsberufen zu, die sich hinter Tor 2 verbergen. Jedes Jahr entscheiden sich ca. 100.000 junge Menschen für eine (meist dreijährige) duale Berufsausbildung – also eine „Ackern"-Kombination aus Lernen im Betrieb und Besuch einer Berufsschule. Gegenwärtig gibt es in Deutschland 16 anerkannte Tourismusberufe, die sich an den Grundbedürfnissen der Urlauber orientieren und jeweils ein spezielles Ausbildungsprofil aufweisen:[9]

In der öffentlichen Wahrnehmung wird das Bild der Tourismusbranche vor allem durch Reiseleiter und Animateure geprägt, die in den schönsten Gegenden der Welt arbeiten – dort, wo andere Urlaub machen. Doch bei der Mehrzahl der touristischen Jobs handelt es sich um typische Büroarbeitsplätze – fernab von Gipfeln, Seen und Stränden.

- Um das leibliche Wohl der Gäste kümmern sich u. a. Köche, Fachkräfte im Gastgewerbe sowie Fachmänner/-frauen für Restaurants bzw. für Systemgastronomie.
- Hotelfachleute sorgen in den Hotels für einen perfekten Service – von der Ankunft bis zur Abreise, während Hotelkaufleute für den gesamten *Backstage*-Bereich zuständig sind.
- Reiseverkehrskaufleute arbeiten bei Reiseveranstaltern, wo sie u. a. Pauschalreisen konzipieren oder Zimmerkontingente buchen. In Reisebüros beraten sie die Kunden bei der Reiseentscheidung und verkaufen ihnen unterschiedliche touristische Leistungen – vereinfacht gesagt, schicken sie die Touristen überwiegend ins Ausland (Outgoing-Geschäft).
- Seit 2005 können sich Jugendliche auch zu „Kaufleuten für Tourismus und Freizeit" ausbilden lassen, die in deutschen Ferienregionen arbeiten, um dort in- und ausländische Urlauber zu betreuen – sie holen also die Gäste in eine Destination oder eine Freizeiteinrichtung herein (Incoming-Geschäft).
- Schließlich gibt es noch mehrere Ausbildungsberufe im Transportgewerbe (z. B. Kaufleute für Luft-, Schifffahrts-, Eisen- und Straßenbahnverkehr) sowie im Veranstaltungs- und Sportbereich.

Von den touristischen Interessenverbänden wird zwar immer wieder betont, dass eine gute duale Ausbildung unverzichtbar ist, um den Gästen in deutschen Ferienregionen eine hohe Produkt- und Servicequalität bieten zu können. Dennoch war die Zahl der tou-

ristischen Ausbildungsplätze in den letzten Jahren rückläufig – allein bei den Reiseverkehrskaufleuten sank sie von 10.173 (2001) auf 6.069 (2008). Als Grund dafür geben viele Betriebe die hohen Kosten für einen Auszubildenden an, die sich in drei Jahren auf 14.000-17.000 Euro belaufen. Aufgrund der Konkurrenz durch das Internet befinden sich die Reisebüros generell in einer schwierigen wirtschaftlichen Lage, die ihren finanziellen Handlungsspielraum stark einschränkt. Manche Reisebüros bemängeln aber auch das unzureichende fachliche Niveau der Bewerber sowie das Unterrichtsangebot der Berufsschulen, das aus ihrer Sicht nicht mehr zeitgemäß ist.[11]

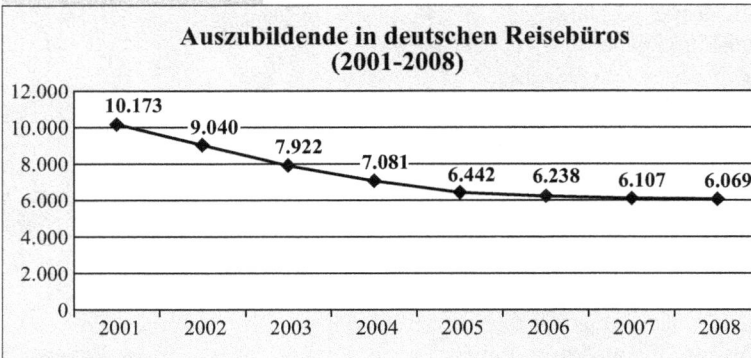

Auszubildende in deutschen Reisebüros (2001-2008)

	2001	2002	2003	2004	2005	2006	2007	2008
	10.173	9.040	7.922	7.081	6.442	6.238	6.107	6.069

In den letzten Jahren haben Reisebüros die wachsende Konkurrenz durch das Internet zu spüren bekommen. Angesichts sinkender Umsätze scheuen viele Betriebe die hohen Kosten, die mit der Ausbildung von Reiseverkaufleuten verbunden sind. Trotz einer Ausbildungsoffensive des Deutschen ReiseVerbandes (DRV) geht die Zahl von Lehrstellen deshalb ständig zurück.[10]

Allzu hohe Ansprüche kann die Tourismuswirtschaft aber nicht an ihre Auszubildenden stellen, denn in einigen Branchen besteht bereits ein akuter Mangel an Bewerbern: Speziell in der Gastronomie können viele Ausbildungsplätze nicht besetzt werden, weil die späteren Tätigkeiten nicht attraktiv genug sind. Aus Sicht von Jugendlichen steht bei der Berufswahl nicht die Vergütung im Vordergrund, sondern das Prestige, das mit dem Beruf (bzw. der Berufsbezeichnung) verbunden wird. Eine Ausbildung zum Koch oder zum Fachmann für Systemgastronomie ist deshalb ähnlich unbeliebt wie zum Fleischer, Bäcker oder Gebäudereiniger.[12]

Dieses Imageproblem haben allerdings nicht alle touristischen Tätigkeiten, wie ein Blick auf Tor 3 zeigt – hinter dem alle akademischen Ausbildungen zu finden sind. Mit dem Studium an einer Berufsakademie (neuerdings auch Duale Hochschule), einer Fachhochschule oder einer Universität können sich die Absolventen/-innen erfolgreich für eine mittlere oder höhere Managementposition in Unternehmen und Destinationen qualifizieren; über ihren persönlichen Status bei Freunden oder Verwandten müssen sich die Absolventen dann keine großen Gedanken mehr machen.

Auch ihre Zukunft sieht nicht schlecht aus, denn alle Experten vertreten einhellig die Meinung, dass der Tourismuswirtschaft eine wahre Welle der Akademisierung bevorsteht. Bislang verfügen nur 2-5 % der Beschäftigten über einen Hochschulabschluss (in der deutschen Wirtschaft liegt dieser Wert allgemein bei 11 %). Früher wurde die Branche von kleinen, mittelständischen Unternehmen geprägt, die es nicht für notwendig hielten, teure Akademiker einzustellen. Speziell bei Reisebüros und Reiseveranstaltern hat aber seit mehreren Jahren ein Konzentrationsprozess stattgefunden – durch die Übernahme von Betrieben, die Schaffung von Kooperationen und die Einführung von Franchise-Modellen. In den Zentralen dieser neuen, größeren Unternehmen und Konzerne besteht eine wachsende Nachfrage nach hoch qualifizierten Mitarbeitern.[13]

Der Ausbildungsmarkt hat rasch auf diese neue Situation reagiert: Gegenwärtig bieten zahlreiche öffentliche (und zunehmend auch private) Hochschulen Bachelor- bzw. Diplomstudiengänge an – meist mit einem betriebswirtschaftlichen Schwerpunkt, aber auch mit geographischen, pädagogischen bzw. kulturwissenschaftlichen Inhalten. Darüber hinaus gibt es weiterführende Masterstudiengänge mit einer stärkeren Spezialisierung – z. B. zum „Event-Management" oder zum „Tourism and Destination Development".[14]

An allen Hochschulen sind die Studienanfänger häufig enttäuscht, da sie sich in den ersten Semestern zunächst durch die jeweiligen Grundlagenfächer kämpfen müssen, bevor sie sich dann endlich mit spezifischen touristischen Fragestellungen beschäftigten dürfen: „Allgemeine Betriebswirtschaftslehre" oder „Einführung in die Anthropogeographie" statt „Destinations-Management" oder „Touristische Informations- und Buchungssysteme". Die Unterschiede zwischen den einzelnen Hochschultypen bestehen vor allem in der jeweiligen Verknüpfung von Theorie und Praxis:

- Das Studium an einer Berufsakademie findet in einem dualen System statt: Sechs Monate lang nehmen die Studierenden an Lehrveranstaltungen in der Hochschule teil; in der zweiten Jahreshälfte werden sie in einem touristischen Partnerbetrieb ausgebildet.
- An den Fachhochschulen besteht das Studium vorrangig aus Vorlesungen, Seminaren und Übungen; darüber hinaus müssen die Studierenden aber ein Semester lang ein Pflichtpraktikum in der Tourismusbranche absolvieren.
- Die Tourismus-Studiengänge an den Universitäten weisen eine noch stärkere theoretisch-methodische Orientierung auf (vor allem die Anleitung zum selbstständigen wissenschaftlichen Arbeiten). Berufspraktika werden zwar empfohlen, gehören aber nicht immer zum Pflichtprogramm der Studierenden.

Bei Studienbeginn ist oftmals nicht klar, wo die Hochschulabsolventen später einmal einen Job finden. Häufig spielen persönliche Interessen und Kontakte eine wichtige Rolle, aber auch studienbegleitende Praktika und eigene Arbeitserfahrungen während der Semesterferien. Generelle Einsatzmöglichkeiten für Akademiker bestehen z. B.:

- in den Planungsabteilungen von Reiseveranstaltern,
- bei Messe- und Kongressgesellschaften von Großstädten,

Wichtige Online-Informationsquellen zu touristischen Ausbildungs-, Weiterbildungs- und Studienmöglichkeiten

- www.berufenet.arbeits agentur.de; www.bibb.de; www.reiseschule.de (Überblick über unterschiedliche Ausbildungsberufe im Tourismus)

- www.abi.de/ausbildung/ ausbildungsreportagen.htm (Berichte über die Ausbildung in Gastronomie und Tourismus)

- www.dihk.de/Tourismus (Informationen zu touristischen Ausbildungsberufen und Weiterbildungsmöglichkeiten)

- www.ajt-fachverband.de (Seminare zu diversen touristischen Themen)

- www.tourismus-studieren. de; www.fachhochschule. de; www.fremdenverkehrsgeographie.de (Homepages zu Studienangeboten mit einem touristischen Schwerpunkt)

- www.dsft-berlin.de (Weiterbildungsseminare für die Tourismusbranche)

• im Management von touristischen Destinationen (Städte, Regionen),
• bei touristischen Marktforschungs- und Beratungsunternehmen,
• im Management von Freizeitgroßeinrichtungen (Themenparks, Markenerlebniswelten),
• in den Marketingabteilungen von Flughäfen und Fluggesellschaften.

Auf dem Arbeitsmarkt konkurrieren die Absolventen dieser unterschiedlichen Studienangebote um die gleichen touristischen Führungspositionen – doch dort herrscht bereits ziemliches Gedränge: Ihre Mitbewerber sind Reiseverkehrs- und Hotelkaufleute, die nach ihrer Ausbildung praktische Erfahrungen in unterschiedlichen Betrieben gesammelt haben (und vielleicht noch an einer berufsbegleitenden Weiterbildungsmaßnahme teilgenommen haben). Ein Hochschulabschluss ist also immer noch keine Voraussetzung und auch keine Garantie dafür, eine Führungsposition im Tourismus besetzen zu können.

Jahresdurchschnittsverdienst von Hochschulabsolventen (2009; in Euro)

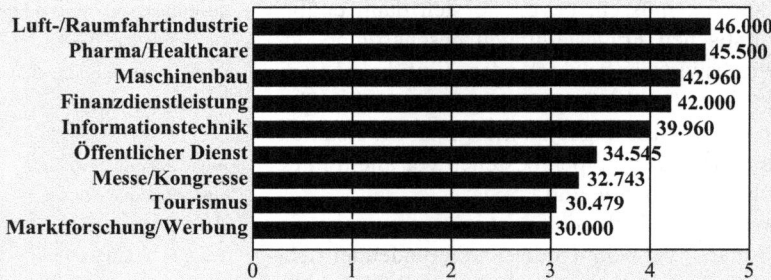

Luft-/Raumfahrtindustrie	46.000
Pharma/Healthcare	45.500
Maschinenbau	42.960
Finanzdienstleistung	42.000
Informationstechnik	39.960
Öffentlicher Dienst	34.545
Messe/Kongresse	32.743
Tourismus	30.479
Marktforschung/Werbung	30.000

Bescheidenheit ist nicht nur eine Zier, sondern auch eine Notwendigkeit für alle Studierenden, die einen Job als Tourismus-Manager anstreben. Als Berufseinsteiger verdienen sie deutlich weniger als ihre Kommilitonen, die Luft- und Raumfahrttechnik, Pharmazie oder Maschinenbau studiert haben.[15]

Diese Tatsache macht sich auch im Portemonnaie der akademischen Berufsanfänger bemerkbar: Mit einem Jahresgehalt von durchschnittlich 30.000 Euro verdienen sie ein Drittel weniger als Kommilitonen, die ihre Karriere in der Luft- und Raumfahrtindustrie, bei Pharmakonzernen oder im Maschinenbau starten. Doch dieses Schicksal teilen die Tourismusmanager mit den einfachen und mittleren Angestellten, die sich ebenfalls mit niedrigen Löhnen zufrieden geben müssen – da bleibt nur das glamouröse Image der Reisebranche, um sich ein wenig über die magere monatliche Gehaltsabrechnung hinweg zu trösten.

Lange Schuften für wenig Geld?
Zur Arbeitsrealität in der Tourismusbranche

„Nach außen wird eine Glitzerfassade aufgebaut, aber in den Betrieben sind die Bedingungen oft zum Kotzen" – so charakterisiert ein Vertreter der Gewerkschaft Nahrung-Genuss-Gaststätten (NGG) die Situation von Kellnern, Köchen und anderen Mitarbeitern im

Gastgewerbe.[16] Lange und unregelmäßige Arbeitszeiten, schlechte Bezahlung und zunehmender Leistungsdruck gehören anscheinend zum Geschäft.

Über einen besonders krassen Fall hat kürzlich der Journalist Günter Wallraff berichtet: In einem rheinland-pfälzischen Gourmet-restaurant mussten selbst 16-jährige Auszubildende täglich bis zu 16 Stunden arbeiten. Ihre maximale Wochenarbeitszeit belief sich auf 80,5 Stunden – mehr als doppelt so viele, wie im Ausbildungs-vertrag vereinbart. Für die gesetzeswidrig aufgetürmten Überstun-den erhielten sie vom Besitzer weder eine Vergütung noch einen Freizeitausgleich.

„Wo kämen wir denn hin, wenn ich das Jugend-arbeitsschutzgesetz einhalten würde, dann könnte ich den Laden gleich dichtmachen. "
Martin Scharff
(Sternekoch und Chef
des Gourmetrestaurants
„Wartenberger Mühle")[17]

Ähnliche Unregelmäßigkeiten finden sich in vielen gastgewerb-lichen Unternehmen. Die zuständige Gewerkschaft NGG schätzt, dass sich nur jede fünfte Gaststätte und höchstens 50 % der Ho-tels an Recht und Gesetz halten. Vor allem bei den Gehältern wird gerne getrickst: Der vertraglich vereinbarte Lohn ist sehr gering, dafür erhalten die Mitarbeiter zusätzliche Zahlungen nach dem BAT-Prinzip (= „Bar Auf Tatze"). Von dieser Praxis profitieren aber nur die Arbeitgeber, da sie Sozialabgaben und Steuern sparen. Den Beschäftigten bleibt später das Nachsehen, wenn sie sich mit einem niedrigen Arbeitslosengeld bzw. einer kleinen Rente zufrie-den geben müssen. In einer internen Erhebung kam der Hotel- und Gaststättenverband Berlin (DEHOGA) zu dem Ergebnis, dass sich nur 11 % der Mitgliedsbetriebe verpflichtet haben, die tariflich ver-einbarten Löhne zu zahlen.

Dabei geben die Arbeitgeber den Konkurrenzdruck, der auf den Betrieben lastet, direkt an ihre Angestellten weiter. Um die Kosten zu reduzieren, lassen z. B. immer mehr große Hotels die Zimmer durch externe Firmen säubern. Ein Beispiel aus Berlin zeigt, wie ri-gide die Vorgaben für die Reinigungskräfte sind. Pro Tag müssen sie in 18 Zimmern Staub saugen, die Betten beziehen, die Bäder putzen und die Möbel abwischen – und das alles für einen Pauschallohn von 50 Euro. Wer diese Norm nicht schafft, bekommt maximal 2,35 Euro für jedes Zimmer.

Niedrige Löhne, viele Überstunden und geringe Karrierechancen – diesen offenkundigen Nachteilen stehen allerdings zwei positive Aspekte gegenüber: der leichte Zugang zu den Berufen und die po-sitiven Wachstumsaussichten der Tourismusbranche. Zur Arbeits-zufriedenheit der Mitarbeiter liegen deshalb auch widersprüchliche Ergebnisse vor. Vollzeitkräfte mit einer längeren Beschäftigungs-dauer sind deutlich zufriedener als Auszubildende, Teilzeitkräfte und Mitarbeiter in Kleinbetrieben. In einer österreichischen Studie gab immerhin jeder vierte Beschäftigte an, dass er sich nicht noch einmal für seinen derzeitigen Beruf entscheiden würde.[18]

❓

**Frauen im Tourismus –
ein Quiz**

Welche Bedeutung haben
Frauen auf dem touristischen
Arbeitsmarkt? Wie sehen
ihre Karriere- und Aufstiegschancen aus? Welche Rolle
spielen Frauen als Unterneh-
merinnen?
Zu diesen und anderen
Fragen hat die „Öster-
reich Werbung" ein Quiz
entwickelt – zum Glück mit
einer Auflösung der Fragen
(www.austriatourism.com).

**Benachteiligung von
Frauen im Tourismus –
die kritische Sicht des
Vatikans**

*„Tourismus ist in der Tat ein
Motor für die Industrie und
eine enorme Erwerbsquelle.
Das betrifft in besonderer
Weise die Frauen. Denn
wie die ILO, die Internationale Arbeits-Organisation
festhält, stellen Frauen die
Überzahl von Arbeitslosen.
Damit nicht genug, sind sie
– woran ich hier ausdrück-
lich erinnere – besonders
von Armut betroffen. Immer
noch bestehen Unterschiede,
was ihre Arbeitssituation
und ihren Lohn im Vergleich
zu den Männern angeht."*

Erzbischof
Agostino Marchetto,
Sekretär des päpstlichen
Migrantenrates[21]

Deutliche Belege für diese skeptische Haltung ist die hohe Fluk-
tuation innerhalb der Branche und auch die große Bereitschaft, in
attraktivere Dienstleistungsberufe zu wechseln. Allerdings erweist
sich die Tourismuswirtschaft, die zunächst als Tür zur bunten, weiten Reisewelt erscheint, häufig als berufliche Sackgasse – speziell
für Frauen.

Generell wird die touristische Arbeitswelt von Frauen dominiert:
In Europa beläuft sich der durchschnittliche Frauenanteil in Hotellerie und Gastronomie auf 56 %: Spitzenreiter sind dabei Estland
(84 %) und Litauen (81 %) – in Deutschland liegt der Wert bei
69 %. Doch unabhängig vom Beschäftigtengrad besteht in allen
Mitgliedsstaaten der Europäischen Union ein deutliches Brutto-
lohngefälle: Frauen werden für die Ausübung der gleichen Berufs-
tätigkeit jeweils schlechter bezahlt als Männer. Zugleich sind ihre
Perspektiven für einen beruflichen Aufstieg ziemlich düster, denn
Führungspositionen wie Oberkellner oder Chefkoch zählen immer
noch zu den männlichen Domänen (selbst wenn gute Köchinnen
wie Sarah Wiener oder Lea Linster inzwischen für etwas frischen
Wind in der Macho-Küche gesorgt haben).[19]

Es ist also durchaus berechtigt, dass Frauen ihren Beruf noch
kritischer sehen als ihre männlichen Kollegen: Nur ein Drittel der
Frauen ist mit den Aufstiegschancen sehr zufrieden bzw. zufrieden;
bei den Männern sind es 60 %. Ähnliche Unterschiede zeigen sich
auch hinsichtlich des Einkommens: Jede fünfte Frau, die im Tourismus arbeitet, aber nur jeder zehnte Mann ist nicht oder gar nicht
zufrieden mit dem Gehalt.[20]

Schlechte Bezahlung, zahlreiche Überstunden und geringe Perspektiven sind sicherlich schlimm genug – doch im Vergleich zu
anderen Teilen der Welt scheint es den Beschäftigten in Deutschland und Europa sogar recht gut zu gehen. Besonders in den Ländern der Dritten Welt zeigt der Tourismus dunklere Schattenseiten,
wenn es um Arbeitsplätze geht. Unterentwicklung und Armut führen dort in vielen Fällen zu Kinderarbeit und sexueller Ausbeutung
von Frauen.

... die im Dunkeln sieht man nicht.
Kinderarbeit und sexuelle Ausbeutung in Ländern
der Dritten Welt

In vielen Entwicklungsländern gilt der Tourismus als Hoffnungsträger: Die Ausgaben der wohlhabenden Touristen aus der „Ersten
Welt" sollen für rasches wirtschaftliches Wachstum sorgen, hohe
Deviseneinnahmen erwirtschaften und vor allem die dringend benötigten Arbeitsplätze schaffen. Die Zahlen zum internationalen

Arbeitsmarkt sind in der Tat beeindruckend: Mehr als 74 Millionen Menschen waren im Jahr 2005 weltweit *direkt* in der Tourismusbranche beschäftigt. Aufgrund der Multiplikatoreffekte profitieren aber auch zahlreiche andere Wirtschaftssektoren vom touristischen Konsum. Die Zahl dieser indirekt geschaffenen Arbeitsplätze wird auf 111-147 Millionen geschätzt.[22]

Da es sich beim Tourismus um eine arbeitsintensive Branche mit relativ geringem Investitionsbedarf handelt, galt dieser Wirtschaftszweig aus Sicht von Politikern und Planern lange Zeit als ideales Instrument, um zwei gravierende Probleme der unterentwickelten Länder gleichzeitig lösen zu können: den Kapitalmangel und den Arbeitskräfteüberschuss. Als Beleg wurde u. a. das Beispiel Mexiko genannt, wo mit Hilfe von 80.000 US-Dollar mehr als 40 Arbeitsplätze im Tourismus geschaffen werden konnten – im Erdölsektor hingegen nur 16 und im Elektrobereich sogar nur acht. Inzwischen kamen aber Studien in anderen Ländern (Tunesien, Tansania) zu dem Ergebnis, dass die Investitionen für Hotels und Restaurants geringere Wirkungen auf den Arbeitsmarkt hatten als ein entsprechender Kapitaleinsatz in der Kleinindustrie.[23]

Von Tourismuskritikern wird gerne ein weiteres Argument gegen den Tourismus als Motor der Entwicklung angeführt: die mangelnde Qualität der Arbeitsplätze. Viele Indianer und wenig Häuptlinge – so lässt sich die Struktur vereinfachend beschreiben. Hochqualifizierte Manager mit langfristigen Arbeitsverträgen werden dabei aus dem Ausland rekrutiert (zumindest in der Anfangsphase der touristischen Entwicklung). Für einfache Dienstleistungen steht aber ein Heer aus Arbeitsuchenden zur Verfügung, die nach saisonalem Bedarf eingestellt oder wieder entlassen werden – ganz im Sinne einer *„Hire-and-Fire"*-Mentalität.

Doch damit nicht genug: In den tropischen Urlaubsregionen ist es keine Seltenheit, dass die Urlaubsgäste von Kindern bedient werden. Die International Labour Organization (ILO) schätzt, dass weltweit 13-19 Millionen Kinder und Jugendliche unter 18 Jahren im Tourismus arbeiten (= 10 % des formellen touristischen Arbeitsmarktes). Aus Sicht der Arbeitgeber handelt es sich nicht nur um billige, weitgehend rechtlose Beschäftigte, sondern vor allem auch um Sympathieträger, die bei den Touristen einen spontanen Mitleidseffekt auslösen – und damit auch höhere Ausgaben.[24]

Ein bisschen nebenher Jobben, das machen auch viele deutsche Jugendliche in ihrer Freizeit oder ihren Ferien. Doch zum gesellschaftlichen Problem werden diese Tätigkeiten, wenn Kinder nicht mehr regelmäßig zur Schule gehen, in ihrer Persönlichkeitsentwicklung eingeschränkt werden oder Arbeiten übernehmen müssen, durch die sie körperlich oder seelisch beeinträchtigt werden. Zu den übelsten Formen der Ausbeutung von Kindern und Jugendlichen ge-

?

Initiative gegen die sexuelle Ausbeutung von Kindern
Im Jahr 1999 wurde die internationale Kinderrechtsorganisation ECPAT gegründet (End Child Prostitution, Pornography and Trafficking of Children for Sexual Purposes). In diesem Netzwerk setzen sich mehr als 80 Organisationen in über 70 Ländern dafür ein, dass Kinder vor sexueller Ausbeutung oder sexuellem Missbrauch geschützt werden (www.ecpat.net). Die deutsche ECPAT-Gruppe hat dazu spezielle Schulungsmaterialien für die Reisebranche herausgegeben, die u. a. auch Hinweise auf Medien sowie Homepages von Kinderschutzorganisationen enthalten:
ECPAT (Hrsg.; 2000): Aktiv zum Schutz vor sexueller Ausbeutung, Freiburg

hört sicherlich die Prostitution, der nach vorsichtigen Schätzungen der UNICEF jährlich eine Million Kinder und Jugendliche weltweit zum Opfer fallen. Um dieses Problem zu bekämpfen, haben zahlreiche kirchliche, soziale und tourismuskritische Organisationen die internationale Kinderrechtsorganisation EPCAT gegründet, deren Aktionen inzwischen auch von touristischen Verbänden, Reiseveranstaltern und Fluggesellschaften unterstützt werden. In Deutschland wurden außerdem die gesetzlichen Bestimmungen verschärft, um die Freier von Kinderprostituierten auch in ihrem Heimatland strafrechtlich verfolgen zu können.[25]

Der Tourismus ist sicherlich nicht für die Prostitution von Kindern und Frauen verantwortlich. In Thailand war es z. B. die US-amerikanische Armee, die dort während des Kriegs in Vietnam ihre „Rest and Recreation Camps" einrichtete und damit für einen Boom des Rotlicht-Milieus sorgte. In den 1950er-Jahren hatte es im gesamten Land ca. 20.000 Prostituierte gegeben, im Jahr 1974 waren es mehr als 400.000 Mädchen und Frauen.[26]

Inzwischen wird aber die touristische Infrastruktur von mafiösen Gruppen gezielt genutzt, um Kinder und Frauen sexuell auszubeuten – von der Prostitution über die Pornographie bis zum Menschenhandel. Dieses illegale Geschäft wird durch die niedrigen Preise für Fernreisen begünstigt. Nur so können sich viele männliche Touristen aus den westlichen Industrieländern eine Reise nach Thailand, Sri Lanka oder Indien leisten, um dort ihre fragwürdigen sexuellen Bedürfnisse ohne die übliche soziale Kontrolle auszuleben. Obwohl sich die seriösen deutschen Reiseveranstalter längst von diesem *dirty business* distanziert haben, gibt es weiterhin zahlreiche Unternehmen ohne jegliche *corporate social responsibility* – also eine freiwillige Übernahme sozialer Verantwortung für ihr betriebliches Handeln.[27]

Eine moralin-saure Schelte der Tourismusbranche oder eine Pathologisierung der Freier greift jedoch zu kurz, denn die Ursachen für die Kinderprostitution und auch die sexuelle Ausbeutung von Frauen liegen tiefer. Sie sind vor allem in der bitteren Armut zu finden, die nicht nur in den Elendssiedlungen am Rand der Metropolen herrscht, sondern auch in entlegenen ländlichen Landesteilen. Das Geschäft „Körper gegen Geld" scheint für viele Jugendliche dann der einzige Ausweg zu sein, überhaupt einen „Job" zu finden. Jenseits der eigenen Existenznot oder persönlicher Konsumwünsche bestehen häufig auch familiäre Verpflichtungen, denn zu Hause müssen Eltern, Geschwister und Verwandte versorgt werden.

Der Prostitutionstourismus gehört zu den dunkelsten Seiten eines Wirtschaftszweiges, der für viele Länder der Dritten Welt unbestritten große Vorteile mit sich bringt. Was ist zu tun, um die sexuelle Ausbeutung von Kindern und Frauen zu stoppen? Das immer wieder vorgetragene Mantra der Entwicklungshilfeorganisationen lautet: Bekämpfung der Armut, bessere Schulbildung, Schaffung von Arbeitsplätzen und Aufklärung der Urlauber. Mit der Bewältigung dieser Aufgaben sind die Behörden und Organisationen in den Urlaubsländern offenkundig überfordert. Sie bedürfen der internationalen Unterstützung – zum einen durch die Tourismusbranche, die vor Ort menschenwürdige Arbeitsbedingungen schaffen muss. Zum anderen können aber auch die Touristen selbst einen kleinen Beitrag zur Entwicklungshilfe leisten – indem sie sich bei Reisebüros und Reiseveranstaltern für einen sozialverantwortlichen Tourismus einsetzen und nur Reisen buchen, die ethisch vertretbar sind (→ *Irrtum 13*).

Ein solches Engagement beginnt bereits bei Ausflügen und Kurzurlaubsreisen in Deutschland: Sollten wir unser mehrgängiges Menü wirklich in einem Sterne-Restaurant einnehmen, in dem Lehrlinge vertragswidrig beschäftigt werden? Finden wir es akzeptabel, dass eine Kellnerin deutlich weniger verdient als ihr männlicher Kollege? Ist es richtig, dass die Zimmermädchen so viele Zimmer im Akkord reinigen müssen? Doch Achtung: Wenn wir wirklich fair unterwegs sein möchten, dann müssten alle Beschäftigten in der Tourismusbranche leistungsgerecht bezahlt werden – und unser nächster Urlaub würde viel teurer.

?

Existenzgründung im Tourismus
Die Tourismuswirtschaft wird zwar zunehmend durch Konzerne und Ketten geprägt, doch diese unbeweglichen Großunternehmen lassen durchaus noch Platz für ideenreiche und flexible Branchen-Neulinge. Erforderlich sind umfassende kaufmännische Kenntnisse, ein gutes Know-how des Reisemarktes, ein klarer Businessplan und ein solides Finanzpolster, um die ersten Monate zu überstehen. Weitere Informationen:

- www.drv-service.de (Seminare zur Gründung von Reisebüros und Reiseveranstaltern)

- www.interhoga.de (Broschüre zur Existenzgründung im Gastgewerbe)

- www.existenzgruender.de (Infoportal des Bundesministeriums für Wirtschaft und Technologie)

Wichtige Online-Stellen-börsen im Tourismus

• www.stellenmarkt.fvw.de
(Stellenanzeigen der Fach-zeitschrift „Fremdenver-kehrswirtschaft Internati-onal"; 14-tägig; mit Tipps zur Stellensuche)

• www.wilbers-jobservice.de
(kostenfreie Jobvermittlung für die Reisebranche)

• www.animateure.de (On-linemagazin für Auslands-jobs in der Touristik – speziell für Animateure)

• www.touristikcareer.de
(Jobbörse im Internet – u. a. mit einer umfang-reichen Datenbank zu Fort- und Weiterbildungs-möglichkeiten)

Literaturtipps

Zur Bedeutung des Tourismus für den Arbeitsmarkt:
FREYER, W. (2009): Tourismus. Einführung in die Fremdenver-kehrsökonomie, 9., überarbeitete und aktualisierte Auflage Mün-chen, S. 450-460

Zu Perspektiven des touristischen Arbeitsmarktes:
KIRSTGES, T./WEISSFLOG, N. (2009): Arbeitsmarktperspektiven im Tourismus 2007/08. Ergebnisse empirischer Studien zum touri-stischen Arbeitsmarkt, Wilhelmshaven

Zur Aus- und Weiterbildung in der Tourismusbranche:
KLEMM, K. (2000): Aus-, Fort- und Weiterbildung im Tourismus. – In: INSTITUT FÜR LÄNDERKUNDE (Hrsg.): Nationalatlas Bundes-republik Deutschland. Bd. 10: Freizeit und Tourismus, Berlin, S. 128-129
EL NEMER, M./PFEIFENBERGER, A. (2001): Trend-Branche: Freizeit und Tourismus, Nürnberg
GLAUBITZ, U. (2001): Jobs für Weltenbummler und Globetrotter. Machen Sie Ihr Fernweh zum Beruf, Frankfurt a. M. (campus concret; 60)
DEUTSCHER INDUSTRIE- UND HANDELSKAMMERTAG (Hrsg.; 2008): Ausbildungsprofile in der Tourismusbranche, 3. Auflage Berlin
DEUTSCHER REISEVERBAND (Hrsg.; 2009): Aus- und Fortbildung im Tourismus, 6. Auflage Frankfurt a. M.

Zur Arbeitssituation in der Tourismusbranche:
ASENSTORFER, E. (2009): Arbeiten, wo andere Urlaub machen. Ar-beitsbedingungen und Arbeitsanforderungen von Saisonbeschäf-tigten im Tourismus, Marburg (Wissenschaftliche Beiträge aus dem Tectum Verlag. Reihe: Sozialwissenschaften; 16)

Zu Kinderarbeit und Prostitution in Ländern der Dritten Welt:
O'GRADY, R. (1996): Kampf der Kinderprostitution. Die ECPAT-Kampagne, Unkel/Bad Honnef
PLÜSS, Chr. (1999): Ferienglück aus Kinderhänden. Kinderarbeit im Tourismus, Zürich (Tourismus & Entwicklung; 8)
MINNINGER, S. (2004): Tränen heilen die Wunden nicht. Kinder-prostitution im Tourismus, Bonn

☑ Kurz und bündig

Jeder kann mitmachen – so lautet das Motto des touristischen Arbeitsmarktes. Der Einstieg fällt leicht, da viele Tätigkeiten auch ohne eine lange Ausbildung ausgeübt werden können; die mittelfristigen Perspektiven sind ebenfalls positiv zu beurteilen. Allerdings müssen Jobsuchende mit langen Arbeitszeiten, einer relativ schlechten Bezahlung und geringen Karrierechancen rechnen (speziell in Hotels und Restaurants). Die Vorstellung, dass Touristiker immer unterweg sind, ist falsch. In der Tourismusbranche geht es nicht darum, selbst Urlaub zu machen, sondern Reisen professionell zu organisieren, für den Transport der Touristen zu sorgen und die Gäste vor Ort zu informieren, zu verpflegen und zu unterhalten.

Der Tourismus findet nur
auf der Erde statt

*„Wohin soll's denn morgen gehen – fahren wir nach Hasenhagen
oder an die Pappelseen?" Das waren noch schöne Zeiten, als die
Reiseentscheidung so einfach war wie im beliebten Kinderbuch
„Onkel Tobis Landpartie". Zu Beginn des 21. Jahrhunderts haben
die Urlauber eine weitaus größere Qual der Wahl, denn die ganze
Welt steht ihnen offen und alles ist buchbar – von Trommelkursen
auf Lanzarote über Trekkingtouren in Nepal bis hin zum Tiefsee-
tauchen im Roten Meer. Doch seit jeher sind Touristen von einem
Jungfräulichkeits-Wahn beseelt: Sie wollen immer die Ersten sein,
die in unberührte Regionen vordringen (selbst wenn der besondere Reiz im Moment der Ankunft für immer erlischt). Kein Wunder
also, dass ständig nach neuen touri-
stischen „frontiers" gesucht wird –
sei es in unwirtlichen Regionen, im
Weltall oder in unseren Köpfen.*

„Kilroy was here" – diesen mysteriö-
sen Satz haben US-amerikanische
Soldaten im Zweiten Weltkrieg
vielerorts an Mauern und Wände
geschrieben (zusammen mit einer
Karikatur, die ein Gesicht mit einer
langen Nase und zwei weit aufgeris-
senen Augen zeigt). Seitdem hat der
Slogan einen weltweiten Siegeszug
angetreten: So soll er u. a. an der Fackel der Freiheitsstatue in New
York, auf der Unterseite des Pariser Triumphbogens, auf dem Gipfel
des Mount Everest und selbst auf dem Mond zu finden sein.[1]

Im übertragenen Sinne gilt die geheimnisvoll-banale Sentenz
auch für den Tourismus: Wohin man auch reist, immer ist schon
jemand Anderes dort gewesen – gegenwärtig scheint es keinen touristischen Neuschnee mehr zu geben, in dem man als Erster seine
Spuren ziehen kann. Seit seinen Anfängen hat sich der Tourismus
nicht nur von einem elitären Vergnügen zu einem Massenphänomen
entwickelt, sondern sukzessive auch die Welt erschlossen – von kulturellen Zentren über unterschiedliche europäische Naturräume bis
hin zu exotischen Ländern (→ *Irrtum 6*).

Im 17. und 18. Jahrhundert standen die italienischen Städte mit
ihren berühmten antiken Kulturdenkmälern und ihrer geschliffenen
höfischen Etikette im Mittelpunkt der touristischen Welt. Für die

„Monotonie in der Südsee,
Melancholie bei 30 Grad.
Monotonie unter Palmen,
Campari auf Tahiti,
Bitter Lemon auf Hawaii.

Ich flieg nach Hawaii,
und wir sind dabei.
Ich flieg nach Tel Aviv
zum Minimaltarif.
Ich fahr nach Eschnapur
dem Tiger auf der Spur.
Ich flieg nach Babylon
Hotel mit Vollpension."

Ideal (1982)

britischen Adeligen, die damals eine mehrjährige „Grand Tour" durch Europa machten, gehörten Rom, Florenz und Venedig zu den Höhepunkten der Reise.

Seit dem 19. Jahrhundert breitete sich der Tourismus auch an den Meeresküsten aus – zunächst in Großbritannien und später in Deutschland, Frankreich und Italien. Außerdem wurden die Alpen zunehmend von Künstlern als sehenswert betrachtet und wahlweise in dramatischer oder romantischer Weise dargestellt. Diese neue Sichtweise löste einen Boom des Alpinismus aus und die Schweiz wurde zum *playground of Europe*. Da das Reisen sehr beschwerlich und teuer war, spielten außereuropäische Länder damals noch keine Rolle – mit Ausnahme von Ägypten, wo der britische Reisepionier Thomas Cook auf dem Nil Kreuzfahrten für wohlhabende Landsleute organisierte; seine Vergnügungsflotte bestand bereits im Jahr 1874 aus 17 Schiffen (→ *Irrtum 4*).

Zu einem weltumspannenden Phänomen hat sich der Tourismus jedoch erst nach dem Zweiten Weltkrieg entwickelt. So stieg die Zahl der internationalen Touristenankünfte von 25 Millionen (1950) auf 922 Millionen im Jahr 2008 (in diesen Zahlen sind neben den Urlaubsreisenden auch Geschäftsreisende, Pilger, Verwandten- und Bekanntenbesuche etc. enthalten). Angesichts der enormen Nachfrage versucht inzwischen jedes Land, ein möglichst großes Stück vom ökonomischen Kuchen des Tourismus abzubekommen. Die wachsende Konkurrenz hat dazu geführt, dass sich die Besucherströme und Umsätze auf immer mehr Nationen verteilen. So konnten z. B. die Entwicklungsländer ihren Marktanteil am internationalen Tourismus deutlich vergrößern – von 31 % (1990) auf 45 % (2008).[2]

Im Vergleich zu anderen Großregionen strahlt der touristische Stern Europas bislang am hellsten, denn im Jahr 2008 fanden hier mehr als die Hälfte aller internationalen Ankünfte statt; doch in Zukunft wird er wohl ein wenig verblassen:

• So erwartet die „World Tourism Organization" (Madrid), dass die Zahl der Ankünfte weltweit von 563 Millionen (1995) auf 1,5 Milliarden (2020) steigt. Europa wird auch im Jahr 2020 noch die wichtigste Zielregion sein, doch der Marktanteil sinkt von 60 % auf 46 %.

• Zu den Gewinnern werden hingegen die Länder im ostasiatisch-pazifischen Raum, im Mittleren Osten und in Südasien zählen. Als künftige Wachstumsmärkte gelten China, Singapur, Australien, die Vereinigten Arabischen Emirate und Sri Lanka.

Prognose zur Entwicklung des internationalen Tourismus (Ankünfte; in Mio.)			
	1995	2010	2020
Europa	338	527	717
Ostasien/Pazifik	81	195	397
Nord-/Süd-/ Mittelamerika	109	190	282
Afrika	20	47	77
Mittlerer Osten	12	36	69
Südasien	4	11	19
Insgesamt	**565**	**1.006**	**1.561**

Das sind doch prächtige Aussichten für (fast) alle Touristiker! Bis zum Jahr 2020 soll die Zahl der internationalen Touristenankünfte auf 1,6 Milliarden steigen. Von diesem Wachstum werden vor allem die Länder in Asien und im Mittleren Osten profitieren; hingegen muss Europa Marktanteile an diese neuen Konkurrenten abgeben.[3]

Solche mittelfristigen Prognosen sind durchaus mit einigen Unsicherheiten verbunden, da es aufgrund von Epidemien, Naturkatastrophen oder Rezessionen zu einem kurzfristigen Rückgang der Nachfrage kommen kann (wie der zerstörerische Tsunami im Jahr 2004 oder die globale Finanzkrise 2008/2009 deutlich gemacht haben). Dennoch hat sich in der Vergangenheit gezeigt, dass die Tourismusbranche bald danach wieder Erfolgszahlen präsentieren kann.

Die globale Expansion des Tourismus wird sich also künftig mit ziemlicher Sicherheit ungebremst fortsetzen. Doch ein Blick in die Reisekataloge zeigt: „Im Westen nichts Neues" (und auch nicht in den anderen Himmelsrichtungen) – allüberall dieselben Pool-Landschaften, Wellness-Tempel und Shopping Malls. In vielen Touristen schlummert aber ein Entdecker und Eroberer, der sich mit diesem „Global Village"- Standardangebot nicht zufrieden gibt.

Wer neue, ungewöhnliche Erfahrungen machen will und dabei nur auf wenige andere Touristen stoßen möchte, der muss schon bereit sein, zu leiden – und sich in besonders kalte oder heiße, trockene oder feuchte Gegenden begeben.

„Nichts ist in der Fremde so exotisch wie der Fremde selbst" (Ernst Bloch) – nachdem die zivilisierte Welt vollständig durch den Tourismus erschlossen worden ist, reisen immer mehr Urlauber in entlegene Regionen, um neue Erfahrungen jenseits der touristischen Trampelpfade zu machen. Unwirtliche Gegenden wie die Antarktis und Arktis, aber auch die Hochgebirge, die Wüsten und die Tiefsee haben deshalb in den letzten Jahren einen wahren Besucherboom erfahren.[4]

No limits – über das Reisen in unwirtliche Regionen

Wer in die Polargebiete, die Wüsten und die Hochgebirge reist oder in die Tiefen der Ozeane abtaucht, der reist zwar immer noch auf der Erde – aber er begibt sich in die Grenzräume der Ökumene (so wird der ständig bewohnte und landwirtschaftlich genutzte Teil der Erdoberfläche bezeichnet). Aufgrund extremer Trockenheit, Kälte oder Sauerstoffknappheit herrschen dort widrige Lebensbedingungen. Um diese Anökumene überhaupt erreichen und sich dort aufzuhalten zu können, ist ein großer Material- und Energieaufwand notwendig – für Transport, Unterkunft und Verpflegung. Aus diesem Grund handelt es sich jeweils um besonders teure (Gruppen-)Reisen mit einer beschränkten Teilnehmerzahl. Selbst wenn es sich bei Touren zum Südpol, auf den Mount Everest oder zum Wrack der „Titanic" nur um Nischenprodukte handelt, so werden die Perspektiven von Experten durchaus positiv eingeschätzt.[5]

i

Die zehn Grundsätze des Arktis-Tourismus

1. Tourismus und Naturschutz miteinander vereinbar machen.

2. Unberührte Natur und Artenreichtum erhalten.

3. Bei der Nutzung natürlicher Ressourcen das Prinzip der Nachhaltigkeit beachten.

4. Verbrauch, Abfall und Umweltverschmutzung reduzieren.

5. Einheimische Kultur respektieren.

6. Wissenschaftliche und historische Stätten respektieren.

7. Tourismus zum Vorteil der örtlichen Bevölkerung gestalten.

8. Als Schlüssel zu einem verantwortungsvollen Tourismus Mitarbeiter schulen.

9. Bildungsziele mit Tourismus verfolgen.

10. Sicherheitsregeln folgen.

WWF International Arctic Programme[9]

Die *Antarktis* erweist sich mit einer inländischen Jahresdurchschnittstemperatur von -55° Celsius für den Menschen als besonders lebensfeindlich. Nach der Entdeckung des Südpols durch den Norweger Roald Amundsen (1872-1928) im Jahr 1911 war die fast vollständig mit Eis und Schnee bedeckte Antarktis lange Zeit wissenschaftlichen Expeditionen und Forschungsstationen vorbehalten. Seit den 1950er-Jahren fanden erste Antarktisflüge für Touristen und später zunehmend Kreuzfahrten statt.

In jüngerer Zeit ist die Zahl der Touristen kontinuierlich gestiegen – von ca. 1.000 Besuchern (1990/91) auf 37.552 (2007/08).[6] Gleichzeitig wurde das Angebotsspektrum erheblich erweitert: Neben den klassischen Schlauchbootexpeditionen und Landausflügen für Kreuzfahrttouristen gibt es inzwischen auch Ein-Tages-Trips und sogar einen „Antarktis Marathon" (der als „eines der letzten Abenteuer" vermarktet wird). Mit diesem Besucherstrom sind vielfältige ökologische Belastungen verbunden – speziell durch die Abgase und Abwässer der Kreuzfahrtschiffe, aber auch durch die Trittschäden der Besucher.

Um die äußerst sensible Fauna und Flora zu schützen und die Attraktivität der Antarktis langfristig zu sichern, haben sich mehrere Spezialveranstalter in der „International Association of Antarctica Tours Operators" (IAATO) zusammengeschlossen. Durch die Nutzung von festgelegten Anlandungsplätzen sollen die potenziellen Umweltgefährdungen minimiert werden; außerdem wurde ein spezieller Verhaltenskodex für Schiffsbesatzungen und für Touristen erarbeitet (ähnliche Leitsätze gibt es auch für den Tourismus in der Arktis). Allerdings besteht keine generelle Garantie für die Einhaltung dieser Vereinbarung, da nicht alle Antarktis-Reiseveranstalter auch Mitglieder der IAATO sind; außerdem finden zahlreiche Privatexpeditionen statt, die keiner Kontrolle unterliegen können.[7]

Auch die *Trockenwüsten* wie die Sahara oder die Rub' al Khali (auf der arabischen Halbinsel) gehören aufgrund ihres Klimas und ihrer Vegetationsarmut zu den besonders siedlungsfeindlichen Räumen der Erde. Da sie außerdem nur schwer zu erreichen sind, stellen sie nahezu unberührte Naturlandschaften dar. Mit ihrer unendlichen Weite und ihrem eindrucksvollen Landschaftsbild bieten sie einen extremen Kontrast zu den großstädtischen Industrieregionen in Mittel- und Westeuropa. Durch die Berichte von Forschungsreisenden wie Heinrich Barth, Otto Lenz und Wilfred Thesiger ist ein „Wüstenmythos"[8] entstanden, der inzwischen von der Tourismusbranche genutzt wird.

Die Wüsten sind deshalb zunehmend zu touristischen Zielen geworden – u. a. für Geländewagen- und Motorradreisen sowie Kamel-Trekking-Touren. Außerdem gibt es inzwischen ein breites Unterkunftsangebot: Neben einfachen Zeltcamps und Übernachtungsmöglichkeiten in traditionellen ländlichen Gebäuden (z. B. die *gîtes d'étap* in Marokko) finden sich weltweit auch Beispiele für luxuriöse Wüstenhotels wie das „Longitude 131°" am Ayers Rock in Australien oder das „Al Maha Desert Resort & Spa" in Dubai. Mehrere Fallstudien in den Maghrebländern, aber auch in den USA zeigen, dass für Wüstentouren auch künftig ein großes Nachfragepotenzial bestehen wird.

Die *Alpen* waren bereits im 19. Jahrhundert der Schauplatz zahlreicher Erstbesteigungen; als neue alpinistische *frontiers* boten sich deshalb die Hochgebirge in Nord- und Südamerika, aber vor allem in Asien an. Aufgrund der touristischen Sucht nach Superlativen konzentrierte sich das Interesse dabei auf den höchsten Berg der Welt – den Mount Everest (8.848 Meter). Bis zum Jahr 1979 hatten nur 102 Bergsteiger den Weg durch die sauerstoffarme Todeszone erfolgreich bewältigt; in den folgenden drei Jahrzenten stieg die Zahl auf insgesamt 4.109.[10]

Raum ist in der kleinsten Hütte: Wer in der Wüste unterwegs ist, muss sich schon ein wenig einschränken. Dafür wird er reichhaltig belohnt – mit einer eindrucksvollen Naturlandschaft bei Tag und einem klaren Sternenhimmel bei Nacht.

Verantwortlich für diesen Boom war einerseits die breite Berichterstattung über besonders spektakuläre Aufstiege – wie die Erstbesteigung ohne zusätzlichen Sauerstoff durch Reinhold Messner und Peter Habeler im Jahr 1978. Andererseits sorgten aber auch Spezialveranstalter dafür, dass immer mehr Alpinisten den Gipfel erreichen konnten. Die wachsende Kommerzialisierung hatte zur Folge, dass risikoreiche Besteigungen stattgefunden haben, die z. B. im Mai 1996 zum Tod von zwölf Bergsteigern führten. Selbst diese schrecklichen Ereignisse wurden medial weltweit vermarktet – u. a. durch die Bücher „In eisige Höhen" von Jon Krakauer und „Der Gipfel. Tragödie am Mount Everest" von Anatoli Bukrejew sowie den IMAX-Film „Everest – Gipfel ohne Gnade".

Eine weitere Popularisierung des Hochgebirgstourismus war die Folge; so gibt es im Basislager auf 5.400 Meter Höhe inzwischen ein Internetcafé und in Kürze wird man sich vom Gipfel sogar per Handy melden können. Wie bei anderen extremen Natursportarten (*free climbing, canyoning, river rafting* etc.) stehen auch beim Alpinismus nicht mehr das Naturerlebnis und die Entdeckung im Mittelpunkt, sondern der Nervenkitzel, die Kontrolle der Sportler über sich selbst und die Natur sowie die *Flow*-Erlebnisse – also das Versinken in der eigenen Handlung.

Alles nur Fassade: Im Jahr 2004 gab es ambitionierte Pläne, vor der Küste des Wüstenstaates Dubai das Unterwasserhotel „Hydropolis" zu bauen. Mit einem Investitionsaufwand von 500 Millionen US-Dollar sollten 20 Meter unter der Wasseroberfläche 220 Luxussuiten entstehen (Fischblick inklusive). Aus ungeklärten Gründen wurde das Projekt bislang nicht realisiert; die Bauschilder sind inwzischen wieder entfernt worden.

Der Trip in die *Tiefsee* war lange Zeit den bärtigen Besatzungen von Militär-U-Booten oder Wissenschaftlern wie Jean-Jacques Cousteau vorbehalten, der seit den 1950er-Jahren mit seiner berühmten „Calypso" die Weltmeere erforschte. Doch inzwischen sind auch viele Touristen im Reich der Riesenkraken, Nasenhaie und Pottwale unterwegs gewesen.

Schätzungen gehen davon aus, dass seit Ende der 1980er-Jahre mehr als 16 Millionen Urlauber eine Tauchfahrt mit einem touristischen U-Boot unternommen haben.[11] Zu den bekanntesten Projekten zählen unterseeische Bootstouren im Mittelmeer vor Mallorca, in Thailand vor Phuket, im Pazifik vor Hawaii sowie Tauchfahrten zum Wrack der „Titanic", das in 3.797 Meter Tiefe im Nordatlantik liegt (zum stolzen Preis von 35.000 Euro).

Im ersten Unterwasserrestaurant „Ithaa" wird den Gästen auf den Malediven sogar ein Gourmet-Menü serviert – unter einem transparenten Acryldach, das einen freien Blick auf das Korallenriff ermöglicht. Die Übernachtungsmöglichkeiten unter der Wasseroberfläche sind hingegen noch recht bescheiden: So konnten die Planungen für das Unterwasserhotel „Hydropolis" vor der Küste von Dubai (mit 220 Luxussuiten) bislang nicht realisiert werden und in der weltweit einzigen Unterwasserunterkunft – der kleinen „Jules' Undersea Lodge" in Florida – können nur Gäste übernachten, die einen Tauchkurs absolviert haben.[12]

Doch manchmal geben sich Urlauber bei Tiefseetrips auch mit der perfekten Illusion zufrieden: Um im Fischrestaurant „Al Mahara" im Hotel „Burj Al Arab" (Dubai) tafeln zu können, müssen die Gäste vorher einen als Tauchtour inszenierten *ride* unternehmen (inklusive „U-Boot-Kommandant").

Eintauchen in eine völlig andere Welt – das kann man nicht nur bei Fahrten in die tatsächliche oder fiktive Tiefe, sondern auch bei Flügen in die unermessliche Weite des Weltalls. Wer also auf unserem Globus wirklich schon Alles gesehen hat, der muss nicht verzweifeln; ihm bleibt immer noch die Möglichkeit „Next Exit: Space"!

Völlig losgelöst:
Die Touristen erobern das Weltall

„Beam me up, Scotty. There's no intelligent life down here" – dieser Satz ist längst zum festen Bestandteil unseres Sprachschatzes geworden (obwohl er in der legendären „Star Trek"-TV-Serie nie von Captain Kirk gesagt wurde). Selbst wenn die Teleportation bislang noch eine Fiktion geblieben ist, so zählt die Eroberung des Weltalls seit langem zu den großen Menschheitsträumen. Bereits im 19. Jahrhundert begeisterte der französische Schriftsteller Jules Verne ein massenhaftes Lesepublikum in Europa und Nordamerika mit seinen futuristischen Romanen „Von der Erde zum Mond" und „Reise um den Mond".

Es dauerte einhundert Jahre, bis diese Visionen zumindest teilweise Wirklichkeit wurden – z. B. durch den ersten Weltraumflug des sowjetischen Kosmonauten Juri Gagarin (1961), die Mondlandung der US-Amerikaner Neil Armstrong und Edwin Aldrin (1969) sowie den Bau und Betrieb der „International Space Station" (ISS). Diese Missionen ins All waren nur im Rahmen von aufwändigen staatlichen Programmen möglich und eine Teilnahme blieb zunächst besonders trainierten, risikobereiten Spezialisten vorbehalten.

Doch weltweit saßen Millionen Menschen vor den TV-Geräten, als Armstrong seinen berühmten Satz sagte: „That's one small step for a man, but a giant leap for mankind." Seitdem haben spektakuläre Bilder von Raketenstarts, Weltraumspaziergängen und Andockmanövern den alten Mythos von der Reise zum Mann im Mond ständig wiederbelebt. Solche kollektiven Träume von Ferne, Abenteuer und Bewährung sind aber der ideale Stoff für die Unterhaltungs- und Tourismusbranche.

Lange bevor die ersten Touristen tatsächlich ins Weltall reisen konnten, sind deshalb Reisen ins Weltall in Vergnügungs- und Themenparks mit Hilfe von aufwändigen technischen Attraktionen simuliert worden:[13]

- Bereits in Walt Disneys erstem Themenpark – dem „Magic Kingdom" in Anaheim (Kalifornien) – gab es im Jahr 1955 mit der Attraktion „Space Mountain" einen aufregenden *indoor ride* zum Thema „Raumfahrt". Im Themenpark „EPCOT" (Florida) konnten sich die Besucher später bei der „Mission: Space" auf eine fiktive Reise zum Mars begeben – in großen Zentrifugen mit schwenkbaren Kabinen.
- Im Moskauer Gorki-Park können Touristen seit 1996 die Raumfähre „Buran" besichtigen, deren ehemaliger Lagerraum mit 40 Sesseln ausgestattet worden ist. Dort wird mit Hilfe eines Flugsimulators das Gefühl der Schwerelosigkeit erzeugt (diese

„Fly me to the moon and let me play among the stars. Let me see what spring is like on Jupiter and Mars. In other words, hold my hand, in other words, baby, kiss me.

Fill my heart with song and let me sing for ever more. You are all I long for all I worship and adore. In other words, please be true, in other words, I love you.
Frank Sinatra

Raumtransporter waren die russische Anwort auf das US-amerikanische *space shuttle* – sie kamen aber wegen des Zusammenbruchs der UdSSR nicht mehr zum Einsatz).
- Seit 2001 ist auch das Raumfahrtzentrum Cape Caneveral in Florida immer mehr in einen Themenpark umgewandelt worden. Für umgerechnet 120 Millionen Euro wurde der „Kennedy Space Center Visitors Complex" u. a. mit einem *ride* ausgestattet, in dem ein Flug mit einem *space shuttle* simuliert wird.

„Gründlich durchgecheckt
steht sie da
und wartet auf den Start.
Alles klar.
Experten streiten sich um ein
paar Daten,
die Crew hat dann noch ein
paar Fragen,
doch der Countdown läuft.

Effektivität bestimmt das
Handeln,
man verlässt sich blind auf
den And'ren.
Jeder weiss genau, was von
ihm abhängt.
Jeder ist im Stress.
Doch Major Tom macht
einen Scherz.
Dann hebt er ab und ...

Völlig losgelöst von der Erde
schwebt das Raumschiff
völlig schwerelos."

Peter Schilling:
Major Tom (1983)

Doch inzwischen beschränkt sich die touristische Eroberung der Atmosphäre und des Weltalls längst nicht mehr auf solche künstlichen Inszenierungen, sondern findet auch in der Realität statt – wie die folgenden Beispiele zeigen:[14]
- Mehrere Reisebüros bieten Flüge mit russischen Militärflugzeugen an (MiG 29, MiG 31), die mit dreifacher Schallgeschwindigkeit auf 28.000 Meter steigen (das ist die dreifache Flughöhe einer Verkehrsmaschine). Von hier aus bietet sich dem Passagier ein freier Blick auf die deutlich gekrümmte Erdoberfläche und das schwarze Weltall.
- Bei Parabelflügen mit speziell ausgestatteten Passagiermaschinen (Iljuschin IL 76, Boeing B 727 u. a.) werden die Fluggäste durch besondere Flugmanöver mehrere Male für 20 bis 30 Sekunden in den Zustand der Schwerelosigkeit versetzt (wahre Flugenthusiasten können sogar „Zero G"-Hochzeiten buchen).
- Im „European Astronaut Centre" der „European Space Agency" (ESA) in Köln und in der „Star City" bei Moskau (dem offiziellen Trainingszentrum der russischen Weltraumbehörde) können Besucher an einer professionellen Ausbildung für Raumfahrer teilnehmen – u. a. mit einem Zentrifugentraining und einem Schwerelos-Tauchtraining, das in einem mehrere Stockwerke hohen Wasserbecken stattfindet.
- Seit 1997 kann man das Weltall zwar noch nicht persönlich erkunden, aber sich dort zumindest symbolisch bestatten lassen. Unter dem Slogan „From the stars we are born, to the stars we will return" bietet das amerikanische Unternehmen „Celestis" diese ungewöhnliche Art der Bestattung an. Dabei werden wenige Gramm der Asche in einer kleinen Urne (in der Größe eines Lippenstifts) mit einer Trägerrakete ins All geschossen; ab 2011 sind tatsächlich auch Bestattungen auf dem Mond geplant.[15]

Angesichts dieser Entwicklung ist es nicht verwunderlich, dass bereits im Jahr 1999 jeder dritte Bundesbürger der Meinung war, dass innerhalb der nächsten 25 Jahre Pauschalreisen zum Mond angeboten werden.[16]

Ganz soweit ist es noch nicht, doch immerhin haben bislang sechs privat zahlende Touristen an professionellen Raumflügen teilgenommen (jeweils zum Preis von 20 bis 30 Millionen US-Dollar).

Der erste Weltraumtourist war Dennis Tito – ein US-amerikanischer Unternehmer, der im Jahr 2001 mit einer russischen Sojus-Raumkapsel zur ISS flog und dort sechs Tage verbrachte.

Neben den extrem hohen Kosten erweisen sich gegenwärtig vor allem die geringen Transportkapazitäten als Grundproblem des Weltraumtourismus. So wird es in den kommenden Jahren zunächst keine privaten Weltraumtouristen mehr geben, weil das US-amerikanische *Space shuttle*-Programm ausläuft (das neue Shuttle „Orion" ist frühestens im Jahr 2015 einsatzbereit). Bis dahin sind die wenigen Plätze in den engen Sojus-Kapseln für amerikanische, kanadische und japanische Astronauten reserviert.[17]

Da sich diese Engpässe bereits vor mehreren Jahren abzeichneten, gibt es seit langem Pläne für private Touristenraumschiffe, die bislang allerdings nicht umgesetzt werden konnten. So warb der US-amerikanische Tour Operator „Space Adventures" im Jahr 2001 für Reisen ins Weltall, die auch über den deutschen Reiseveranstalter „Seetours" gebucht werden konnten (gegen eine Anzahlung von 5.000 US-Dollar).[19]

Sehr viel realistischer erscheinen die Planungen für suborbitale Flüge bis in eine Höhe von ca. 100 Kilometern, da die Raumfahrzeuge bei diesen Missionen die Erdatmosphäre nicht verlassen und auch nicht in eine Kreisbahn um die Erde einschwenken. Sie haben deshalb beim Rückflug auch nicht mit einer enormen Hitzeentwicklung zu kämpfen (dieses Problem führte im Jahr 2003 dazu, dass die US-amerikanische Raumfähre „Columbia" beim Wiedereintritt in die Atmosphäre verglühte).

Einen wesentlichen Impuls erfuhr die Entwicklung solcher suborbitaler Flüge durch den „Ansari X Prize", der zum 1. Januar 2005 ausgeschrieben wurde. Mit dem Preisgeld in Höhe von zehn Millionen US-Dollar sollte ein privat finanziertes Raumschiff ausgezeichnet werden, das innerhalb von 14 Tagen zwei erfolgreiche Flüge absolvierte und dabei – neben dem Piloten – zwei Passagiere transportierte.

Diese Bedingungen wurden am 4. Oktober 2004 vom „Space Ship One" erfüllt; seitdem hat der britische Milliardär und Unternehmer Richard Branson das Vorhaben mit seinem Raumfahrtunternehmen „Virgin Galactic" konsequent weiterentwickelt. Ab 2011

Die Erde hat sie wieder: Am 29. September 2006 landete Anousheh Ansari sicher in der kasachischen Steppe. Als erste Weltraumtouristin hatte die persisch-amerikanische Unternehmerin vorher neun Tage auf der „International Space Station" (ISS) verbracht – zum Pauschalpreis von 25 Millionen US-Dollar.[18]

**Homepages von
Reisebüros für suborbitale
und orbitale Flüge**

• www.migflug.com
• www.bestrussiantour.com
• www.protoura.com
• www.spacetraveller.de
• www.spaceadventures.com
• www.gozerog.com
• www.european-space-tou-
　rist.com

soll das Nachfolgemodell „Space Ship Two" regelmäßig von einem Weltraumbahnhof in der kalifornischen Mojave-Wüste starten.

　Dabei wird das Raumschiff zunächst mit dem Trägerflugzeug „White Knight Two" in eine Höhe von 15.000 Kilometer transportiert; dort startet es mit einem eigenen Raketenantrieb und dreifacher Schallgeschwindigkeit zu einem zweieinhalbstündigen Flug, bei dem die sechs Passagiere u. a. für mehrere Minuten den Zustand der Schwerelosigkeit erleben können. Nach Angaben des Unternehmens gibt es – trotz des hohen Preises von 200.000 US-Dollar – ca. 80.000 Interessenten für dieses Weltraumabenteuer. 400 zukünftige Astronauten haben bereits eine Anzahlung von 20.000 US-Dollar geleistet (aus Deutschland liegen fünf feste Buchungen vor).[20]

　Weniger realistisch erscheinen hingegen die Planungen für den Bau von Weltraumhotels, die immer wieder vollmundig in den Medien vorgestellt werden:[21]

• So präsentierte das japanische Unternehmen „Shimizu" bereits im Jahr 2000 sein Konzept für ein *space hotel*, bei dem die Übernachtungs- und Aufenthaltsräume für 220 Gäste in einem riesigen, ringförmigen Komplex untergebracht sind, der um eine Zentralachse rotiert – und statt des üblichen Meerblicks eine atemberaubende Sicht auf den blauen Planeten bietet.

• Die Firma „Galactic Suite Ltd" plant für 2010 angeblich den Bau einer privaten Weltraumstation, die auf einer Umlaufbahn in 450 Kilometer Höhe die Erde innerhalb von 80 Minuten umkreist, und der Hotelmagnat Robert Bigelow aus Las Vegas hat für 2011 den Bau des Weltraumhotels „Skywalker" angekündigt, das aus mehreren aufblasbaren Modulen bestehen soll; bereits im Jahr 2006 brachte eine russische „Dnepr"-Rakete eine Versuchsstation in eine Umlaufbahn.

Auch wenn solche Überlegungen gegenwärtig noch wie Zukunftsmusik klingen mögen, die touristische Eroberung des Orbits hat längst begonnen – und sie steht in einer langen Traditionslinie. Seit seinen Anfängen im 18. Jahrhundert war der Tourismus beseelt von einem Jungfräulichkeits-Mythos: Koffer und Rucksäcke wurden (und werden) immer in der subjektiven Hoffnung gepackt, als Erster unberührte Regionen betreten zu können und sich nicht auf ausgetretenen Touristenpfaden bewegen zu müssen (die anschaulichsten Belege für diesen Wahn sind die zahllosen Erstbesteigungen alpiner Gipfel im 19. Jahrhundert).

　Inzwischen ist die Erde aber längst touristisch erschlossen; es gibt keine weißen Flecken mehr auf der Landkarte der Individualtouristen und Reiseveranstalter. Als nächste *frontier* bleibt konsequenterweise nur der Flug zum Mann im Mond oder aber die virtuelle Reise, die ausschließlich in unseren Köpfen stattfindet

– ohne die Beschwerlichkeiten des touristischen Alltags und ohne die Verschwendung natürlicher Ressourcen.

Unterwegs im Land der Phantasie oder Reisen im Cyberspace

Um „Durch das Land der Skipetaren" zu reisen oder „In den Schluchten des Balkan" unterwegs zu sein, muss man nicht unbedingt ein Bahnticket buchen und Hotelzimmer reservieren – es reicht vollkommen aus, mit diesen Romanen des Abenteuerschriftstellers Karl May ausgedehnte Lehnstuhlreisen zu unternehmen. Bei der Lektüre von Reiseliteratur in fremde Welten einzutauchen und sich ganz den eigenen Vorstellungen hinzugeben – das ist sicherlich die einfachste Form des virtuellen Reisens.

Inzwischen gehen die technischen Möglichkeiten weit über den Buchdruck à la Johannes Gutenberg hinaus und so denken sich die IT-Ingenieure immer neue mediale Tricks aus, um unserer (offensichtlich erlahmenden) Phantasie in Sachen Wissbegierde, Ferne und Exotik ein wenig auf die Sprünge zu helfen. „Virtuelle Reisen" scheinen derzeit voll im Trend zu liegen, denn „Google" verzeichnet zu diesem Suchbegriff mehr als zehn Millionen Einträge. Meistens handelt es sich bei den Produkten aber nicht um eine vollständige Computerscheinwelt im Sinne einer *virtual reality* (VR), sondern eher um eine *augmented reality* (AR) – also eine Mischung aus realen Eindrücken und elektronisch erzeugten Bildern bzw. Informationen.

Das Spektrum beginnt bei Ausstellungs- und Stadtrundgängen, bei denen der traditionelle (gedruckte) Museums- oder Reiseführer durch elektronische Medien wie Mobiltelefon, Compact Disc etc. ersetzt wird – hier nur drei Beispiele von vielen:[23]
• Die Stadt Heidelberg bietet eine „hochmoderne" Stadtführung mit dem „iGuide" an – einem Minicomputer (PDA), der die Besucher per Kopfhörer durch die Gassen führt. Dabei übernehmen zwei historische Persönlichkeiten die Erläuterung der Sehenswürdigkeiten: Lieselotte von der Pfalz und der trinkfreudige Mundschenk Perkeo („an Wüchse klein und winzig, an Durste riesengroß").
• In Paderborn können Gäste ihr Mobiltelefon als Reiseführer benutzen: An insgesamt 17 Stationen erhalten sie per Anruf Informationen – u. a. zum Dom und dem berühmten Drei-Hasen-Fenster, zur Kaiserpfalz oder zum Quellgebiet der Pader (dem kürzesten Fluss Deutschlands).

? Was sind virtuelle Reisen?
„Im engeren Sinne bedeutet virtuelles Reisen die Anwendung einer Technik, die den Reisenden unmittelbar in eine computererzeugte Urlaubswelt integriert und ihn in die Lage versetzt, sich dort zu bewegen oder auf die virtuelle Umwelt zu reagieren. Virtual Reality beabsichtigt im Kern, den Eindruck zu vermitteln, es handle sich bei den computergenerierten Entwicklungsumgebungen um die Realität selbst. Sie will sie tendenziell ersetzen."[22]

- Bei „iTacitus" handelt es sich um ein aufwändiges Modellprojekt der Europäischen Union. Während der Besichtigung von Sehenswürdigkeiten können die Touristen per Handykamera historische Darstellungen der Gebäude abrufen. Im Palast von Venaria (nahe Turin) erhalten sie z. B. ein anschauliches Bild der früheren Tempelanlage, die bei der Errichtung des Schlosses zerstört worden ist.

Seitdem das Internet seinen weltweiten Siegeszug angetreten hat, können die Nutzer statt Lehnstuhlreisen nun bequeme Touren am eigenen PC unternehmen und sogar auch buchen:[24]

- So bieten viele Städte und Museen auf ihrer Hompage „virtuelle" Rundgänge an, die aus einem interaktiven Plan bestehen. Sobald man die markierten Stationen anklickt, werden Fotos bzw. Texte eingeblendet (wie bei einer PowerPoint-Präsentation oder einer Diashow).

- Etwas virtueller geht es z. B. auf den Homepages der Berliner „Museumsinsel", bei der Besichtigung des „Graphikmuseums Pablo Picasso" in Münster oder beim „Visite virtuelle" im Pariser „Louvre" zu. Dort können die Besucher mit einer 360°-Kamera durch die Räume navigieren, einzelne Exponate heranzoomen und Kurzvorträge von Experten abrufen.

- Bei „Google Street View" lassen sich mit Hilfe von 360°-Grad-Panoramabildern lange virtuelle Stadtrundfahrten unternehmen. Inzwischen sind nahezu alle US-amerikanischen Städte und Nationalparks, aber auch Teile Frankreichs, Italiens, Japans, Australiens und selbst das „Disneyland Resort Paris" von den Spezialfahrzeugen mit den neun Kameras aufgenommen worden.

- Bei mehreren virtuellen Reisebüros können Flüge, Hotelzimmer etc. online gebucht werden; außerdem bieten sie auch umfangreiche Informationen über die Reiseziele und praktische Tipps (z. B. opodo.de, expedia.de, ebookers.de).

So richtig virtuell wird das Reisen aber erst in Online-3D-Welten in denen der Nutzer mit einer selbst geschaffenen Kunstfigur (Avatar) zu Stränden, Städten und Schlössern reisen kann. Das bekannteste Beispiel ist „Second Life" (SL), das gegenwärtig ca. 15 Millionen registrierte Benutzer aufweist (von denen ca. 60.000 gleichzeitig eingeloggt sind). Wie im richtigen Leben gibt es hier Hotels, Museen, Reisebüros und Reiseveranstalter sowie Tourismusdestinationen:[25]

- Seit 2007 ist z. B. die „Gemäldegalerie Alte Meister" der „Staatlichen Kunstsammlungen Dresden" mit einer originalgetreuen Kopie des Museums im „Second Life" vertreten. Für das Projekt wurde eine eigene Homepage eingerichtet, die es der SL-Community ermöglicht, sich direkt zum realen Museum „beamen" (!) zu lassen. Darüber hinaus gibt es im SL aber auch virtuelle

Museen wie das „Ägyptische Museum" oder das „International Spaceflight Museum", die teilweise sogar eigene Sonderausstellungen organisieren.

- Zu den SL-Reisebüros zählt u. a. „Gratistours.com": Die Nutzer können mit dem Avatar Jas Capalini (einer recht attraktiven Reiseberaterin) eine spannende Tauchtour unternehmen, sich an schönen Stränden sonnen oder ägyptische Tempel besichtigen. Auch die deutschen Reiseveranstalter „TUI" und „Thomas Cook" sind mit einer eigenen virtuellen Insel im SL vertreten – wiederum mit Schnittstellen zum wirklichen Leben, denn die virtuell präsentierten Urlaubsangebote können von den Nutzern (über ihre Avatare) auch tatsächlich gebucht werden.

So attraktiv das „Second Life" für viele Nutzer auch sein mag – letztlich bleibt immer noch der Illusionsbruch zwischen der eigenen Lebenssituation (vor dem heimischen PC) und der virtuellen Welt, in der sie sich mit ihrem Alter Ego zeitweise bewegen können.

Ein vollständiges Eintauchen in eine künstliche Welt ist aber nur mit Hilfe von technisch besonders aufwändigen Simulationstechniken möglich, bei denen sämtliche Verbindungen zur Wirklichkeit vollständig gekappt werden und alle Erlebnisse nur noch im Kopf der Nutzer stattfinden. Neben einem leistungsstarken Computer benötigt man dazu ein *eye phone* und einen *data glove*:[27]

- Bei dem *eye phone* handelt es sich um eine elektronische Brille, die aus speziellen Kopfhörern und kleinen Videomonitoren besteht. Sie projizieren ihre farbigen Bilder direkt in die Augen des Betrachters – begleitet von situationsgerechten Geräuschen. Das *eye phone* vermittelt dem Nutzer die Vorstellung, sich tatsächlich in dem Raum zu befinden, der doch nur im Computer existiert.
- Der *data glove* dient dem Cybernauten dazu, in diesem fiktiven Raum imaginäre Gegenstände anzufassen oder sich fortzubewegen. Der Datenhandschuh ist ein optoelektronisches Präzisionsinstrument, das Lichtimpulse (über Sensoren in den Fingerspitzen) in elektronische Signale umwandelt, die dann vom Computer ausgewertet werden.

Kinofreunden ist diese Technik der perfekten virtuellen Simulation aus dem Science-Fiction-Thriller „Minority Report" von Stephen

Ziemlich fesch, frisch frisiert und immer freundlich – so präsentiert sich Jas Capalini als „Travel Consultant" in der virtuellen 3D-Online-Welt „Second Life". Die Nutzer können mit ihr zu schönen Stränden fliegen, aufregende Tauchtouren unternehmen und ägyptische Tempelanlagen besichtigen – und anschließend im Online-Reiseportal „www. gratistours.com" einen richtigen Urlaub buchen.[26]

Spielberg hinlänglich vertraut, doch aufgrund der hohen Kosten gibt es in der Freizeit- und Tourismusbranche bislang nur wenige Anwendungsbeispiele – u. a. im Themenpark „DisneyQuest" in Florida, im „Museo Nazionale Romano" in Rom sowie in einigen Science Centern (dort können die Besucher z. B. virtuell Basketball spielen).[28]

Auch wenn es sehr reizvoll ist, einmal vollständig in Phantasiewelten einzutauchen, solche virtuellen Touren werden die wirklichen Reisen wohl nie ersetzen (darin sind sich alle Tourismusexperten einig). Sie dienen eher dazu, die Reisevorbereitung zu erleichtern und Lust auf die Ferne zu machen. Unsere persönlichen Erwartungen an eine Urlaubsreise sind so vielschichtig, dass sie offensichtlich nicht durch – noch so aufwändige – Simulationen erfüllt werden können.

Wenn wir in die Fremde aufbrechen, dann wünschen wir uns eine Abwechslung von der alltäglichen Routine, wir suchen neue Erlebnisse, wir wollen Sonne und Wind spüren, exotische Düfte riechen und vor allem mit anderen Menschen zusammen sein (und nicht einsam vor dem PC sitzen oder scheuklappenartig durch 3D-Brillen schauen).

Selbst wenn die Welt touristisch längst erschlossen ist: Für kommende Generationen wird sie immer wieder eine *terra incognita* sein – und damit den Reiz des Neuen und Unbekannten besitzen, dem man als Tourist einfach nicht widerstehen kann.

„Zu des Südpols nie erblickten Sternen dringt sein rastlos ungehemmter Lauf. Alle Inseln spürt er, alle fernen Küsten – nur das Paradies nicht auf.

Ach, umsonst auf allen Länderkarten spähst Du nach dem seligen Gebiet, wo der Freiheit ewig grüner Garten, wo der Menschheit schöne Jugend blüht.

Endlos liegt die Welt vor Deinen Blicken, und die Schiffahrt selbst ermißt sie kaum, doch auf ihrem unermeßnen Rücken ist für zehen Glückliche nicht Raum.

In des Herzens heilig stille Räume mußt Du fliehen aus des Lebens Drang: Freiheit ist nur in dem Reich der Träume und das Schönste blüht nur im Gesang."

Friedrich Schiller: Der Antritt des neuen Jahrhunderts (1801)

📖 Literaturtipps

Zum Tourismus in unwirtlichen Regionen:
UNITED NATIONAL ENVIRONMENTAL PROGRAMME/THE INTERNATIONAL ECOTOURISM SOCIETY (2007): Tourism in the Polar Regions. The Sustainability Challenge, Paris/Washington

MAYER, M. (2008): Tourismus und seine Auswirkungen. – In: LOZÁN, J. (Hrsg.): Warnsignale aus Polarregionen, Hamburg, S. 280-286

SALZBURGERLAND TOURISMUSGESELLSCHAFT (Hrsg.; 2000): Der Berg ruft! Die Alpinismus-Ausstellung im Salzburger Land, Salzburg, S. 16-91

NÜSSER, M./CLEMENS, J. (2003): Mythos Nanga Parbat. Alpinismus im Nordwest-Himalaya. – In: Geographische Rundschau, 55/11, S. 50-55

AIT HAMZA, M./POPP, H. (2000): Trekking-Tourismus im Hohen Atlas. Beispiel für nachhaltigen Tourismus in einer Peripherregion? – In: Geographische Rundschau, 52/2, S. 4-10

POPP, H. (2009): Wüstentourismus in den Maghrebländern. – In: Nova Acta Leopoldina, NF 108/373, S. 207-222

Zum Weltraumtourismus:
REICHERT, M. (2000): Die Zukunft des Weltraumtourismus. – In: DEUTSCHES WIRTSCHAFTSWISSENSCHAFTLICHES INSTITUT FÜR FREMDENVERKEHR (Hrsg.): Jahrbuch für Fremdenverkehr, 43, München, S. 109-122

INSTITUT FÜR INTEGRATIVEN TOURISMUS UND FREIZEITFORSCHUNG (Hrsg.; 2001): Weltraumtourismus, Wien (Integra; 4)

FUTURE CHOICE INITIATIVE (Hrsg.; 2006): Going where no Tourist has gone before. The Future demand for Space Tourism, Melbourne/Sydney

Zum Reisen im Cyberspace:
RHEINGOLD, H. (1995): Virtuelle Welten. Reisen im Cyberspace, Reinbek bei Hamburg (rororo; 9746)

ISENBERG, W. (2000): Virtuelles Reisen als kulturelle Erfahrung. – In: INSTITUT FÜR MOBILITÄTSFORSCHUNG (Hrsg.): Freizeitverkehr, Berlin, S. 141-154

KRÜGER, R (2001): Zwischen Strandurlaub und Internet. Räume des Reisens. – In: Tourismus Journal, 3, S. 365-374

GÜNTHER, A./HOPFINGER, H. (2009): Neue Medien – neues Reisen? Wirtschafts- und kulturwissenschaftliche Perspektiven der eTourismus Forschung. – In: Zeitschrift für Tourismuswissenschaft, 1/2, S. 121-150

☑ Kurz und bündig

Der Tourismus kennt keine Grenzen: Seit seinen Anfängen vor mehr als 200 Jahren hat er (nahezu) alle Länder der Welt als Reiseziele erschlossen. Da immer mehr Urlauber abseits der ausgetretenen Touristenpfade unterwegs sein wollen, erleben unwirtliche Grenzräume wie Hochgebirge, Wüsten, Ozeane oder Polarregionen derzeit einen wahren Nachfrageboom. Als künftige touristische *frontiers* bleiben einerseits Ausflüge ins Weltall: So waren bereits sechs Touristen zu Gast in der „International Space Station". Andererseits kann man in virtuelle Phantasiewelten wie das Online-3D-Universum „Second Life" abtauchen; nach einhelliger Meinung von Experten werden solche illlusionären Touren die realen Reisen aber nie ersetzen können.

Anmerkungen

Irrtum 1:
Touristen sind immer die Anderen

[1] COSGROVE, I./JACKSON, R. (1972): The Geography of Recreation and Leisure, London u. a., S. 35

[2] Die Wiedergabe der Abbildung erfolgt mit freundlicher Genehmigung von Alexander Joscht (www.berlinshirts.net).

[3] zitiert nach OPASCHOWSKI, H. W. (2002): Tourismus. Ein systematische Einführung. Analysen und Prognosen, 3., aktualisierte und erweiterte Auflage, Opladen, S. 125

[4] NEBEL, G. (1950): Unter Kreuzrittern und Partisanen, Stuttgart, S. 114

[5] BRUCKNER, P./FINKIELKRAUT, A. (1981): Das Abenteuer gleich um die Ecke. Kleines Handbuch der Alltagsüberlebenskunst, München/Wien, S. 37

[6] www.froggblog.twoday.net/topics/auf+reisen vom 18. Juli 2009

[7] HELLER, A. (1990): „Der Einfall touristischer Horden führt zur Ausrottung des Schönen ...". – In: LUDWIG, K./HAS, M./NEUER, M. (Hrsg.): Der neue Tourismus. Rücksicht auf Land und Leute, München, S. 158-161 (Beck'sche Reihe; 408)

[8] BERR, Chr. M. (2007): Basta statt Pasta. Sommerloch 2003. – In: Süddeutsche Zeitung, 01. September

[9] HENNIG, Chr. (1997): Die Botschaft der Bilder. Illustrationen in Reiseführern – eine empirische Untersuchung. – In: FRANZMANN, B. (Hrsg.): Reisezeit – Lesezeit. Dokumentation der Reiseliteratur-Fachtagungen der Stiftung Lensen in Apolda, Weimar und Leipzig (1996-1999), Mainz/München, S. 47-59

[10] BRUCKNER, P./FINKIELKRAUT, A. (1981): Das Abenteuer gleich um die Ecke. Kleines Handbuch der Alltagsüberlebenskunst, München/Wien, S. 38

[11] FORSCHUNGSGEMEINSCHAFT URLAUB UND REISEN (Hrsg.; 2000): Die Reiseanalyse im Westentaschenformat, Hamburg, Tab. 1

[12] www.achimhauck.de/Cusco.htm vom 18. Juli 2009

[13] MEYER, P. (1998): Selbst reisen, schreiben und verlegen. – In: Trotter, 90, S. 37-40

[14] JÜRGENSEN, D. (2005): Guter Tourist vs. böser Tourist. Blick übern Tellerrand. Ein Halbzeitbericht (www.einseitig.info/html/content.php?txtid=290 vom 18. Juli 2009)

[15] TÜTING, L. (1990): Die Menschen sind Nebensache. Über die Bedeutung von Reiseführern. – In: THOMAS-MORUS-AKADEMIE (Hrsg.): Wegweiser in die Fremde. Reiseführer, Reiseratgeber, Reisezeitschriften, Bergisch Gladbach, S. 108-111 (Bensberger

Protokolle; 57)

[16] SPREITZHOFER, G. (2006): Rucksack gut, Koffer böse. – In: Wiener Zeitung, 17. Juni

[17] www.khaosanroad.com/wasistdaskhaosanstrasse1.htm vom 22. Juli 2009

[18] zitiert nach ROCHLITZ, K.-H. (1988): Begriffsentwicklung und -diskussion des „sanften Tourismus". – In: Freizeitpädagogik, 10/3-4, S. 105-115

[19] So führte z. B. das Umweltministerium des Freistaates Bayern im Jahr 1991 den Wettbewerb „Umweltbewusster Hotel- und Gaststättenbetrieb" durch. Der Deutsche Hotel- und Gaststättenverband (DEHOGA) veröffentlichte ein Jahr später die Broschüre „So führen Sie einen umweltfreundlichen Betrieb – Tipps für das Gastgewerbe, die sich rechnen".

[20] GESSLER, P. (2008): Glückliche Kassandra. Besuch bei der Ex-Grünen Halo Saibold. – In: TAZ, 08. Juli

[21] Die Daten basieren auf einer Online-Umfrage, die das Unternehmen „Expedia" im Jahr 2009 durchgeführt hat; dabei wurden weltweit 40.000 zufällig ausgewählte Manager von Expedia-Partnerhotels befragt. Die Rücklaufquote betrug 12 % (vgl. www.press. expedia.de/studien-und-trends/best-tourist-2009.aspx vom 17. Juli 2009)

[22] STEINECKE, A. (2006): Tourismus. Eine geographische Einführung, Braunschweig, S. 12-18 (Das Geographische Seminar; o. Bd.)

[23] STATISTISCHES BUNDESAMT (Hrsg.; 2004): Tourismus in Zahlen 2003, Wiesbaden, S. 13

Irrtum 2:
Die Deutschen sind Reiseweltmeister

[1] zitiert nach MANDEL, B. (1996): Wunschbilder werden wahrgemacht. Aneignung von Urlaubswelt durch Fotosouvenirs am Beispiel deutscher Italientouristen der 50er und 60er Jahre, Frankfurt a. M. u. a., S. 102

[2] www.cipra.org/de/alpmedia/news/689 vom 11. Februar 2009; DEUTSCHE ZENTRALE FÜR TOURISMUS (Hrsg.; 2008): Marktinformation USA, New York, S. 6

[3] BOVAGNET, F.-C. (2006): How Europeans go on Holidays, Luxemburg, S. 1 (Statistics in Focus; 18)

[4] FORSCHUNGSGEMEINSCHAFT URLAUB UND REISEN (Hrsg.; 2009): Die Urlaubsreisen der Deutschen. Kurzfassung der Reiseanalyse 2009, Kiel, S. 14

[5] Eigene Darstellung nach Angaben in SCHMIDT, H.-W. (2002): Die Urlaubsreisen der Europäer, Luxemburg, S. 2 (Statistik kurz gefasst; 15)

[6] STEINECKE, A. (2006): Tourismus. Eine geographische Einführung, Braunschweig, S. 33 (Das Geographische Seminar; o. Bd.)

[7] BOVAGNET, F.-C. (2006): How Europeans go on Holidays, Luxemburg, S. 2 (Statistics in Focus; 18)

[8] FORSCHUNGSGEMEINSCHAFT URLAUB UND REISEN (Hrsg.; 2009): Die Urlaubsreisen der Deutschen. Kurzfassung der Reiseanalyse 2009, Kiel, S. 83

[9] DANTINE, W. (2002): „Reiseweltmeister" – wer oder was ist das? – In: SCHMUDE, J. (Hrsg.): Tegernseer Tourismustage 2000. Proceedings, Regensburg, S. 120-123 (Beiträge zur Wirtschaftsgeographie Regensburg; 2)

[10] Eigene Darstellung nach Angaben in www.rankaholics.de/w/die+reisefreudigsten+nationen+der+welt_1485 vom 12. Februar 2009

[11] www1.messe-berlin.de/vip8_1/website/Internet/Internet/www.itb-berlin/deutsch/Presse-Service/Pressemitteilungen/index.jsp?lang=0&newslang=de&newssys_id=28337&source_oid=350&year=2009 vom 26. Oktober 2009

[12] www.medienhandbuch.de/news/2-milliarden-zu-schauer-sahen-die-olympia-eroeffnungsfeier-14563.html vom 10. Februar 2009

[13] STEINECKE, A. (2009): Themenwelten im Tourismus. Marktstruktur – Marketing-Management – Trends, München, S. 130-132

[14] KLUMBIES, H. (2008): Chinesische Touristen. Allein 2006 reisten 34,52 Mio. Chinesen ins Ausland. – In Weltwirtschaft-Welthandel, 28. März; XINSHEN, L. (2007): China unterwegs. – In: Bejing Rundschau (www.bjreview.cn/gbr/2006-g/2007-26/2007.26-china-1.htm vom 10. Februar 2009)

[15] SIEREN, F. (2005): Der China Code. Wie das boomende Reich der Mitte Deutschland verändert, S. 384

[16] Die Wiedergabe der Postkarte erfolgt mit freundlicher Genehmigung von Christian Schneider (Chinaberatung Schneider & Zimmermann, Trier) und Johannes Kolz (Studio Schriftlich, Tawern). Die Übersetzung des Textes auf der Postkarte lautet: „Trier – die Heimatstadt von Karl Marx heißt Sie herzlich willkommen".

[17] www.uni-trier.de/index.php?id=14763 vom 22. Februar 2009

[18] BECKER, Chr. (2008): Chinesische Touristen in Trier. Spezifisches aktionsräumliches Verhalten und verpasste Chancen, Trier (www.uni-trier.de/fileadmin/fb6/prof/FUT/AK_FT/JT_2008_Muenchen/8_Becker_Chin_Touristen_Trier.pdf vom 12. Februar 2009)

Irrtum 3:
Alle Touristen wollen nur das Eine:
Spaß und Unterhaltung

[1] FORSCHUNGSGEMEINSCHAFT URLAUB UND REISEN (Hrsg.; 2009): Die Urlaubsreisen der Deutschen. Kurzfassung der Reiseanalyse 2009, Kiel, S. 31

[2] PRAHL, H.-W. (2002): Soziologie der Freizeit, Paderborn u. a., S. 151-152

[3] ARMANSKI, G. (1978): Die kostbarsten Tage des Jahres. Massentourismus – Ursachen, Formen, Folgen, Berlin (Rotbuch; 181)

[4] ISENBERG, W./MÜLLENMEISTER, H. M./STEINECKE, A. (2003): Tourismus im Wandel, Paderborn, S. 8-9

[5] STEINECKE, A. (2009): Kultur als touristische Attraktion, Paderborn (Präsentation auf der Internationalen Tourismus-Börse Berlin)

[6] FORSCHUNGSGEMEINSCHAFT URLAUB UND REISEN (Hrsg.; 2008): Die Urlaubsreisen der Deutschen. Kurzfassung der Reiseanalyse 2008, Kiel, S. 89

[7] WALDE, G. (2004): MoMA mit Millionengewinn. – In: Berliner Morgenpost, 21. September

[8] STEINECKE, A. (2009): Kultur als touristische Attraktion, Paderborn (Präsentation auf der Internationalen Tourismus-Börse Berlin)

[9] DEUTSCHER TOURISMUSVERBAND (Hrsg.; 2003): Deutsche Touristenhits ziehen Millionen an, Bonn (Medieninformation)

[10] HANSSEN, F. (2008): Ist es Peking? Ist es New York? – In: Der Tagesspiegel, 15. November

[11] BUDDÉE, G. (1997): Wissen, wohin die Reise geht. Reiseführer als Gebrauchsanleitung für ein Industrieprodukt. – In: STOCK, Chr. (Hrsg.): Trouble in Paradise. Tourismus in die Dritte Welt, Freiburg/Düsseldorf, S. 114-122

[12] DIEDEREN, R. (2008): Der Märchenkönig und der Märchenerzähler: Ludwig II. und Walt Disney. – In: GIRVEAU, B./DIEDEREN, R. (Hrsg.): Walt Disneys wunderbare Welt und ihre Wurzeln in der europäischen Kunst, München, S. 144-155

[13] SCHÜTTE, G. (2007): Terrakotta-Krieger sind illegale Kopien. – In: Die Welt, 10. Dezember

[14] ALTWEGG, J. (2009): Die Märchen der Macht. – In: Frankfurter Allgemeine Zeitung, 27. Januar

[15] HENNIG, Chr. (1997): Reiselust. Touristen, Tourismus und Urlaubskultur, Frankfurt a. M./Leipzig

[16] FORSCHUNGSGEMEINSCHAFT URLAUB UND REISEN (Hrsg.; 2009): Die Urlaubsreisen der Deutschen. Kurzfassung der Reiseanalyse 2009, Kiel, S. 42

[17] KNEBEL, H.-J. (1960): Soziologische Strukturwandlungen im modernen Tourismus, Stuttgart (Soziologische Gegenwartsfragen – Neue Folge; o. Bd.)

[18] STEINECKE, A. (2006): Tourismus. Eine geographische Einführung, Braunschweig, S. 115-117 (Das Geographische Seminar; o. Bd.)

[19] vgl. BRILLI, A. (1995): Als Reisen eine Kunst war. Vom Beginn des modernen Tourismus: Die „Grand Tour", Berlin

[20] SCHLINKE, K. (1996): Die Reichstagsverhüllung in Berlin 1995 Auswirkungen einer kulturellen Großveranstaltung auf die touristische Nachfrage, Trier, S. 78 (Materialien zur Fremdenverkehrsgeographie; 34)

Irrtum 4:
Die Mehrzahl der Urlauber sind Neckermänner oder TUIristen

[1] www.spielerboard.de/showthread.php?t=16055 vom 11. September 2009

[2] DÖRTING, T. (2009): Mein Gott, sind die alle hässlich (www.spiegel.de/kultur/tv/0,1518,631735,00.html vom 11. September 2009)

[3] Eigene Darstellung nach Daten der Forschungsgemeinschaft Urlaub und Reisen (Kiel); die Angaben beziehen bis 2000 auf die Haupturlaubsreisen, ab 2002 auf alle Urlaubsreisen.

[4] FORSCHUNGSGEMEINSCHAFT URLAUB UND REISEN (Hrsg.; 2009): Die Urlaubsreisen der Deutschen. Kurzfassung der Reiseanalyse 2009, Kiel, S. 72

[5] www.eur-lex.europa.eu/LexUriServ/LexUriServ.do?uri= CELEX:31990L0314:DE:HTML vom 02. September 2009

[6] zitiert nach GARCIA-ZIEMSEN, R. (o. J.): 5.7.1841: Beginn des Massentourismus (www.kalenderblatt.de/index.php?what=thmanu& page=1&manu_id=195&tag=5&monat=7&year=2000&dayisset =1&lang=de vom 05. September 2009)

[7] MUNDT, J. W. (2008): Thomas Cook. – In: FUCHS, W./MUNDT, J. W./ ZOLLONDZ, H.-D. (Hrsg.): Lexikon Tourismus, München, S. 688-690

[8] BIMBACH, M. (2006): Hooligans: Fußballfans, missverstandene Jugendliche, Gewalttäter? München, S. 18

[9] www.soldatentreff.de/modules.php?name=eBoard&file=viewth read&tid=2983 vom 04. September 2009

[10] PRAHL, H.-W./STEINECKE, A. (1989): Der Millionen-Urlaub. Von der Bildungsreise zur totalen Freizeit, Bielefeld, S. 160-181 (IFKA-Faksimile; 2)

[11] HARMS, F. (2007): Wellness unterm Hakenkreuz (www.eines tages.spiegel.de/static/topicalbumbackground/95/wellness_unterm_hakenkreuz.html vom 07. September 2009)

[12] KNEBEL, H.J. (1962): Soziologische Strukturwandlungen im modernen Tourismus, Stuttgart, S. 62 (Soziologische Gegenwartsfragen – Neue Folge; o. Bd.)

[13] SCHNEIDER, C. (o. J.): Die NS-Gemeinschaft „Kraft durch Freude" (www.zukunft-braucht-erinnerung.de/drittes-reich/herrschaftsinstrument-staat/219-die-ns-gemeinschaft-kraft-durch-freude. html vom 03. Septmber 2009)

[14] zitiert nach ANDRESEN, K. (2008): „Der deutsche Arbeiter reist" (www.einestages.spiegel.de/static/topicalbumbackground/1323/_ der_deutsche_arbeiter_reist.html vom 07 September 2009)

[15] ANDRESEN, K. (2008): „Der deutsche Arbeiter reist" (www. einestages.spiegel.de/static/topicalbumbackground/1323/_der_ deutsche_arbeiter_reist.html vom 07 September 2009)

[16] ROSTOCK, J./ZADNICEK, F. (1992): Paradiesruinen. Das KdF-Seebad der Zwanzigtausend auf Rügen, 2. Auflage Berlin; SPODE, H. (1991): Die NS-Gemeinschaft „Kraft durch Freude" – ein Volk auf Reisen? – In: SPODE, H. (Hrsg.): Zur Sonne, zur Freiheit! Beiträge zur Tourismusgeschichte, Berlin, S. 90 (Freie Universität – Institut für Tourismus, Berichte und Materialien; 11)

[17] STALLEIN, R. (2009): 60 Jahre BRD – 60 Jahre Reiselust (www.60-jahre-brd.t-online.de/c/18/73/20/54/18732054.html vom 02. September 2009)

[18] Das Reisewunder von Ruhpolding. – In: Die Zeit, 05. Juni 1958

[19] FREYER, W. (2009): Tourismus. Einführung in die Fremdenverkehrsökonomie, 9., überarbeitete und aktualisierte Auflage, München, S. 227

[20] vgl. PRAHL, H.-W./STEINECKE, A. (1989): Der Millionen-Urlaub. Von der Bildungsreise zur totalen Freizeit, Bielefeld, S. 210-2111 (IFKA-Faksimile; 2); FREYER, W. (2009): Tourismus. Einführung in die Fremdenverkehrsökonomie, 9., überarbeitete und aktualisierte Auflage, München, S. 480

[21] Eigene Darstellung nach Angaben in Deutsche Veranstalter 2009, S. 5 (Beilage zur Fremdenverkehrswirtschaft International, 18. Dezember 2009)

[22] FREYER, W. (2009): Tourismus. Einführung in die Fremdenverkehrsökonomie, 9., überarbeitete und aktualisierte Auflage, München, S. 218-221

[23] www.tui-group.com/de/konzern/kurzportraet.html vom 02. September 2009

[24] Die Wiedergabe der Abbildung erfolgt mit freundlicher Genehmigung von Michael Mantel (Lüneburg).

[25] MUNDT, J. W. (2008): Reiseveranstalter. – In: FUCHS, W./MUNDT, J. W./ZOLLONDZ, H.-D. (Hrsg.): Lexikon Tourismus, München, S. 576-588

Irrtum 5:
Das Reisen wird immer schneller, komfortabler und bequemer

[1] SCHERER, B. (2007): Ein neuer Traum vom Fliegen. – In: Frankfurter Allgemeine Zeitung, 18. Oktober

[2] GIEBEL, M. (1999): Reisen in der Antike, Düsseldorf/Zürich

[3] STEINECKE, A. (2006): Tourismus. Eine geographische Einführung, Braunschweig, S. 117 (Das Geographische Seminar; o. Bd.)

[4] HENNING, F. (1973): Die Industrialisierung in Deutschland 1800 bis 1914, Paderborn, S. 162-163 (UTB 3513)

[5] LÖSCHBURG, W. (1977): Von Reiselust und Reiseleid, Frankfurt a. M., S. 139

[6] COSGROVE, I./JACKSON, R. (1972): The Geography of Recreation and Leisure, London u. a., S. 38

[7] STEINECKE, A. (2006): Tourismus. Eine geographische Einführung, Braunschweig, S. 118 (Das Geographische Seminar; o. Bd.)

[8] CARS, J. des/CARACALLA, J.-P. (1998): Geschichte und Legenden des Orient-Express. – In: FRANZKE, J. (Hrsg.): Orient-Express – König der Züge, Nürnberg, S. 8-31

[9] www.bahn.de/p/view/service/zug/bordgastronomie/monatsaktion.shtml vom 23. September 2009

[10] Berlin-Hamburger Bahn (de.wikipedia.org/wiki/Berlin-Hamburger_Bahn vom 14. September 2009)

[11] SCHICKLING, T. (2003): Luxuriöse Oldtimer (www.focus.de/finanzen/news/bahnreisen-luxurioese-oldtimer_aid_249758.html vom 14. September 2009)

[12] Die Wiedergabe der Abbildung erfolgt mit freundlicher Genehmigung von Klaus Stuttmann (Berlin).

[13] SPÖRRLE, M./SCHUMACHER, L. (2008): „Senk ju vor träwelling". Wie Sie mit der Bahn fahren und trotzdem ankommen, 3. Auflage Freiburg/Basel/Wien

[14] www.focus.de/auto/news/staubilanz-von-berlin-nach-chicago-und-zurueck_aid_335978.html vom 17. September 2009; www.anabell.de/kalenderblatt/kalenderblatt_februar16.php vom 17. September 2009

[15] Eigene Darstellung nach Daten der Forschungsgemeinschaft Urlaub und Reisen (Kiel); die Angaben beziehen sich auf die Haupturlaubsreisen.

[16] vgl. FREYER, W. (2009): Tourismus. Einführung in die Fremdenverkehrsökonomie, 9., überarbeitete und aktualisierte Auflage, München, S. 29

[17] JARDINE, A. (1994): Busreisen: Neues Image. – In: Die Zeit, 08. April; RDA – INTERNATIONALER BUSTOURISTIK VERBAND (Hrsg.; 2007): Umweltfakten über den Bus (www.touring.de/Bus-Umwelt.920.0.html vom 14. September 2009)

[18] BUNDESVERBAND DEUTSCHER OMNIBUSUNTERNEHMER (Hrsg.; 2006): BDO-Studie sieht Perspektiven für den Bustourismus (www.bdo-online.de/presse/pressemeldungen/archiv-2006/archiv-2006/bdo-studie-sieht-perspektiven-fuer-den-bustourismus vom 14. September 2009)

[19] FREYTAG, T. (2009): Low-Cost Airlines – Motoren für den Städtetourismus in Europa? – In: Geographische Rundschau, 61/2, S. 20-26

[20] CLAUSBERG, K. (1979): Zeppelin. Die Geschichte eines unwahrscheinlichen Erfolges, München, S. 172

[21] zitiert nach HEUER, R. (1969): Das deutsche atomgetriebene, heliumgefüllte Stromlinienluftschiff. – In: Die Zeit, 16. Mai

[22] HÄUSSER, A. (2000): Raum ohne Grenzen (www.welt.de/print-welt/article520845/Raum_ohne_Grenzen.html vom 20. September 2009)

[23] Umfangreiche Informationen und Materialien zur Boeing B 377 „Stratocruiser" finden sich auf der Homepage www.b377.ovi.ch

[24] COBANLI, H. (2008): Fliegende Design-Legende. 60 Jahre Super Constellation (www.intravel.de/index.php?issue=200801&page=46 vom 21. September 2009)

[25] www.lufthansa-technik.com/applications/portal/lhtportal/lhtportal.portal?requestednode=602&_pageLabel=Template5_6&_nfpb=true&webcacheURL=TV_I/Media-Relations/SuperStar/In-Service/Lufthansa_service_d.xml vom 21. September 2009

[26] AUTH, H. (1987): Mit der Lockheed Super Constellation über den Atlantik. – In: aerokurier, 31/5, S. 546-553

[27] SCHERER, B. (2007): Ein neuer Traum vom Fliegen. – In: Frankfurter Allgemeine Zeitung, 18. Oktober

[28] www.hl-kreuzfluege.de vom 23. September 2009

Irrtum 6:
Spanien ist das beliebteste Reiseziel der Deutschen

[1] FORSCHUNGSGEMEINSCHAFT URLAUB UND REISEN (Hrsg.; 2009): Die Urlaubsreisen der Deutschen. Kurzfassung der Reiseanalyse

2009, Kiel, S. 50

[2] WIPPERMANN, P. (2003): Die Exotik der Nähe. – In: Welt am Sonntag, 10. August

[3] Eigene Darstellung nach Angaben in FORSCHUNGSGEMEINSCHAFT URLAUB UND REISEN (Hrsg.; 2009): Die Urlaubsreisen der Deutschen. Kurzfassung der Reiseanalyse 2008, Kiel, S. 46; die Daten beziehen sich auf die Haupturlaubsreisen.

[4] STEINECKE, A. (2006): Tourismus. Eine geographische Einführung, Braunschweig, S. 44-47 (Das Geographische Seminar; o. Bd.)

[5] GÖCKERITZ, H. (1996): Die Bundesbürger entdecken die Urlaubsreise. – In: HAUS DER GESCHICHTE DER BUNDESREPUBLIK DEUTSCHLAND (Hrsg.): Endlich Urlaub! Die Deutschen reisen, Köln, S. 43-50

[6] www.dradio.de/dlf/sendungen/langenacht_alt/990122.html vom 08. Januar 2009

[7] ASFUR, A./OSSES, D. (2003): Neapel – Bochum – Rimini. Arbeiten in Deutschland. Urlaub in Italien, Essen, S. 73

[8] KNOLL, G. M. (2006): Kulturgeschichte des Reisens. Von der Pilgerfahrt zum Badeurlaub, Darmstadt, S. 138

[9] WEISSENBORN, S. R. (2008): Wirren des Wandels. – In: TAZ, 04. Oktober

[10] PRAHL, H.-W./STEINECKE, A. (1989): Der Millionen-Urlaub. Von der Bildungsreise zur totalen Freizeit, Bielefeld, S. 68-76 (IFKA-Faksimile; 2)

[11] PRAHL, H.-W. (1991): Entwicklungsstadien des deutschen Tourismus seit 1945. – In: SPODE, H. (Hrsg.): Zur Sonne, zur Freiheit! Beiträge zur Tourismusgeschichte, Berlin, S. 100 (Freie Universität Berlin – Institut für Tourismus, Berichte und Materialien; 11)

[12] MÜLLENMEISTER, H. M. (1992): Mallorca oder die Insel des Glücks. Geschichte eines Paradieses, Bergisch Gladbach (Bensberger Manuskripte; 44)

[13] Eigene Darstellung nach Daten der Forschungsgemeinschaft Urlaub und Reisen (Kiel); die Angaben beziehen sich auf alle Urlaubsreisen.

[14] SCHMITT, T. (1993): Tourismus und Landschaftsschutz auf Mallorca. – In: Geographische Rundschau, 45/7-8, S. 459-467

[15] HEIMANNS, A. (2005): Das 17. deutsche Bundesland. 100 Jahre-Mallorca-Tourismus (www.spiegel.de/reise/europa/0,1518,362 532,00.html vom 15. Februar 2009)

[16] de.wikipedia.org/wiki/Heimatfilm vom 07. Januar 2009

[17] de.wikipedia.org/wiki/Die_Piefke-Saga vom 07. Januar 2009

[18] HAUS DER GESCHICHTE DER BUNDESREPUBLIK DEUTSCHLAND (Hrsg.; 2005): Deutschland – Österreich. Verfreundete Nachbarn, Bonn/Bielefeld

[19] SABITZER, B. (2001): Die Anschauungen der Berge – Seilbahnen, Wien (www.inst.at/berge/perspektiven/sabitzer.htm vom 15. Februar 2009)

[20] BAUMHACKL, H. (1995): Die Alpen – eine Ferienlandschaft aus geographischer Sicht. – In: THOMAS-MORUS-AKADEMIE (Hrsg.): Tourismusentwicklung in den Alpen. Bilanz – Gefahren – Perspektiven, Bergisch Gladbach, S. 9-43 (Bensberger Protokolle; 75)

[21] VORLAUFER, K. (1996): Tourismus in Entwicklungsländern. Möglichkeiten und Grenzen einer nachhaltigen Entwicklung durch Fremdenverkehr, Darmstadt, S. 34-38

[22] www.dubaitourism.ae/Portals/0/Statistics/HotelStatistics/A003%201998-2007%20Hotel%20Statistics%20Summary.pdf vom 05. Januar 2009; AMT FÜR STATISTIK BERLIN-BRANDENBURG (Hrg.; 2008): Die kleine Berlin-Statistik 2008, Potsdam

[23] SCHRÖDER, A. (2003): Couchtourismus: Die Reise mit der Fernbedienung um die Welt. Das Bild von Destinationen in Reisesendungen im Fernsehen. – In: SCHMUDE, J. (Hrsg.): Tegernseer Tourismus Tage 2002. Proceedings, Regensburg, S. 44-50 (Beiträge zur Wirtschaftsgeographie Regensburg; 6)

[24] FORSCHUNGSGEMEINSCHAFT URLAUB UND REISEN (Hrsg.; 2009): Die Urlaubsreisen der Deutschen. Kurzfassung der Reiseanalyse 2009, Kiel, S. 50

[25] ADERHOLD, P. u. a. (2006): Tourismus in Entwicklungsländer. Eine Untersuchung über Dimensionen, Strukturen, Wirkungen und Qualifizierungsansätze im Entwicklungsländer-Tourismus – unter besonderer Berücksichtigung des deutschen Urlaubsreisemarktes, Ammerland, S. 26

Irrtum 7:
Die Welt besteht aus lauter Urlaubsparadiesen

[1] GOLDMAN, R./PAPSON, S. (2000): Nike Culture, London/Thousand Oaks/New Delhi, S. 12

[2] STEINECKE, A. (2001): Markenbildung von Destinationen: Erfahrungen – Herausforderungen – Perspektiven. – In: BIEGER, T./PECHLANER, H./STEINECKE, A. (Hrsg.): Erfolgskonzepte im Tourismus: Marken – Kultur – Neue Geschäftsmodelle, Wien, S. 9-27 (Management und Unternehmenskultur; 5)

[3] DRÖGEMEIER, C. (2000): Markenbildung von Regionen im Tourismus – untersucht am Beispiel der Insel Usedom, Paderborn, S. 81 (Universität Paderborn, Fach Geographie, unveröffentlichte Magisterarbeit)

[4] Die Daten basieren auf einer bundesweiten Befragung von 110 Reisemitarbeitern. Unter einer profilstarken Region wurde eine Region verstanden, „von der Sie ein klares Bild haben bzw. mit der Sie ganz konkrete Merkmale und Eigenschaften verbinden" (vgl. KERN, A. [2007]: Das Profil von Destinationen als Determinante der Reiseentscheidung – deutsche Urlaubsregionen als Beispiel. – In: BECKER, Chr./HOPFINGER, H./STEINECKE, A. [Hrsg.]: Geographie der Freizeit und des Tourismus. Bilanz und Ausblick, 3., unveränderte Auflage, München/Wien, S. 746-747)

[5] HERRMANNY, Chr. (2007): RAG hat als „Evonik" große Pläne (www.wdr.de/themen/wirtschaft/wirtschaftsbranche/rag/umbenennung/index.jhtml vom 06. August 2009)

[6] zitiert nach BLECHNER, N. (2000): Hannover erst langweilig, jetzt toll. – In: Die Welt, 07. August

[7] BLEILE, G. (2001): Neue Tourismuslandkarte „D". Leitfaden für ein marktorientiertes Destination Management, Freiburg, S. 6-8 (Akademie für Touristik Freiburg, Schriftenreihe Tourismus; 5)

[8] vgl. BIEGER, T. (2008): Management von Destinationen, 7., unveränderte Auflage, München/Wien

[9] MARGREITER, J. (2001): Die Marke Tirol: Ziele – Strategien – Maßnahmen. - In: BIEGER, T./PECHLANER, H./STEINECKE, A. (Hrsg.): Erfolgskonzepte im Tourismus: Marken – Kultur – Neue Geschäftsmodelle, Wien, S. 29-34 (Management und Unternehmenskultur; 5)

[10] Neben den hier dargestellten regionalen Beispielen betreibt z. B. auch Bayern eine intensive Markenpolitik. In einem internationalen Wettbewerb wurde das Bundesland im Jahr 2007 in den Kreis der 77 deutschen „Superbrands" gewählt (vgl. BRÜCKMANN, P. [2007]: Alle Macht der Marke! – In: Der Westen, 28. November).

[11] Die Wiedergabe des Logos erfolgt mit freundlicher Genehmigung der Regionalmarke Eifel GmbH (Prüm).

[12] vgl. www.rothaarsteig.de/de/wandershop

[13] vgl. www.nova-institut.de/modellregionen/nachricht.php?id=195 61&PHPSESSID=8a43fa6c09100df0e474874f28fd3021 vom 06. August 2009

[14] vgl. www.heidiland.com/de/press_news.cfm vom 09. August 2009

[15] vgl. www.watchvalley.ch/d/ueberuns vom 09. August 2009; vgl. www.swissknifevalley.ch vom 09. August 2009

[16] Die Wiedergabe des Logos erfolgt mit freundlicher Genehmigung der Swiss Knife Valley AG (Brunnen/Schweiz).

[17] vgl. FVW, 04. Mai 2001, S. 158

[18] zitiert nach BACHLEITNER, R. (2001): Alpentourismus: Bewertung und Wandel. – In: Aus Politik und Zeitgeschichte, B 47, S. 20-26

[19] WEBER, W. (1989): Goa: Ein Gastland schlägt zurück. – In: Die Zeit, 29. Dezember

[20] FRIEDL, H. A. (2008): Das gebuchte Paradies, gutes Gewissen inklusive. Ethische Grundlagen des umwelt- und sozialverträglichen Ferntourismus, München/Ravensburg, S. 108

[21] Proteste gegen Mallorca (2007) (www.focus.de/reisen/reisefuehrer/mallorca_aid_51031.html vom 07. August 2009)

[22] vgl. DEMHARDT, I. J. (2007): Vom Apartheidstaat zur Regenbogennation: Tourismusentwicklung in Südafrika. – In: BECKER, Chr./HOPFINGER, H./STEINECKE, A. (Hrsg.): Geographie der Freizeit und des Tourismus. Bilanz und Ausblick, 3., unveränderte Auflage München/Wien, S. 666-678

[23] BLINDA, A. (2008): Gewerkschaften rufen zum Lonely-Planet-Boykott auf (www.spiegel.de/reise/aktuell/0,1518,537182,00.html vom 03. August 2009)

[24] vgl. www.ccadp.org/boycott.htm vom 07. August 2009; www.thepetitionsite.com/1/tourist-boycott-of-australian-campaign vom 07. August 2009

[25] vgl. www.eturbonews.com/10801/rigas-mayor-sick-drunk-rowdy-british-tourist vom 05. August 2009

[26] vgl. ROTINO, S. (2009): Das Italien der Verbote (www.linksnet.de/de/artikel/24315 vom 10. August 2009)

[27] vgl. Early Bird – Touristik, 57, 13. Juli 2009

[28] SCHWEIZER, A. (2009): Business as usual auf Mallorca (www.blog.zeit.de/ausgepackt/2009/08/10/business-as-usual-auf-mallorca_516 vom 10. August 2009)

[29] STANDL, H. (2007): Tourismus in Entwicklungsländern unter dem Einfluss politischer Konflikte – das Beispiel Ägypten. – In: BECKER, Chr./HOPFINGER, H./STEINECKE, A. (Hrsg.): Geographie der Freizeit und des Tourismus. Bilanz und Ausblick, 3., unveränderte Auflage München/Wien, S. 641-651

[30] VESTER, H.-G. (2001): Terror und Tourismus. – In: Aus Politik und Zeitgeschichte, B 47, S. 3-5

Irrtum 8:
Berge, Flüsse und Strände sind schöne Urlaubslandschaften

[1] www.harzlife.de/top/hexentanz.html vom 24. Februar 2009

[2] ROHRER, J. (2003): Zimmer frei. Das Buch zum TOURISEUM, Meran, S. 25

[3] Quelle: KEENLYSIDE, F. (1976): Berge und Pioniere. Eine Geschichte des Alpinismus, Zürich, S. 9. Die Wiedergabe der Abbildung erfolgt mit freundlicher Genehmigung der „Alpine Club Photo Library" (London).

[4] KEENLYSIDE, F. (1976): Berge und Pioniere. Eine Geschichte des Alpinismus, Zürich, S. 10-15

[5] LÖSCHBURG, W. (1997): Und Goethe war nie in Griechenland. Kleine Kulturgeschichte des Reisens, Leipzig, S. 113-114

[6] HALLER, A. von: Die Alpen, Berlin 1959, S. 13

[7] HALLER, A. von: Die Alpen, Berlin 1959, S. 14

[8] www.lyrics.de/songtext/hansihinterseer/ichliebdieschoenheitmeinerberge_66040.html vom 24. Februar 2009

[9] PRAHL, H.-W./STEINECKE, A. (1989): Der Millionen-Urlaub. Von der Bildungsreise zur totalen Freizeit, Bielefeld, S. 14-15 (IFKA-Faksimile; 2)

[10] HOWELL, S. (1974): The Seaside, London, S. 29-31

[11] JÜLG, F. (1999): Faszination Schnee. Der Wintertourismus im Gebirge. Historische Entwicklung.– In: THOMAS-MORUS-AKADEMIE (Hrsg.): Der Winter als Erlebnis. Zurück zur Natur oder Fun, Action und Mega-Events? Neue Orientierungen im Schnee-Tourismus, Bergisch Gladbach, S. 9-38 (Bensberger Protokolle; 94)

[12] KNOLL, G. M. (2006): Kulturgeschichte des Reisens. Von der Pilgerfahrt zum Badeurlaub, Darmstadt, S. 99

[13] HOWELL, S. (1974): The Seaside, London, S. 183

[14] SPODE, H. (2003): Wie die Deutschen „Reiseweltmeister" wurden. Eine Einführung in die Tourismusgeschichte, Erfurt, S. 40

[15] STEINECKE, A. (2007): Kulturtourismus. Marktstrukturen – Fallstudien – Perspektiven, München/Wien, S. 66-68

[16] Quelle: LÖSCHBURG, W. (1977): Von Reiselust und Reiseleid. Eine Kulturgeschichte, Frankfurt am Main 1977, S. 107. Die Wiedergabe der Abbildung erfolgt mit freundlicher Genehmigung des Suhrkamp Verlags (Frankfurt am Main).

[17] KNOLL, G. M. (2006): Kulturgeschichte des Reisens. Von der Pilgerfahrt zum Badeurlaub, Darmstadt, S. 75

[18] SCHLIM, J. L. (2001): König Ludwig II. von Bayern. Traum und Technik, München, S. 64-84

[19] STEINECKE, A. (2009): Themenwelten im Tourismus. Marktstruktur – Marketing-Management – Trends, München, S. 83-86

[20] STEINECKE, A. (2008): Was Urlauber glücklich macht. Elemente eines gelungenen Urlaubs. Ergebnisse einer Umfrage. Präsentation im Rahmen der Tagung „Das Religiöse im Säkularen" der Thomas-Morus-Akademie Bensberg, Bergisch Gladbach (www.tma-bensberg.de)

[21] BROCKHAUS (Hrsg.; 2005): Der Eiffelturm. Frankreichs Eiserne Lady, Mannheim (Infothek-Service – Dokument Nr. 21054.doc)

[22] HÜCHERIG, R. (1997): Tourismus im Ruhrgebiet. Der Beitrag der Internationalen Bauausstellung, Trier, S. 68-70 (Materialien zur Fremdenverkehrsgeographie; 41)

[23] Quelle: WONS, L. (2008): Industrietourismus in Schlesien: Potenziale – Strukturen – Herausforderungen, Paderborn, S. 77 (Universität Paderborn, Fach Geographie, unveröffentlichte Magisterarbeit). Die Wiedergabe der Abbildung erfolgt mit freundlicher Genehmigung des Autors.

Irrtum 9:
Orte des Schreckens und der Trauer eignen sich nicht als Sehenswürdigkeiten

[1] RÜBESAMEN, H. E./RÜBESAMEN, S. (2003): München, München (Merian live!; o. Bd.)

[2] Die Daten beziehen sich auf eine Online-Umfrage, die im Jahr 2008 vom Deutschen Tourismusverband (DTV) und vom Städteportal meinestadt.de durchgeführt wurde. Im Rahmen der Untersuchung haben 3.000 Internetnutzer die Frage beantwortet: „Was ist ihre persönlich Lieblingssehenswürdigkeit in Deutschland?" (vgl. www.tourismus.meinestadt.de/deutschland/top10 vom 28. Juli 2009).

[3] www.bergenbelsen.de/de/chronik vom 01. August 2009

[4] HARTMANN, R. (2007): Zielorte des Holocaust-Tourismus im Wandel – die KZ-Gedenkstätte in Dachau, die Gedenkstätte in Weimar-Buchenwald und das Anne-Frank-Haus in Amsterdam. – In: BECKER, Chr./HOPFINGER, H./STEINECKE, A. (Hrsg.): Geographie der Freizeit und des Tourismus. Bilanz und Ausblick, 3., unveränderte Auflage München/Wien, S. 297-298

[5] vgl. www.cducsu.de/Titel__rede_mahnmale_fuer_die_vom_nationalsozialismus_verfolgten_homosexuellen_und_sinti_und_roma_werden_in/TabID__1/SubTabID__2/InhaltTypID__2/InhaltID__12549/Inhalte.aspx vom 30. Juli 2009

[6] www.dachautour.com/Comments.html vom 01. August 2009; die Wiedergabe der Abbildung erfolgt mit freundlicher Genehmigung von „Radius Tours & Bike Rental" (München).

[7] zitiert nach Angaben in www.annefrank.org/content.asp?pid=122 &lid=3 vom 02. August 2009

[8] vgl. HARTMANN, R. (2004): Das Anne-Frank-Haus in Amsterdam: Lernort, literarische Landschaft und Gedenkstätte. – In: BRITTNER-WIDMANN, A./QUACK, H.-D./WACHOWIAK, H. (Hrsg.): Von Erholungsräumen zu Tourismusdestinationen. Facetten der Fremdenverkehrsgeographie, Trier, S. 131-142 (Trierer Geographische Studien; 27)

[9] BURGER, O. (2001): Der Stollen, 4., erweiterte und veränderte Auflage, Überlingen

[10] vgl. www.cracow-life.com/eat/restaurants_search.php vom 01. August 2009

[11] vgl. www.stiftung-denkmal.de/aktuelles/presse/20090505 vom 02. August 2009

[12] vgl. www.flhm2.org/FoundersCircle.html vom 01. August 2009

[13] BITTERBERG, A. (2005): Souvenirs im Herinneringscentrum Kamp Westerbork? Gründe für eine Corporate Identity der Holocaust-Gedenkstätte. – In: DITTRICH, U./JACOBEIT, S. (Hrsg.): KZ-Souvenirs. Erinnerungsobjekte der Alltagskultur im Gedenken an die nationalsozialistischen Verbrechen, Potsdam/Fürstenberg, S. 56-69

[14] vgl. FINGER, E. (2006): Klassenkampf um die Erinnerung. – In: Die Zeit, 29. Juni; MEYER, M. (2009): Die Schönfärber (www.dradio.de/dlf/sendungen/hintergrundpolitik/922496 vom 01. August 2009)

[15] vgl. www.n-tv.de/reise/Fruehstueck-durch-die-Klappe-article 24 879.html vom 01. August 2009

[16] vgl. www.acgcm.com/d_14.html vom 01. August 2009

[17] MOSEBACH, B. (1992): Kriegsspiele. – In: Die Zeit, 20. November

[18] DELSOL, Chr. (2005): Today's Battlefield, tomorrow's Tourist Attraction? – In: San Francisco Chronicle, 7. August

[19] BRANDT, S. (2003): Reklamefahrten zur Hölle oder Pilgerreisen? Schlachtfeldtourismus zur Westfront von 1914 bis heute. – In: Tourismus Journal, 7/1, S. 107-124

[20] SCHWARZ, K.-P. (2005): Das Austerlitz-Event. – In: Frankfurter Allgemeine Zeitung, 03. Dezember

[21] Quelle: Eigene Darstellung nach Angaben in HOLLENHORST, V. (2002): Friedhöfe als Ziele des Kulturtourismus – Geschichte, Beispiele, Entwicklung, Paderborn, S. 87 (Universität Paderborn, Fach Geographie, unveröffentlichte Magisterarbeit)

[22] vgl. www.lastfm.de/music/Jim+Morrison/+wiki vom 31. Juli 2009

[23] JUNGHÄNEL, F. (2004): Blumen an Leonardos Grab. – In: Berliner Zeitung, 22. November

[24] GERLACH, T. (2006): Ständig das nervöse Piepen vom Dosimeter (www.faz.net vom 01. August 2009); NICKOLEIT, K. (2007): Tages-Tourismus in der Todeszone. – In: Welt am Sonntag, 05. August; KOLB, M. (2008): Ausflug in die Todeszone. – In: Süddeutsche Zeitung, 14. November

[25] FISCHER, I. (2001): Reise zur jüngsten Ruine der Welt (www.sueddeutsche.de/reise/973/412744/text/25 vom 01. August 2009)

[26] China will Urlauber ins Erdbebengebiet locken (www.spiegel.de/reise/aktuell/0,1518,573248,00.html vom 01. August 2009)

[27] Die Wiedergabe der Karikatur erfolgt mit freundlicher Genehmigung von Bernd Zeller (Jena).

Irrtum 10:
Touristische Pilgerfahrten führen nur zu religiösen Kultstätten

[1] www.jakobus-info.de/jakobuspilger/statik06.htm vom 26. November 2009

[2] STICKLER, D. (2004): Das Kreuz als Markenzeichen (www.alt-katholisch.de/fileadmin/red_ak/CH-Archiv/1-08-04.html vom 26. November 2009)

[3] STEINECKE, A. (2007): Kulturtourismus. Marktstrukturen – Fallstudien – Perspektiven, München/Wien, S. 109

[4] ISENBERG, W. (2002): Tourismus und Kirche. – In: DEUTSCHES SEMINAR FÜR FREMDENVERKEHR (Hrsg.): Kirche und Tourismus. Beispiele erfolgreicher Zusammenarbeit. Dokumentation, Berlin, S. 1-17

[5] MELCHERS, Chr. B. (2006): Zur Motivlage von religiösen Touristen, Köln (unveröffentlichtes Manuskript einer Präsentation)

[6] vgl. TÓT, Endre (1998/2004): Ich freue mich, dass ich hier gestanden habe (Bronzeplatte auf der Dachterrassse-Süd des Museums Ludwig, Köln)

[7] vgl. www.spiegel.de/sport/fussball/0,1518,661376,00.html vom 02. Dezember 2009

[8] Aufregung am Tiananmen-Platz (2009) (www.focus.de/politik/ausland/china-aufregung-am-tiananmen-platz_aid_405052.html vom 26. November 2009)

[9] vgl. www.centralpark.com/pages/attractions/strawberry-fields.html vom 02. Dezember 2009

[10] NAU, K. (1998): Schwarzbraun ist die Tortennuß. – In: Merkur Plus, 27. März, S. 36

[11] www.eturbonews.com/12392/tourists-flock-site-where-islamic-militant-made-last-stand vom 26. November 2009

[12] „Die Schwarzwaldklinik muss wieder her!" – In: Frankfurter Allgemeine Zeitung, 9. Dezember 2008, S. 9; PRACHT, S. (2009): Auf den Spuren der Filmstars. – In: Fremdenverkehrswirtschaft International, 03. April, S. 22-24

[13] vgl. de.wikipedia.org/wiki/Die_Schwarzwaldklinik vom 30. November 2009

[14] ESCHER, A./RIEMPP, E./WÜST, M. (2008): Auf den Spuren von Sternenkriegern und Seepiraten. Auswirkungen von Hollywood-filmen in Tunesien. – In: Geographische Rundschau, 60/7-8, S. 44-45

[15] REEVES, T. (2002): Der grosse Filmreiseführer. 15.000 Schauplätze des internationalen Films, Königswinter

[16] vgl. www.reisenews-online.de/2009/03/31/sonderreise-zu-den-drehorten-von-john-rabe vom 28. November

[17] Die Wiedergabe des Fotos erfolgt mit freundlicher Genehmigung von Eva Riempp (Mainz).

[18] KELLER, H. (2007): Der heimliche Held. – In: Frankfurter Allgemeine Zeitung, 9. August, S. 36

[19] vgl. static.visitlondon.com/assets/maps/movie_maps/southbank_movie_trail.pdf vm 28. November 2009

[20] vgl. KERSCHREITER, R, (2009): Bollywood und Bergstraße – Locations and Landscapes. Mediale Produktion und soziale Konstruktion eines touristischen Raumes in Südhessen. – In: LENZ, R./SALEIN, K. (Hrsg.): Kulturtourismus. Ethnografische Recherchen im Reiseraum Europa, Frankfurt a. M., S. 279-300 (Schriftenreihe des Instituts für Kulturanthropologie und Europäische Ethnologie der Universität Frankfurt am Main; 79)

[21] Stellungnahme des Europäischen Wirtschafts- und Sozialausschusses zum Thema Tourismus und Kultur: Zwei Kräfte im Dienste des Wachstums. – In: Amtsblatt Nr. C 110, 9. Mai 2006, S. 8; ALBERGE, D. (2007): British film and TV are „brochures" for tourism. – In: The Times, 27. August

[22] THEURER, M. (2009): Kein Wölkchen über Pilcher-Land. – In: Frankfurter Allgemeine Zeitung, 15. August

[23] WÄLTERLIN, U. (2003): Hollywood entdeckt Neuseeland. – In: Süddeutsche Zeitung, 22. Juli; Set-Jetting für Cineasten (www.faktum.at/Artikel.53+M5e322ee14d2.0.html vom 29. November 2009)

[24] „Australia" soll Australien retten. – In: Frankfurter Allgemeine Zeitung, 27. November

[25] „Third Man" tourism is booming in Vienna (2009) (www.eturbonews.com/12372/third-man-tourism-booming-vienna vom 29. November 2009)

[26] Die Wiedergabe des Fotos erfolgt mit freundlicher Genehmigung der Air New Zealand Group.

[27] vgl. de.wikipedia.org/wiki/Jacques_Berndorf vom 02. Dezember 2009

[28] KRAUSE, B. (2005): Die deutsche Krimi-Landschaft. – In: Welt am Sonntag, 21. August

[29] KRÄMER, S. (2008): Populäre Literatur als touristische Ressource – untersucht am Beispiel des Krimifestivals „Tatort Eifel 2007", Paderborn (Universität Paderborn, Fach Geographie, unveröffentlichte Magisterarbeit)

[30] vgl. HOLTMANN, K. (2006): Auf den Spuren von Donna Leons Romanen. Krimi-Schauplätze in Venedig, Essen (Leseratten unterwegs; 3); SEPEDA, T. (2008): Mit Brunetti durch Venedig, Zürich

[31] Die Wiedergabe der Abbildung erfolgt mit freundlicher Genehmigung des Urlaubsregion Hillesheim/Vulkaneifel e. V. (Hillesheim).

[32] PANTELEIT, K. (2009): Literaturtourismus. Auf den Spuren der Illuminati in Rom. – In: LENZ, R./SALEIN, K. (Hrsg.): Kulturtourismus. Ethnografische Recherchen im Reiseraum Europa, Frankfurt a. M., S. 257-277 (Schriftenreihe des Instituts für Kulturanthropologie und Europäische Ethnologie der Universität Frankfurt am Main; 79)

[33] ZIMMERMANN, S. (2003): „Reisen in den Film". Filmtourismus in Nordafrika. – In: EGNER, H. (Hrsg): Tourismus – Lösung oder Fluch? Die Frage der nachhaltigen Entwicklung peripherer Regionen, Mainz, S. 79 (Mainzer Kontaktstudium Geographie; 9)

[34] RITZER, G. (1999): Enchanting a Disenchanted World. Revolutionizing the Means of Consumption, Thousand Oaks/London/New Delhi, S. 8

[35] KNOP, B./POLSTER, B. (2001): Ausgerechnet Wolfsburg! – In Geo Saison, 2, S. 7; SIEDENBURG, B. (1999): Wahrzeichen der Expo. – In: Focus; 26, S. 208-210; SCHÜMER, D. (1999): Das Märchen vom Fahren. – In: Frankfurter Allgemeine Zeitung, 22. März

[36] vgl. STEINECKE, A. (2009): Themenwelten im Tourismus. Marktstruktur – Marketing-Management – Trends, München, S. 195-202

[37] ISENBERG, W./SELLMANN, M. (Hrsg.; 2000): Konsum als Religion? Über die Wiederverzauberung der Welt, Mönchengladbach

[38] FRANK, A. (2007): Der Autoschlüssel als Hostie. – In: Die Tageszeitung, 08. Januar

Irrtum 11:
Künstliche Erlebniswelten sind amerikanische Erfindungen

[1] GRIESINGER, A. (2001): Schloß Wörlitz. – In: HOLMES, C. (Hrsg.): Gartenkunst! Die schönsten Gärten der Welt, München/London/New York, S. 108-109

[2] LUMMEL, P. (2004): Erlebnisgastronomie um 1900. Das „Haus Vaterland" in Berlin. – In: MAY, H./SCHILZ, A. (Hrsg.): Gasthäuser. Geschichte und Kultur, Petersberg, S. 193-206 (Arbeit und Leben auf dem Lande; 9)

[3] EISLEB, J. (2000): Die „Mall of America". Das größte amerikanische Konsumzentrum. – In: Geographie heute, 21/184, S. 8-11

[4] GRAVES, M. (1992): Schwan Hotel. – In: Arch+: Zeitschrift für Architektur, 114/115, S. 96-97

[5] 150 Jahre Faszination Weltausstellung, Stuttgart 1998 (Damals Spezial)

[6] STEMSHORN, M. (2000): Hohenheim, Prater, Tivoli. Über Vorläufer der Freizeitparks. – In: STEMSHORN, M. (Hrsg.): Die Inszenierung der Freizeit. Die künstliche Welt der Freizeitparks und Ferienparadiese, Ulm, S. 8-25

[7] STEINHAUSER, M. (1974): Das europäische Modebad des 19. Jahrhunderts. – In: GROTE, L. (Hrsg.): Die deutsche Stadt im 19. Jahrhundert, München, S. 95-128 (Studien zur Kunst des neunzehnten Jahrhunderts; 24)

[8] HUXTABLE, A. L. (1996): Re-inventing Times Square: 1990. – In: TAYLOR, W. R. (Hrsg.): Inventing Times Square: Commerce and Culture at the Crossroads of the World, Baltimore/London, S. 368

[9] STERNE, J. (1997): Sounds like the Mall of America: Programmed Music and the Architectonics of commercial Space. – In: Ethnomusicology, 41/1, S. 22-50

[10] GOTTDIENER, M. (2001): The Theming of America. American Dreams, Media Fantasies, and themed Environments, 2. Auflage Boulder (Colorado), S. 176-181

[11] STEINECKE, A. (2009): Themenwelten im Tourismus. Marktstruktur – Marketing-Management – Trends, München, S. 4

[12] MITRASINOVIC, M. (2006): Total Landscape, Theme Parks, Public Space, Aldershot/Burlington, S. 178-181

[13] SCHERRIEB, H. R. (1998): Freizeitparks und Freizeitzentren – Ziele und Aufgaben für touristische Leistungsträger. – In: HAEDRICH, G. u. a. (Hrsg.): Tourismus-Management, Tourismus-Marketing und Fremdenverkehrsplanung, 3. Auflage Berlin/New York, S. 679-698

[14] ELSELL, M./TIETZE, B. (1984): Berlin-Lunapark. Vom Kult der Zerstreuung. Teil 1-3. – In: Berliner Bauvorhaben, 35/3-5, S. 1-4

[15] KOOLHAAS, R. (2006): Delirious New York. Ein retroaktives Manifest für Manhattan, 3. Auflage Aachen, S. 29-74

[16] MACHENS, K.-M. (2000): Zoo Hannover – auf Erfolgskurs mit kundenorientierten Konzepten. – In: STEINECKE, A. (Hrsg.): Erlebnis- und Konsumwelten, S. 289-307

[17] BÖRSCH-SUPAN, H. (1978): Die Pfaueninsel, Berlin, S. 10-11

Irrtum 12:
Der Tourismus zerstört zwangsläufig die Umwelt

[1] zitiert nach BERNAU, S. (2007): Tourismuskritik – Wegweiser für zukunftsfähiges Reisen? München/Ravensburg, S. 53

[2] KRIPPENDORF, J. (1975): Die Landschaftsfresser. Tourismus und Erholungslandschaft – Verderben oder Segen? Bern/Stuttgart

[3] WWF ÖSTERREICH (Hrsg.; 2004): Die Schigebiete in den Alpen mit spezieller Berücksichtigung Österreichs, Innsbruck

[4] GERNHARDT, R. (2002): Reim und Zeit. Die Lesung, München

[5] PFEIFFER, H. (2007): Mein ökorrekter Wintersport (www.utopia. de/ratgeber/ski-und-rodel-gut-mein-oekorrekter-wintersport?p =2 vom 01. Oktober 2009)

[6] RAZAK, I. (2009): Uluru being „used as a toilet" (www.abc.net.au/ news/stories/2009/09/08/2679472.htm vom 03. Oktober 2009)

[7] BÜNDNIS 90/DIE GRÜNEN (Hrsg.; 2008). Verantwortlich handeln: Reisen und Klimaschutz (www.gruene-bundestag.de/cms/be-schluesse/dokbin/257/257367.beschluss_reisen_und_klima-schutz.pdf vom 03. Oktober 2009)

[8] DOMRÖS, M. (2003): Nachhaltige Fremdenverkehrsentwicklung auf den Malediven. – In: EGNER, H. (Hrsg.): Tourismus – Lösung oder Fluch? Die Frage nach der nachhaltigen Entwicklung peripherer Regionen, Mainz, S. 103 (Mainzer Kontaktstudium Geographie; 9)

[9] www.freewebs.com/societyofearthsavers/index.htm vom 03. Oktober 2009

[10] MANGHABATI, A./ZIERL, H. (1988): Einfluss des Tourismus auf die Hochgebirgslandschaft (www.nationalpark-berchtesgaden. bayern.de/publikationen/forschungsberichte/forschungs-bericht13.htm#zusammenfassung vom 03. Oktober 2009)

[11] STOCK, U. (1988): Tödlicher Teppich. – In: Die Zeit, 03. Juni; REIDT, L. (1993): Giftspuren in der Speckschicht. – In: Die Zeit, 19. November

[12] zitiert nach WEBER, W. (1989): Mehr Meeresschutz. – In: Die Zeit, 08. Dezember

[13] Rache des Meeres. – In: Der Spiegel, 17. Juli 1989; Alternativen zur Adria. – In: Die Zeit, 28. Juli 1989

[14] ENGLISCH, A. (2000): Algen und Teer an Italiens Stränden. – In: Die Welt, 30. Juni; BASUSTA, U. (2008): Dubai warns beachgoers to stay out of sea (www.eturbonews.com/5298/dubai-warns-beachgoers-stay-out-sea vom 03. Oktober)

[15] DEUTSCHER BUNDESTAG (Hrsg.; 1995): Drucksache 13/434 – Sicherheit in der Deutschen Bucht und Schutz des Ökosystems Wattenmeer (www.dip21.bundestag.de/dip21/btd/13/006/1300661.asc vom 04. Oktober 2009)

[16] Naturkatastrophe im Indischen Ozean. – In: Geographische Rundschau, 57 (2005) 4, S. 4-5; VORLAUFER, K. (2005): Der Tsunami und seine Auswirkungen in Thailand. – In: Geographische Rundschau, 57 (2005) 4, S. 14-17 und 57 (2005) 6, S. 60-65

[17] DEUTSCHER BUNDESTAG (Hrsg.; 1995): Drucksache 16/318 – Wiederaufbauhilfe der Bundesregierung für die vom Tsunami 2005 betroffenen Tourismusregionen in Südostasien (www.dip21.bundestag.de/dip21/btd/16/004/1600423.pdf vom 04. Oktober 2009)

[18] KÖSTERKE, A./LASSBERG, D. von (2005): Urlaubsreisen und Umwelt. Eine Untersuchung über die Ansprechbarkeit der Bundesbürger auf Natur- und Umweltaspekte in Zusammenhang mit Urlaubsreisen, Ammerland, S. VIII-IX

[19] www.tui-deutschland.de/td/de/qualitaet_umwelt/umwelt/umweltchampion/verfahren.html vom 07. Oktober 2009

[20] vgl. www.oberstdorf.de/natur/umwelt vom 08. Oktober 2009; www.gast.org/kriterien.htm vom 08. Oktober 2009

[21] WIDMANN, T. (2007): Regionalwirtschaftliche Bedeutung des Tourismus – kleine Kreisläufe. – In: BECKER, Chr./HOPFINGER, H./STEINECKE, A. (Hrsg.): Geographie der Freizeit und des Tourismus. Bilanz und Ausblick, 3., unveränderte Auflage München/Wien, S. 403-414; www.adr-fdr.de; www.regionalmarke-eifel.de

[22] KREISEL, B. (2007): Methoden der „Environmental Interpretation" – In: BECKER, Chr./HOPFINGER, H./STEINECKE, A. (Hrsg.): Geographie der Freizeit und des Tourismus. Bilanz und Ausblick, 3., unveränderte Auflage München/Wien, S. 528-540; www.rothaarsteig.de/de/rothaarsteig/rothaarsteig-ranger

[23] www.ecotourism.org/site/c.orLQKXPCLmF/b.4835303/k.BEB9/What_is_Ecotourism_The_International_Ecotourism_Society.htm vom 30. September 2009

[24] SCHÜLKE, C. (2009): Grzimek – vom Tierfänger zum Umweltschützer. – In: Die Welt, 09. April; LERCHENMÜLLER, F. (2009):

Die Serengeti lebt weiter. – In: Die Zeit, 24. April; Bozic, I. (2009): Der Erfinder des Naturschutzes (www.jungle-world.com/ artikel/2009/16/34073.html vom 08. Oktober 2009)

[25] Leidel, S. (2009): Costa Rica: Die Grüne Schweiz Mittelamerikas. – In: Magazin für Entwicklungspolitik, 77/7, S. 7-8; Tourismus in Costa Rica (www.tropica-verde.de/wsb4101104201/23. html vom 09. Oktober 2009)

[26] Ökotourismus – gut für Umwelt und Gewisssen. – In: Die Welt, 25. Juli 2008

[27] Becker, Chr./Job, H./Witzel, A. (1996): Tourismus und nachhaltige Entwicklung. Grundlagen und praktische Ansätze für den mitteleuropäischen Raum, Darmstadt, S. 100; Haack, S. (1999): 30 Jahre Nationalparke in Deutschland – eine Bilanz (www.nabu. de/nh/299/bilanz299.htm vom 10. Oktober 2009)

[28] Schildkröten: Tourismus lohnender als Suppe (www.g-o.de/wissen-aktuell-916-2004-05-26.html vom 08. Oktober 2009)

[29] Miersch, M. (2000): Mit Krokotaschen Krokodile schützen (www.novo-magazin.de/50/novo5038.htm vom 08. Oktober 2009)

[30] Earnshaw, A./Emerton, L. (2000): The Economics of Wildlife Tourism: Theory and Practice for Landholders in Africa. – In: Prins, H. H. T./Grootenhuis, J. G./Dolan, T. T. (Hrsg.): Wildlife Conservation by Sustainable Use, Norwell (Massachusetts), S. 317

[31] Lindner, K. (2009): Gutes tun im Camp. – In: Fremdenverkehrswirtschaft International, 16, S. 48-49

[32] Aus lauter Bäumen wird ein Wald (www.tourism-insider.com/ reisenews/aus-lauter-baeumen-wird-ein-wald vom 06. Oktober 2009); Rohrer, D. (2008): Arche Noah mit Silberlöffel (www. bunte.de/meinung/blogs/reisefieber/reisefieber_aid_3085.html vom 30. September 2009); Zehle, S. (2008): Die Sonnenbank der Manager. – In: Manager Magazin, 1, S. 154-160

Irrtum 13:
Durch den Tourismus kommt es immer zu einem Ausverkauf der Kultur

[1] Heller, A. (1990): „Der Einfall touristischer Horden führt zur Ausrottung des Schönen …". – In: Ludwig, K./Has, M./Neuer, M. (Hrsg.): Der neue Tourismus. Rücksicht auf Land und Leute, München, S. 162 (Beck'sche Reihe; 408)

[2] UNWTO (Hrsg.; 2009): Tourism Highlights 2009 Edition, Madrid, S. 2

³ Liepe, H. (1997): Tourismus, Denkmalschutz und Besucherlenkung: Brennpunkt Sanssouci – viele Sorgen. – In: Deutsches Seminar für Fremdenverkehr (Hrsg.): Angebotsgestaltung im Kulturtourismus. Burgen, Schlösser und Museen. Dokumentation des Fachkursus 132/97, Berlin; Tod im Tuskulum. Klimakatastrophe in Sanssouci – die Gemäldesammlung verrottet (1990). – In: Der Spiegel, 49, S. 242-244

⁴ Iberg Garcia, M (2002): „Wir haben Zillis gemacht!" – In: Integra, 4, S. 19-21

⁵ vgl. Frankfurt Allgemeine Zeitung, 22. Mai 1997

⁶ Thomas, A. (2008): Akkulturation. – In: Fuchs, W./Mundt, J. W./Zollondz, H.-D. (Hrsg.): Lexikon Tourismus, München, S. 18-19

⁷ König Momo und die Kriminalität (2009) (www.spiegel.de/panorama/0,1518, 609161,00.html vom 21. Oktober 2009)

⁸ Blosat, L. (2006): Ausverkauf der Geschichte. – In: Abenteuer Archäologie, 5, S. 16-21

⁹ zitiert nach Institut für Integrativen Tourismus und Entwicklung (Hrsg.; 2006): Armut und Bettelei, Wien, S. 1 (Infocheck – Umgang mit anspruchsvollen Situationen auf Reisen; 1)

¹⁰ Indonesien: Betteln verboten (www.tourism-watch.de/node/858 vom 26. Oktober 2009)

¹¹ Institut für Integrativen Tourismus und Entwicklung (Hrsg.; 2006): Armut und Bettelei, Wien, S. 10 (Infocheck – Umgang mit anspruchsvollen Situationen auf Reisen; 1)

¹² Kolta, M. (2009): Marokko: des Königs kleine Nomaden (www.evangelisch.de/themen/gesellschaft/marokko-des-koenigs-kleine-nomaden vom 21. Oktober 2009)

¹³ Grunewald, R. (1980): Der Einfluss des Massentourismus auf den balinesischen Tanz, Bielefeld (unveröffentlichtes Paper)

¹⁴ McManus, R. (2005): Identity crisis? Heritage Construction, Tourism and Place Marketing in Ireland. – In: McCarthy, M. (Hrsg.). Ireland's Heritages. Critical Perspectives on Memory and Identity, Hants/Burlington, S. 235-250 (Heritage, Culture and Identity; o. Bd.); Steinecke, A. (2009): Themenwelten im Tourismus. Marktstruktur – Marketing-Management – Trends, München, S. 258-261

¹⁵ Thiem, M. (2001): Tourismus und kulturelle Identität. – In: Aus Politik und Zeitgeschichte, B 47, S. 27-31

¹⁶ Rothfuss, E. (2004): Ethnotourismus. Wahrnehmungen und Handlungsstrategien der pastoralnomadischen Himba (Namibia), Passau, S. 58-59 (Passauer Schriften zur Geographie; 20)

¹⁷ Helmhausen, O. (2004): Wi'la'mola oder Wir reisen gemeinsam. Ethotourismus in Kanada (www.spiegel.de/reise/fernweh/ 0,1518, 315947,00.html vom 21. Oktober 2009)

[18] FRIEDL, H. A. (2004): Touristen – Kulturschänder oder Retter in der Not? – In Trans. Internet-Zeitschrift für Kulterwissenschaften, 15 (www.inst.at/trans/15Nr/09_1/friedl15.htm vom 14. Oktober 2009)

[19] Township-Tourismus floriert (2008) (www.news2010.de/WM-2010_Tourismus.asp vom 11. November 2009); SPIES, A. (2009): Schlaglöcher und Maisbier. Mit dem Fahrrad durch Soweto (www.n-tv.de/reise/dossier/Mit-dem-Fahrrad-durch-Soweto-article369319.html vom 11. November 2009); Erste Hotelkette eröffnet Standort im Township (www.spiegel.de/reise/fernweh/0,1518,527315,00.html vom 11. November 2009)

[20] TRUPP, A./TRUPP, C. (2009): Zur Einführung: Ethnotourismus und die Konstruktion von Authentizität. – In: TRUPP, C./TRUPP, A. (2009): Ethnotourismus. Interkulturelle Begegnung auf Augenhöhe? Wien, S. 17

[21] EVANGELISCHER ENTWICKLUNGSDIENST (2009): Reisen aus Sicht der bereisten Länder – für einen Klimawandel im Tourismus, Bonn (www.bfn.de/fileadmin/MDB/documents/ina/vortraege/2009_Sommerakad_Fuchs-Reisen%20aus%20Sicht%20der%20bereist en%20Lae.pdf vom 10, November 2009)

[22] BARTHA, I. (2003): Ethnotourismus in Marokko: die Inszenierung der Berberkultur. – In: Geographische Rundschau, 55/3, S. 34-38

[23] ADERHOLD, P. u. a. (2006): Tourismus in Entwicklungsländer. Eine Untersuchung über Dimensionen, Strukturen, Wirkungen und Qualifizierungsansätze im Entwicklungsländer-Tourismus, Ammerland, S. 163-169

[24] Die Wiedergabe der Abbildung erfolgt mit freundlicher Genehmigung des Studienkreises für Tourismus und Entwicklung (Ammerland).

[25] ADERHOLD, P. u. a. (2006): Tourismus in Entwicklungsländer. Eine Untersuchung über Dimensionen, Strukturen, Wirkungen und Qualifizierungsansätze im Entwicklungsländer-Tourismus, Ammerland, S. XVII

[26] VORLAUFER, K. (1996): Tourismus in Entwicklungsländern. Möglichkeiten und Grenzen einer nachhaltigen Entwicklung durch Fremdenverkehr, Darmstadt, S. 167-170

[27] GROM, M. (2003/2004): Teppiche, Tücher, Töpferwaren. Das Wissa Wassef Art Center feiert sein 50jähriges Jubiläum (www.papyrus-magazin.de/archiv/2003_2004/november/11_12_wissa_wassef_center.html vom 15. November 2009)

[28] Mikono – Kunsthandwerk aus Tansania (www.el-puente.de/index.php?modul=info&menu_id=9&modus=show_pdf&pdf_id=1-ta vom 15. November 2009

29 Mini-Artesanos in Aktion – die alte Tradition der „Mates Burilados" (2006) (www.partnerschaft-freiburg-peru.de/fileadmin/
   Dateien/Heidelberg/Dokumente/Peruline0206.pdf vom 15. November 2009)

Irrtum 14:
Wer in der Tourismusbranche arbeitet,
ist ständig auf Reisen

1 www.animateure.de/2005/s_site/main/erfahrungsbericht.php
   vom 22. Juni 2009
2 Eigene Darstellung nach Angaben in DEUTSCHER TOURISMUSVER-
   BAND (Hrsg.; 2009): Tourismus in Deutschland. Zahlen – Daten
   – Fakten, Bonn, S. 6
3 vgl. FREYER, W. (2009): Tourismus. Einführung in die Fremdenverkehrsökonomie, 9., überarbeitete und aktualisierte Auflage,
   München, S. 454
4 INTERNATIONAL LABOUR ORGANIZATION (Hrsg.; 2001): Human Re-
   sources Development, Employment and Globalization in the
   Hotel, Catering and Tourism Sector, Genf, S. 118
5 KUNTZ, M. (1998): Jobs in der Tourismusbranche: Unterwegs
   nach oben. – In: Brigitte, 3, S. 162-167
6 vgl. STEINECKE, A./KLEMM, K. (1998): Berufe im Tourismus,
   4. Auflage Bielefeld, S. 14
7 www.deutschland-tourismus.de/DEU/ueber_uns/trainee.htm
   vom 19. Juni 2009
8 vgl. PETER, B. (2003): Psychohygiene des Reiseleiters. – In:
   GÜNTER, W. (Hrsg.): Handbuch für Studienreiseleiter. Pädago-
   gischer, psychologischer und organisatorischer Leitfaden für Ex-
   kursionen und Studienreisen, 3., überarbeitete und ergänzte Auflage München/Wien, S. 123-130
9 Detaillierte Informationen zu den einzelnen touristischen Ausbildungsberufen finden sich in folgender Broschüre: Deutscher In-
   dustrie- und Handelskammertag (Hrsg.; 2008): Ausbildungsprofile in der Tourismusbranche, 3. Auflage Berlin
10 Eigene Darstellung nach Angaben in Fremdenverkehrswirtschaft
   International, 11. Mai 2007, S. 29; www.dihk.de
11 vgl. Fremdenverkehrswirtschaft International, 11. Mai 2007,
   S. 29; DEUTSCHER INDUSTRIE- UND HANDELSKAMMERTAG (Hrsg.;
   2009): IHK und Tourismus. Analysen – Aktionen – Ausblicke,
   Berlin, S. 5
12 EBERHARD, V./SCHOLZ, S./ULRICH, J. G. (2009): Image als Berufs-
   wahlkriterium. Bedeutung für Berufe mit Nachwuchsmangel.
   – In: BWP – Berufsbildung in Wissenschaft und Praxis, 3, S. 9-13

[13] BUTTERS, I. (1999): Der Touri ist König. – In: Hochschulanzeiger, 49, S. 72-73; MOHR, Chr. (1999): Tickets, Terminals, Träume. – In: Handelsblatt, Juni/Juli, S. 18-19; POLIER, X. v. (2006): Der Urlaub wird akademisch. – In: UniSpiegel, 10. Juli; NOACK, H.-Chr. (2008): Freie Stellen noch in Sicht. – In: FAZJob.Net vom 07. November

[14] Aktuelle Informationen zur Aus- und Fortbildung im Tourismus finden sich in folgender Broschüre: DEUTSCHER REISEVERBAND (Hrsg.; 2009): Aus- und Fortbildung im Tourismus, Frankfurt a. M.; außerdem gibt es im Internet eine „Bildungsdatenbank" (www.drv-ausbildung.de).

[15] Eigene Darstellung nach Angaben in www.staufenbiel.de/ratgeber-service/gehalt/gehaltstabellen/gehalt-absolventen.html vom 22. Juni 2009

[16] SCHMIDL, K./SCHMID, E.-D. (2009): Schöner Schein. Schuften für wenig Geld: Der Tourismus boomt, aber die Beschäftigten haben davon nichts. – In: Berliner Zeitung, 19. Januar

[17] zitiert nach WALLRAFF, G. (2009): Unfeine Küche. – In: Zeit Magazin, 28, 02. Juli, S. 20

[18] MICHENTHALER, G. (2005): Die Beschäftigten im Tourismus. Ergebnisse einer Sonderauswertung des Arbeitsklimaindex, Wien, S. 3; BIEHL, K./KASKA, R. (Hrsg.; 2006): Arbeiten im Tourismus: Chance oder Falle für Frauen? Wien (Verkehr und Infrastruktur; 26); KIEN, CHR./SALFINGER, B. (2006): Arbeitssituation von Beschäftigten in der Tourismusbranche im Salzkammergut. – In: SWS-Rundschau, 46/3, S. 330-356

[19] DEMUNTER, Chr. (2008): The Tourist Accommodation Sector employs 2,3 million in the European Union, Luxemburg (Statistics in Focus; 90)

[20] Arbeitsklimaindex Tourismus (www.wien.arbeiterkammer.at/www-397-IP 30086.html vom 19. Juni 2009); Tourismus-Branche zahlt ein Drittel weniger (www.oe24.at/zeitung/wirtschaft/article342778.ec3 vom 19. Juni 2009)

[21] www.radiovaticana.org/TED/Articolo.asp?c= 157514 vom 19. Juni 2009

[22] ARBEITSKREIS TOURISMUS & ENTWICKLUNG (Hrsg.; 2009): Arbeitsmarkt Tourismus, Basel (www.fairunterwegs.org/themen/zahlen-fakten.html vom 08. Juli 2009)

[23] RUFFERT, M. (1999): Hire and Fire? Der Tourismus und die Arbeitsplätze. – In: Welternährung, 3, S. 5-7

[24] STOCK, Chr. (1997): Eine traumhafte Dollarkuh. Die wirtschaftlichen Auswirkungen des Tourismus. – In: STOCK, Chr. (Hrsg.): Trouble in Paradise. Tourismus in die Dritte Welt, Freiburg, S. 41

[25] KLEMP, L./BUNGARTEN, P. (1998): Geschäfte mit Frauen: Strategien gegen Prostitutionstourismus und internationalen Frauenhandel – Einleitung (www.fes.de/fulltext/iez/00059.htm vom 06. Juli 2009); Eco-Travel (Hrsg.; 2009): Corporate Social Responsibilty (CSR) im Tourismus, München (www.eco-travel.de/scripts/basics/ eco-world/service/main/basics.prg?session=d9e0aae14a5481f3_ 161573&nap=eco-travel-magazin vom 08. Juli 2009)

[26] RINGMANN, A. (2009): Kindersextourismus in Thailand (www. trouble-in-paradise.de/03backstage/text0304.html vom 08. Juli 2009)

[27] RAOnline (Hrsg.; 2009): Kinderarbeit im Tourismus, o. O. (www. raonline.ch/raosearchfr00.html vom 19. Juni 2009)

Irrtum 15:
Der Tourismus findet nur auf der Erde statt

[1] vgl. de.wikipedia.org/wiki/Kilroy vom 14. Januar 2010

[2] WORLD TOURISM ORGANIZATION (Hrsg.; 2009): Tourism Highlights 2009 Edition, Madrid, S. 2

[3] WORLD TOURISM ORGANIZATION (Hrsg.; 2009): Tourism Highlights 2009 Edition, Madrid, S. 11

[4] Die Wiedergabe der Abbildung erfolgt mit freundlicher Genehmigung von Dr. Michaela Mayer (INASEA, Bremen).

[5] STEINECKE, A. (2006): Tourismus. Eine geographische Einführung, Braunschweig, S. 311-314 (Das Geographische Seminar; o. Bd.)

[6] ROBERTSON, G. (2008): Kreuzfahrttourismus in der Antarktis (www.lighthouse-foundation.org/index.php?id=252 vom 08. Januar 2010)

[7] POPP, H. (2003): Neuere Tourismusentwicklung im ländlichen Raum am Beispiel der Maghrebländer. – In: EGNER, H. (Hrsg): Tourismus – Lösung oder Fluch? Die Frage der nachhaltigen Entwicklung peripherer Regionen, Mainz, S. 55-74 (Mainzer Kontaktstudium Geographie; 9)

[8] MAYER, M. (2008): Tourismus und seine Auswirkungen. – In: LOZÁN, J. (Hrsg.): Warnsignale aus Polarregionen, Hamburg, S. 284

[9] www.assets.panda.org/downloads/10principlesforarctictourism (german).pdf vom 04. Januar 2010

[10] vgl. de.wikipedia.org/wiki/Mount_Everest vom 14. Januar 2010

[11] KUBISCH, B. (2005): Mit der „Atlantis" zu „Nemo" und Co. – In: Manager Magazin, 06. Januar

[12] VERGHESE, V. (2008): Dive into an Underwater Resort (www.smart travelasia.com/UnterwaterHotel.htm vom 09. Dezember 2009)

[13] Schwerelosigkeit für Touristen. – In: Frankfurter Allgemeine Zeitung, 18. April 1996; Wie im Spaceshuttle. – In: Frankfurter Allgemeine Zeitung, 12. Oktober 2000; VALENTIN, J.-F./WALSER, J. (2004): Kopf gerade vor dem Saturn. – In: Süddeutsche Zeitung, 24. August

[14] GRAUE, O. (2004): Raumfahrt ganz irdisch. – In: Fremdenverkehrswirtschaft International, 23. Juli; Flug an die Grenzen. – In: Die Zeit, 29. Dezember 2006

[15] vgl. www.memorialspaceflights.com

[16] vgl. Wirtschaftswoche, 09. Dezember 1999, S. 117

[17] vgl. www.eturbonews.com/8469/russians-taking-last-space-tourist vom 14. April 2009

[18] Quelle:spaceflight.nasa.gov/gallery/images/station/crew-13/html/ jsc2006e42720.html vom 05. Januar 2009

[19] Touristen als Astronauten. – In: Rheinischer Merkur, 05. Juni 1998

[20] PAUL, G. (2004): Michael Melvill ist der erste private Astronat. – In: Frankfurter Allgemeine Zeitung, 22. Juni 2004; Schwerelos ins Urlaubsglück. – In: Fremdenverkehrswirtschaft International, 15. Februar 2008; Fahrschein ins All für 200.000 Dollar. – In: Frankfurter Allgemeine Zeitung, 09. Dezember 2009; Virgin Galactic startet 2010 ins Weltall. – In: Fremdenverkehrswirtschaft International, 07. August 2009, S. 53

[21] vgl. GLEICH, M. (2000): Aufbruch ins 3. Jahrtausend. – In: Lufthansa Magazin, 1, S. 6-16; www.eturbonews.com/12572/space-hotel-open-tourists-2012 vom 04. November 2009; Frankfurter Allgemeine Zeitung vom 30. Juni 2007

[22] ISENBERG, W. (2000): Virtuelles Reisen als kulturelle Erfahrung. – In: INSTITUT FÜR MOBILITÄTSFORSCHUNG (Hrsg.): Freizeitverkehr. Berlin, S. 141

[23] vgl. www.itours.de; www.paderborn.tomis.mobi; www.www.ita-citus.org

[24] www.louvre.fr/llv/musee/visite_virtuelle;www.graphikmuseum-picasso-muenster.de/museum/das_museum_heute/virtueller_rundgang; www.zdf.de/ZDFmediathek/beitrag/interaktiv/864750Die-Museumsinsel-interaktiv

[25] vgl. de.wikipedia.org/wiki/Second_life vom 05 Januar 2010; www.skd-dresden.de/de/info/second_life.html vom 30. Dezember 2009; www.startconference.org/2009/02/09/das-holocaust-museum-in-second-life vom 28. Dezmber 2009/ www.museenland.de/museen-im-second-live.html vom 28. Dezember 2009; URBAN, R./MARTY, P./TWIDALE, M. (2007): A second Life for your Museum: 3D Multi-User Virtual Environments and Museums (www.archimuse.com/mw2007/papers/urban/urban.html vom 30. Dezember 2009)

[26] Die Wiedergabe der Abbildung erfolgt mit freundlicher Genehmigung von Gratistours.com (Berlin); ein Video mit der „Second Life"-Figur Jas Capalini findet sich unter www.gratistours.com/secondlife.

[27] WEBER, F. (1992): Computer simulieren beliebige Scheinwelten im Cyberspace. – In: Comuterwoche, 06. März

[28] Virtuelle 3D-Rundgänge durch die Antike (www.bild.de/BILD/digital/technikwelt/2008/01/virtuelles-museum/altes-rom.html vom 30. Dezember 2009)

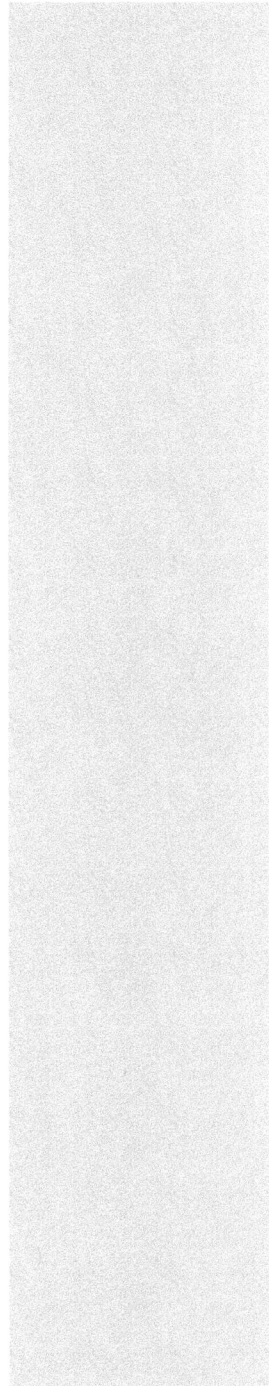

Register

A

www.ingramcontent.com/pod-product-compliance
Lightning Source LLC
Chambersburg PA
CBHW081055220326
41598CB00038B/7109